● 高等院校应用型专业心理学系列教材

团体心理辅导

GROUP COUNSELING

主　编　张永红

副主编　刘先强　刘　箭　吕　莉

徐远超　吴强中

扫描二维码，获取本书教学资源

西南大学出版社

国家一级出版社　全国百佳图书出版单位

图书在版编目(CIP)数据

团体心理辅导 / 张永红主编. —重庆:西南师范大学出版社,2014.1

ISBN 978-7-5621-6564-4

Ⅰ.①团… Ⅱ.①张… Ⅲ.①集体心理学—心理辅导 Ⅳ.①C912.2

中国版本图书馆 CIP 数据核字(2014)第 010470 号

团体心理辅导

TUANTI XINLI FUDAO

主　编　张永红

副主编　刘先强　刘　箭　吕　莉　徐远超　吴强中

责任编辑: 何雨婷

封面设计: 尚品视觉 周　娟　钟　琛

排　　版: 吕书田

出版发行: 西南大学出版社(原西南师范大学出版社)

地址:重庆市北碚区天生路 1 号

邮编:400715　市场营销部电话:023-68868624

http://www.xscbs.com

经　　销: 全国新华书店

印　　刷: 重庆正文印务有限公司

幅面尺寸: 180mm×230mm

印　　张: 19.5

字　　数: 440 千字

版　　次: 2014 年 2 月　第 1 版

印　　次: 2025 年 1 月　第 4 次印刷

书　　号: ISBN 978-7-5621-6564-4

定　　价: 58.00 元

前 言

2012 年底，教育部发布了《中小学心理健康教育指导纲要(2012 年修订版)》，在第四项第九条中再次强调了心理咨询室建设的重要性，明确指出:“心理辅导室是心理健康教育教师开展个别辅导和团体辅导，指导帮助学生解决在学习、生活和成长中出现的问题，排解心理困扰的专门场所，是学校开展心理健康教育的重要阵地。”团体心理辅导在我国开展时间并不长，却具有相当广阔的应用前景。近年来，在国家教育部拟定的关于构建心理健康教育体系、实现全员性心理健康教育目标中，团体心理辅导作为一种高效、经济的重要途径，扮演着至关重要的角色。随着心理学在社会各个领域中应用得越来越多，除传统的心理学、教育学类专业将心理学作为必修课程外，大量其他的应用类专业也囊括了一些心理学的相关课程。可以说，只要是涉及与人打交道的学科，都会开设相应的心理学课程。这也对应用型专业心理学类教材的编写提出了新的要求，团体心理辅导教材的编写也不例外。相对于个体心理咨询而言，团体心理辅导是将有共同需求的一部分人聚集到一起，在专业团体领导者的带领下，通过科学设计的团体聚会，帮助团体成员克服成长中的困难与障碍，消除症状，改善认知，调节情绪，改变行为，以维护成员心理健康，培养其健全人格。团体内的人际交互作用，促使个体在交往中通过观察、学习、体验，从而认识自我，探索自我，接纳自我，并学会面对其在学习、职业和个人发展等方面可能遇到的成长课题。团体心理辅导以团体为核心，重视小组动力，通过关系的冲突与抗拒、团体的凝聚、希望的重塑、主动的转变、尝试新行为等过程协助来访者深度、持久地成长。团体心理辅导具有应用性广、经济、有效等特点。目前，它被广泛应用于大中小学心理健康教育、危机心理援助、婚姻家庭咨询、企事业单位团队建设等领域，对培养健康的个体、营造美满的家庭、形成良好的人际关系、构建和谐的社会，以及心理疾病的预防、治疗和康复等起着积极且重要的作用。所以，团体心理辅导对社会发展进步具有重要的现实意义。

本书共九章，包括团体心理辅导的基础知识、发展历程、理论基础、团体过程、影响因素、常用技术、结构练习、方案设计、团体评估及应用举例。本书是作者十多年来在心理学领域学习研究以及培训经验的积累与总结，有三大特点：

第一，理论与实践相结合。用简洁清晰的文字介绍了团体心理辅导的理论知识，强调与生活经验相配合，每章都有“生活中的心理学”和“扩展阅读”板块，能够让学生更好地将理论知识运用到实际生活当中，了解最新的研究动态。

第二，学术性与实用性并重。书中涉及多门学科、多个学派的理论知识，带有较强的学术性。另外，团体心理辅导本身就是咨询的一种应用方式，其实用性很强，本书在内容陈述上，力求学术性与实用性并重；在内容取舍上，强调实用性，注重作为应用型专业学生所必需的一般的、较定论的基本理论知识，让学生获得基本的团体心理辅导基础知识。

第三，创新性和操作性并重。本书结构上突破了传统教材模式，书中许多生活实际案例增加了可读性，在不失专业的基准上赋予了本书更多的趣味性，这是一大创新，同时也增加了本书内容的可操作性。

本书的大纲由张永红（西南大学）、刘先强（成都大学）、刘箭（四川文理学院）、吕莉（四川师范大学）、徐远超（长沙大学）、吴强中（内江师范学院）共同编制。各章撰写人员如下：第一章，张永红；第二章，梁英豪、曹娇；第三章，曹娇，刘先强；第四章，刘箭、张京玉；第五章，梁英豪、张京玉；第六章，吕莉、龚泽玲；第七章，徐远超、龚泽玲；第八章，曹娇、吴强中；第九章，徐远超。全书由张永红、刘先强、刘箭、吕莉、徐远超、吴强中进行统稿，曹娇、张京玉、龚泽玲协助进行了部分工作，最后由张永红定稿。在此感谢各位编写人员的辛勤劳动，感谢西南师范大学出版社对本书的大力支持。

本书适合高等院校心理学专业以及其他心理学应用类专业作为教材使用，同时也适合作为企事业单位团体心理辅导的培训教材。

由于主客观原因，本书不可避免存在一些缺点甚至错误，我们真诚地欢迎广大读者批评、指正。

编　者

2013 年 10 月 22 日

目　录

第一章　绪论

第二章　团体心理辅导的理论基础

第三章　团体领导者

第四章　团体过程及影响因素

第五章　团体心理辅导的方法和常用技术

第一章　绪论

科诺普卡(Konopka)认为:"无论什么样的人,只要能慢慢地融入团体的情境中,自然能和他人发生相互作用,也就能在其中慢慢地改变自己。"团体是人们生活的基本单位,人们在团体中完成社会化,习得价值观念与社会规范,形成自己独特的人格品质,获得社会认同与情感满足,团体在人们日常生活中的作用非常重要。而团体心理辅导为参加者提供了一种良好的微型、具体的社会活动场所,创造了一种信任、温暖、支持的团体范围,使成员能够以他人为镜,反省自己,深化认识,同时成为他人的社会支持力量。本章着重学习团体心理辅导的基本概念、特点、功能、类型;了解为什么要进行团体心理辅导,团体心理辅导有哪些目标,以及进行团体心理辅导必须坚持的原则等。

第一节　什么是团体心理辅导

一、团体心理辅导的概念

团体是一个常见的概念，经常出现于我们的学习、工作和生活中，但对于一个标准团体是如何构成的，有什么特征，在不同的领域，理解可能有些差异。因此，我们有必要先解释清楚团体的概念和特征。团体(group)，也称小组、群体，是具有相同目标的两个或两个以上的人以某种方式结合在一起的集合体。具体而言，团体由两个或多个个体组成，他们知道彼此并相互依赖，因为他们在为共同的目标努力；在这个团体中，他们相互影响，知道谁是团体的一员，谁不是，有特定的角色或者作用，但团体只在一定时间内具有团体成员的关系。

不同学者对团体的理解也不尽相同。美国社会学家伯吉斯(Burgess)在《人格和社会群体》中将团体定义为“若干互动的具有特定人格的个人集合”。拓朴心理学的创始人勒温(Lewin)则认为：“不管团体大小、结构及活动如何，所有称为团体的都需要建立在其成员彼此互动上。”哈默斯(Hamas)指出：“团体就是指一群人彼此互相沟通一段时间，以使每个人不需要通过他人，能与其他人面对面地沟通。”贝斯(Bass)认为：“团体是指一群人的集合，团体的存在对于他们有报偿价值。”贝克(Beck)在《社会心理学》一书中概括了团体的不同界定：“团体的概念，关键是它的所有成员彼此之间必须以一种可观察到的和有意义的方式相联系；个体间的互动使他们成为一个群体。”肖(Shaw)认为：“团体是两个或两个以上的人彼此互动并相互影响。”综合以上各种看法，所有的团体都有一个共同点：团体成员间存在互动，即团体成员间的关系是平等的，会相互影响，相互促进。对于团体的构成，霍曼斯(Homans)认为，构成团体必须具备以下几个要素：第一，任务活动，即人们为达到目标所从事的活动；第二，相互作用，是指人们在完成任务的活动中，团体成员在认知、情感、意志、行为等方面的相互影响；第三，情感，即个人之间以及个人与团体的情感反应，它虽然不容易被直接观察到，但是通过人们的活动和相互作用一般可以表现出每个人的态度、感受、意见和观点。

心理辅导(psychological counseling/ guidance)，也称咨商、咨询，是由受过专门训练的辅导者，运用心理学的理论、方法与技术，通过语言和非语言的交流，给被辅导者以帮助、启发和教育，使被辅导者改变其认识、情感、行为和态度，解决其在学习、工作、生活等方面出现的问题，促进被辅导者认知、情绪、人格和社会适应能力的改善。心理辅导有广义和狭义之分，广义的心理辅导包括心理咨询、心理治疗、教育和心理测验，而狭义的心理辅导只限于双方通过面谈、书信、电话和网络等手段由辅导者向被辅导者提供心理援助的过程。

团体心理辅导(group psychology counseling/guidance)，也称团体辅导、小组辅导、团体心理咨询，是团体成员在团体的情境下，借助团体的力量和各种心理辅导技术，通过团体内的人际互动，使团体成员自知并自助，进行观察、学习、体验、讨论，从而达到消除症状、改善认知、调节情绪、改变行为、培养健全人格的目的。对团体心理辅导的界定也有很多不同认识，这里不一一列举。但普遍认为，团体心理辅导至少应该包含以下内容：团体心理辅导对象为具有相同问题或在某方面有共同成长意愿的人组成的有共同目标和凝聚力的有序组织；通过活动的形式给予辅导；团体心理辅导以人的成长、发展为中心，强调助人发展的功能，相信被辅导者的潜能，相信人有能力帮助自己，辅导者所起的作用为助人自助；团体心理辅导强调团体动力，团体活动中人际交往与互动对人的影响。吴武典提出团体心理辅导必须具备以下四项要素：第一，温暖、真诚、支持、信任、同感的助人性的团体情境；第二，持续、有动力、有目标的团体历程；第三，有效、负责，经专业训练的领导者；第四，能促使成员“顺势而为”并遵守团体规范的团体压力。

通常情况，团体心理辅导、团体心理咨询与团体心理治疗没有进行严格的区分，是同一个意思。卡文(Carvin，1997)认为，团体心理辅导、团体心理咨询和团体心理治疗在目的、知识与理论应用、问题解决、介入方式与技术等方面有很多共同之处。(详细情况见表1-1)。但也有学者认为这几个概念是不同的，李郁文在《团体动力学：群体动力的理论、实务与研究》中指出了三者的区别。(见表1-2)。本书统一使用团体心理辅导这个概念，在以后的章节中不再进行具体的区分。

表1-1　团体心理辅导、团体心理咨询、团体心理治疗的共同点

目的	虽然各种团体工作所强调的重点有所不同，但是所有团体工作的目的均在于预防个人社会功能的缺失，提供个人需要的资源，协助个人善用其长处，充分发挥其个人功能，也协助功能受损者康复
知识与理论应用	虽然不同的团体工作所依据的理论重点和应用有所不同，但是所有团体工作都应用小团体的理论作为发展团体、领导、问题解决等的依据
问题解决	虽然不同的团体工作的问题不同，面对团体的角度也可能有些不同，但是所有团体工作者均有以一个问题为焦点的共同特征
介入方式与技术	不同团体工作者常运用许多相似的介入处理方式和技术。比如，都使用催化团体过程、增进成员情感表达的策略、角色扮演、行为预演等技术

表 1-2　团体心理辅导、团体心理咨询、团体心理治疗的区别

	团体心理辅导	团体心理咨询	团体心理治疗
对象	正常人	正常人	患者
目标	知识、信息的获得	促进想法、情绪、态度行为的改变	人格重建、人格改变和治疗
功能	预防性、发展性	预防性、发展性、矫治性	矫治性、临床性
领导者	教师或咨询员	咨询员	心理治疗师
行为层面	意识的认知活动	意识、情绪问题和行为	意识及潜意识的心理、思想、情绪问题和行为
动力过程	不太重视团体动力	非常重视团体过程与动力	重视团体过程与动力
方法	一般教学活动技术，传授知识、提供资料	咨询技术、引导探索、自我觉察	治疗技术以分析、解释行为
人数	以班级人数为原则	6～12 人	以人数少为原则
实施地点	学校、机构	学校心理健康教育机构、社区等	医疗诊所、医院心理科
实施时间	定期	短期	长期

二、团体心理辅导的特点

相对于个体心理辅导，团体心理辅导具有实践性、高效性、趣味性、普及性、易迁移性等特点。因此，在心理健康教育、人际关系问题解决中具有更强的适用性和更明显的成效。具体体现在以下几个方面：

首先，对于每一个具有众多社会联系的团体成员而言，心理与行为的影响因素众多。参加心理辅导团体的益处是，团体提供了一种共同的身份，无论是彼此交换信息、解决问题、探索个人价值观念，还是发现共同情感，同一团体的人都可以提供更多的观点与资源。团体成员不仅自己接受他人的帮助，同时还能学习模仿多个团体成员的适应行为，从多个角度洞察自己，也可以成为帮助其他成员的力量。当多个成员聚集在一起时，他们会发现自己的困扰并不是独一无二的，许多人拥有类似的担忧、想法、情感和体验，这种体验对克服困扰非常有帮助。在团体情境下，成员之间的互相支持、集思广益及共同探寻解决问题的办法等，客观上减少了对领导者的依赖。

其次，多个为共同目标而来的成员聚在一起进行团体活动，可以节省大量的时间和精力，也可以满足人们对心理辅导日益增加的需要。与团体辅导相比，个别辅导是辅导者与来访者一对一进行的帮助指导，每次辅导面谈需要花 50 分钟到 1 小时的时间；而团体辅导是一个领导者同时与多个成员的互动，不仅节省辅导的时间与人力，符合经济的原则，提高了辅导的效率，还可以缓解心理辅导人员不足的矛盾。而且，人在

团体中接受辅导还有间接学习的价值。成员们既有机会听到和自己类似的忧虑，也可以通过观察他人怎样解决个人的问题而受到启发，可以学到更多的知识和解决问题的办法。

再次，团体辅导效果较为持久，容易迁移。团体辅导创造了一个类似真实社会生活的情境，为参加者提供了社交的机会。团体是社会的缩影，成员在团体中的言行往往是他们日常生活行为的复制品。在充满安全、支持、信任的良好团体气氛中，通过示范、模仿、训练等方法，参加者可以尝试某些新技巧和行为，如应聘、交友、沟通、自我表达等。练习这些技巧将促进成员更有效地生活。如果在团体中能有所改变，这种改变会迁移到团体之外的现实生活中。

最后，团体心理辅导特别适合用来改善人际关系。相对而言，青少年的社会化程度不高，社会经验相对较少，在学校或社会里发生人际关系冲突后就会躲避与人接触，这些问题在团体心理辅导的过程中可以得到改变。那些常年与同学、同事不能相处的人，也可由团体心理辅导来改善人际关系的适应性。如果个体因为缺乏客观的自我评价、缺乏对他人的信任、过分依赖或过分武断而难以与他人建立和保持良好的、协调的人际关系，也可以通过团体心理辅导来矫正。

当前，在学校教育特别是心理健康教育中，团体心理辅导发挥着重要作用。学校团体心理辅导让学生通过观察、体验来认识自我，接纳自我，解决他们在学业、人际关系、价值观等方面颇感困惑的问题。道宁(Downing)指出了学校团体心理辅导有以下优点：学生了解、体验到自己是被其他学生支持的，以获得公德心和增强自信心；让每个学生能够从与别人的相互关系中找到自己的利益，学生将可以得到单独与咨询员接触所不能得到的利益；鉴别需要特别予以援助的学生；增进个别的咨询，团体的经验可以提高辅导的需求，达到更好的成熟；有利于发展社会性，团体中所获得的社会化经验可以促进学习与改进行为；可以提高矫治效果，更好地洞察组员；使咨询员可以与更多的组员接触，这种接触可以帮助学生克服羞怯，减轻压迫感和改善自己的态度；学生获得安全感，增强自信心；为组员提供接近咨询员的机会和增强学生的求助动机；综合各种教育经验以获得最大的利益，经过团体讨论使方法明确化后，将有助于学生对学校的各项活动感到有意义，能够认识更和谐的关系；松弛学生的紧张和不安，使辅导者和教师的工作将更加有效。

虽然团体心理辅导的应用很广泛，大多数情况下效果良好，但也会存在一些负面影响。例如，由于团体成员的数量过多，容易产生冲突和竞争，进而造成伤害；如果团体成员的自我暴露过多，其他成员没有保密，容易伤害到自己；有些成员迫于团体的压力，容易从众；有些团体成员会过度依赖团体来完成工作，在团体中解决问题可能会花费更长的时间。雅各布斯(Jacobs)等列举了团体成员在团体中容易出现的一些问题：在话题间跳来跳去；试图控制讨论；谈话像是闲聊而不具有私人性，也没有中心内容；注意力散漫；羞怯和退缩；对领导者发怒；对其他成员愤怒；试图强迫他人说话；试图向团体成员宣讲道义和宗教;因为是被迫参加而怀有抵触情绪;不喜欢其他成员;不再参加这个团体。

三、团体心理辅导的功能

为什么需要用团体的形式来进行心理辅导?理由很多。例如,为了满足成员归属感的需要,为了制造一种平等的氛围,为了提供更多的信息,为了实现共同的目标等,这使得团体心理辅导的应用十分广泛。究其原因,团体心理辅导这种形式能够在以下几个方面产生作用:

(一)教育功能

团体心理辅导的过程是一个借助成员之间的互动而获得自我发展的学习过程。为了适应社会生活,每一个人都需要培养人际关系技巧,提高人际交往能力,建立和谐的人际关系。在团体中,成员可以相互学习如何有效地交往,如何解决问题、进行决策、表达意见、进行有效的沟通等。通过团体成员间的相互作用,学习对自己、对他人、对团体的理解洞察,并掌握如何处理这些人际关系的技能。在团体中,参加者可以彼此交流信息,互相模仿,检验现实,尝试与创造性地学习人际关系的技巧,承担社会责任等。

(二)发展功能

人的心理发展是受人类社会环境制约,在社会生活条件下及人际交往过程中实现的。维果茨基(Lev Vygotsky)指出,人的高级心理机能的发展由社会文化所决定,是通过语言符号的中介作用而不断内化的结果。团体是一种微型的社会环境,能促进团队成员良好的心理发展和成熟,培养健全的人格。每个人在成长的过程中都会不断地遇到困难和挫折,如果能在人生成长的相应时期克服一些不可避免的困难,人便能获得心智成长。参加团体心理辅导的主要是健康的正常人或在一定时期有某些烦恼的正常人;参加的动机多与自我探索有关,通过培养和增加自尊和责任感,对自己、对他人、对环境、对未来充满希望,从而可以达到促进个人发展的目的。

(三)预防功能

团体心理辅导是预防心理问题发生的最佳途径。在团体心理辅导的过程中,成员在团体中可以更好地了解他人,接纳他人和满足归属、互谅、互助、互爱的需求。成员之间通过彼此交换意见,互诉心声,探讨目前的问题和今后可能遇到的难题,以及研究可行的解决方法,可以增进对问题处理能力的培养,可以预防和减少心理问题的发生,促进个体心理健康。此外,在团体中通过帮助他人改变也有助于自身成长和防患于未然,达到预防心理障碍产生的效果。

(四)矫正和治疗功能

团体活动的情境比较接近日常生活与现实状况,以此处理情绪困扰与心理偏差行为,容易取得比较好的效果。对有特殊心理问题的人,通过团体特有的疗效因子,如团体中所提供的支持、关心、感情宣泄等,可以协助其改变人格结构,增强自觉,达到康复的功能。例如,在团体中,个人的问题或困扰可以通过一般化作用而勇于面对,通过澄清与反馈获得了解,通过净化作用与洞察获得疏解。

四、团体的类型

因分类标准不同,团体具有多种类型。

根据团体目标的不同,雅各布斯等将团体划分为七种类型:教育团体、讨论团体、任务团体、成长和体验团体、咨询与治疗团体、支持团体、自助团体。教育团体中,领导者为成员提供不同的主题信息,有时作为教育者,有时作为讨论的推动者,对于会期的次数和每次会期的长短,没有固定模式。例如,学生学会学习技巧的团体、学习减肥方法的团体等。讨论团体是围绕有关主题进行讨论,目标是为参与者提供分享观点、交流信息的机会,领导者主要充当推动者的角色,对于讨论的主题他并不需要比团体成员拥有更多的知识。例如,读书俱乐部、时事讨论团体、生活风格团体等。任务团体是需要完成特定任务的团体。例如,会议、决策讨论、谈判等。成长和体验团体由希望体验置身于团体中的感觉或者希望对自我进行探索的成员组成。例如,敏感团体、领悟团体以及会心团体等。咨询与治疗团体由咨询师和因为生活中的某些问题而来到团体的成员组成,咨询师将焦点集中在不同的个人及其问题上,然后成员在咨询师的指导下试着彼此帮助。支持团体由一些带有相同问题的成员组成,团体的会面很有规律,成员相互间交流思想和情感,并通过相互帮助来解决问题和焦虑。例如,康复中心的老人、残障人士、未婚妈妈等。自助团体现在非常流行,是由一群具有共同兴趣或面对相同困难的人组建的一个群体支持系统,一般由非专业人士领导,领导者和成员有类似的问题。最著名的自助团体是 1935 年 6 月 10 日创建于美国的匿名戒酒协会(Alcoholic Anonymous,简称 AA)。从它诞生至今的 70 多年里,协会的戒酒方案已经使两百多万名嗜酒中毒者受益,从嗜酒的泥潭中走出来,得到了全面康复。有资料表明,近年来协会在亚洲、欧洲和拉丁美洲有较大发展。2000 年,大约 150 个国家有协会的活动,分会超过 99 000 个,会员总数在全世界已经超过一百万人。

根据团体的功能,可分为成长性团体、训练性团体和治疗性团体。成长性团体是通过成员间的相互作用,协助成员自我认识,自我探索,从而自我接纳和自我肯定,促进个人成长的团体。训练性团体是注重成员生活技能的提升与正向行为建立的团体,如人际关系训练团体、身心松弛工作坊等。治疗性团体是注重经验的解析、人格的重塑与行为的重组的团体。

根据团体成员的背景和问题性质可分为同质性团体和异质性团体。同质性团体是指团体成员的年龄、学历、生活经历、心理困扰、需要解决的问题相似，如未婚青年团体、减肥团体、压力适应团体、学习困难儿童团体、情绪调控训练团体等。其特点是成员间容易沟通、理解，凝聚力强，支持性较高。异质性团体是指团体成员的某些背景或个人特质不大相同。其特点是成员间能取长补短，相互学习，有利于新的行为的形成。

根据团体活动有无设计和目标可分为结构性团体和非结构性团体。结构性团体是为了帮助成员学习，根据团体所要达到的目标，设计活动，引导成员参与学习。其特点是目标明确、角色分明、活动内容安排有序，但成员自主性和自发性行为减少。非结构性团体强调团体成员的自主性，领导者配合成员的需要、团体动力的发展与成员彼此的互动关系来决定团体的目标、过程和运作程序。领导者的主要任务是促进成员的互动，对团体的目标与方向很少介入。

此外，根据人数来分，有大团体(35 人以上)、中团体和小团体(20 人以下)；根据成员参与来分，有开放性团体和封闭性团体；根据时间来分，有密集型团体与常态型团体等。

生活中的心理学

团体心理辅导在生涯决定中的应用

以下的生涯决定的团体心理辅导是依照克伦伯兹(Krumboltz)等人(1974)关于以团体辅导方式进行生涯决定的设计而实施的。克伦伯兹等人将生涯决定的实施分成五个阶段，每个阶段内又有一至二个重要的步骤，循序渐进。案例中将五个阶段分为五次聚会，在具体实施中，可以依照情况将每一聚会分成一次、两次或多次的团体活动。设计这套计划的目的，不仅希望个人能将它应用到生涯问题的解决上，还能够通过学习迁移广泛地应用在一生的各种问题的解决上。计划也可以个别实施，但以团体方式实施优点较多，可以通过团体成员的互动而达到较佳的学习效果。

聚会一：建立个人目标及时间表

1. 单元目标：(1)每一位成员能建立至少一个生涯目标；(2)每一位成员能承诺参加 6 小时的团体讨论以及 4～6 小时的个人研究。

2. 咨询过程：(1)团体成员彼此介绍；(2)透过脑力激荡，建立团体常规；(3)咨询员界定行为目标的范围，介绍目标发展的实际过程；(4)团体每两人一组，彼此协助建立个人的目标；(5)宣布每一个人的目标，与团体成员共同讨论；咨询员适时给予指导强化；(6)咨询员介绍时间表的建立对团体成员的重要性；(7)综合整理。

聚会二:行动阶段

1. 单元目标:(1)使成员熟悉生涯资料系统以及可能要用到的测量工具;(2)解释应用评量工具及职业资料系统的目的。

2. 咨询过程:(1)团体成员回忆上次聚会时各人所建立的目标;(2)说明本次聚会的目标;(3)实施以及解释职业兴趣测验;(4)职业兴趣测验的讨论(咨询员也参与),每一个人选定二至三种预备探索的职业或专业。

聚会三:资料搜集

1. 单元目标:(1)介绍生涯资料的资源,说明其用意及使用方法;(2)介绍生涯探索所需要的职业资料。

2. 咨询过程:(1)讨论生涯资料在生涯探索及决定过程中的地位;(2)说明各种印刷媒体的形式,确定将要访问的地点;(3)咨询员提出体验职业经验的模拟表演方式;(4)讨论各种体验职业经验的做法;(5)每一团体成员均提出自己在生涯资料搜集方面的目标;(6)通过团体内的互动,每位成员承诺在以后两周内预先看完所有职业资料;(7)决定下次聚会时间时,检讨一下各人的成果以及承诺。

聚会四:分享资料和预估结果

1. 单元目标:(1)每一个成员能分享整理后的资料;(2)每一个成员能选择一个暂时的生涯方向作为进一步探索的准备。

2. 咨询过程:(1)先行界定讨论的方式以及内容格式;(2)在口头报告时,每一团体成员与其他人分享整理后的职业资料;(3)每一位团体成员均报告暂时的选择结果,说明选择的原因,以及下一步探索的想法;(4)咨询员综合每个人的报告,介绍评估某一职业或事业方面取得成就所需的资料;(5)咨询员随时协助团体成员估计选择某项职业成功的机会,或者看看是否需要再回到前面的步骤。

聚会五:重新评价、暂做决定或循环

1. 单元目标:(1)分享在不同职业中成功的概率;(2)提供必要的刺激,以确认对某项事业前程的决定,或改变方向回到做决定过程的前一阶段;(3)检讨所做的决定。

2. 咨询过程:(1)每一位成员扼要介绍其所选择的职业,并说明其预估成功把握的可能性;(2)团体成员预先设定下一步的做法;(3)准备追踪辅导。

复习巩固

1. 与个体心理辅导相比较，团体心理辅导有哪些特征？
2. 团体心理辅导有哪些功能？
3. 雅各布斯将团体划分为哪几种类型？

第二节　为什么要进行团体心理辅导

一、团体心理辅导的价值

团体心理辅导在很多领域都有应用，可以满足人类的多种需求。团体心理辅导之所以受到欢迎，其原因是对于个体心理辅导而言，团体心理辅导有独特的价值。美国心理学家卡普其(Capuzzi)和柯瑞(Corey)在《20 世纪 90 年代心理咨询展望》一书中，详细列举了团体心理辅导的重要性：在团体中发展信任的气氛以促使彼此态度和情感的分享，并能将这种信任应用到日常生活中；增进自我接纳和自我尊重；澄清生命的价值并探索人生哲学；能容忍他人并能接受和尊重不同的个体；学会问题解决和正确决策的技巧，并坦然接受这些决定的后果；能敏锐地感知他人的需要；能增加关心他人的能力；学会将团体中学习到的经验运用到自己的日常生活之中。团体成员既可以在团体活动过程中学习技能，也可以在团体之外掌握新技能。更重要的是，在团体的人际互动中，个体可以通过团体的领导者和成员的反馈以及自我的不断领悟，从而逐步成长。同时，个体通过观察和模仿他人也可以将其通过团体培养的能力迁移到解决日常生活的类似问题中。除此之外，团体心理辅导还在以下几个方面有独特价值：

第一，团体心理辅导不同于一般的团体活动。我们都很熟悉团体，在日常生活中，我们常常归属于不同的团体，如家庭、班级、朋辈团体、户外运动小组等，经常花时间参与团体活动。所以，有人就会认为没有必要去加入团体进行专门的心理辅导，认为要花专门的时间、精力甚至是经费没必要，还怕被别人说成是有心理疾病。其实，这种说法有失偏颇。

团体心理辅导具有专业性。正规的团体心理辅导都是由受过专门的心理辅导训练的人来组织的，掌握了专业的心理学理论和方法，在辅导前进行过周密的准备。准备包括两个方面：一是心理准备，包括对特定问题的理论学习，对于类似问题、案例的间接体验，并且主动实践过团体心理辅导的方法，这对团体辅导的效果是有保证的；二是对于团体辅导的环境准备，包括专业固定的团体辅导室，对每次团体辅导时间的控制等。以上两个方面是一般的团体活动没有办法做到的。

第二，一般团体活动的负面效应不好控制。比如消极型非正式团体，安全性得不到保障，成员间的相互联系也不紧密。这种非正式团体内部没有一个得到全部成员认可的领袖，经常分为好几个小团体，每一个团体都有一个领袖。同时，某些领袖并不认同组织，存在个人利益高于组织利益的思想。又如，破坏型非正式团体，这种非正式组织形成一股足以和组织抗衡的力量，而且抗衡的目的是出于自身利益，为谋求非正式团体的利益而不惜损害正式团体的利益。同时，团体内部成员不接受正式组织的领导，而听从非正式团体内领袖的命令。

第三，团体心理辅导可以更快导致积极改变的发生。参加团体心理辅导的成员都遵循自愿原则，自愿是一种内在动机，能促使团队成员在团队的积极表现。美国心理学家德西(Deci)和瑞安(Ryan)提出的自我决定论认为，社会环境可以通过支持自主、胜任和关系这三种基本心理需要的满足来增强人类的内部动机，促使外部动机的内化。团体心理辅导能起到这种作用。此外，在团体氛围下，心理辅导的目标不仅仅只促进积极的思维，而且还会推动积极的体验、互动和改变，从而激发他们对团体的喜欢和投入，对团队成员的欣赏和感激，也因而能激发他们更高水平的心理健康、快乐和幸福。例如，团体心理辅导已经成为学校心理健康教育的主要形式。促使个体在交往中通过观察、学习、体验，已经在以下方面实现了积极的改变：认识自我，探讨自我，接纳自我，发展个体独特的身份感；学会信任自己和他人，学会用新的视角来看待自己和别人；寻求一般发展性问题和特定矛盾冲突的解决之道；学会更多有效的社会沟通技巧；对他人的需要和感受更加敏感；学会如何通过关心、呵护、诚实和坦率来促进他人成长；澄清自己的价值观，并且决定是否以及如何对其加以改善。

二、团体心理辅导的目标

团体心理辅导的目标可分为一般目标、特定目标以及过程目标。为什么要为团体心理辅导设置这么多的目标呢？清晰地了解团体辅导的目标对于团体领导者具有“地图”作用，它不仅直接影响着团体的规模、成员的构成、聚会的次数等团体辅导过程的设计，而且影响着领导者选择相关活动以及带领团体的方式和信心。团体辅导的目标一般具有四个作用：导向作用、维持作用、聚焦作用与评估作用，即为团体辅导指明方向，使团体成员坚持不懈地投身到团体中，帮助团体成员将注意力集中到团体过程以及检验团体辅导是否达到预期效果上。

一般目标是指所有团体辅导和治疗都具有的，且最终要达到的目标，即增进心理健康，达成自我实现。特定目标是指每个团体辅导与治疗将要达到的具体目标。例如，针对青年人际交往方面的困扰而组织的“轻轻松松交朋友”，针对住院患者担忧焦虑情绪处理的“住院生活指导团体”，针对丧亲人士的“走出情绪的低谷团体”，针对酗酒人士的“戒酒团体”等。随着团体的发展，团体成员人际关系的变化，不同阶段出现了不同的目标。例如，从彼此相识到增加信任，进行自我探索，提供信息，最终解决问题等。

在团体辅导的不同阶段，具体的目标也有所不同。团体初期的目标是使成员尽快相识，建立信任感；订立团体契约，建立与强化团体规范，重申保密的重要；鼓励成员投入团体，积极互动；处理焦虑及防卫或抗拒等情绪；及时讨论和处理团体中出现的问题。团体辅导中期的目标是增强团体凝聚力；激发成员思考，促进团体成员互动；引发团体成员讨论；通过团体合作，寻找解决对策；鼓励成员从团体中学习并获得最大收益；评估成员对团体的兴趣与投入的程度。团体辅导结束阶段的目标是回顾与总结团体经验；评价成员的成长与变化，提出希望；协助成员对团体经历做出个人的评估；鼓励成员表达对团体结束的个人感受；让全体成员共同商议如何面对及处理已建立的关系；对团体辅导与治疗的效果做出评估；检查团体中未解决的问题；帮助成员把团体中的转变应用到生活中；规划团体结束后的追踪调查。

三、团体心理辅导的原则

在团体辅导的过程中，能否遵循团体心理辅导的基本原则，关系到能否有效发挥团体辅导的最大作用，以及能否完成团体辅导的既定目标，决定着辅导工作的成败。团体心理辅导的基本原则可以概括为以下几个方面：

（一）保密原则

无论是个体还是团体咨询与辅导，保密原则都是第一位的。尊重每一位团体成员的权利及隐私既是团体的领导者和团体成员确立信赖关系的前提，又是辅导得以顺利开展的基础。保密原则要求领导者在团体开始时向全体成员说明保密的重要，并制订保密规则，要求大家遵守，不在任何场合透露成员的个人隐私。离开团体要承诺对团体中发生的人和事不传，不议，保护成员个人的隐私。如果需要研究、发表或者作为教学案例，必须征得本人同意，并隐去真实姓名，确保当事人的权益不受到损害。但也有例外，当团体成员的情况显示他或其他人确实处在危险边缘时，应采取合理措施，通知有关人员或组织，或向其他专业咨询人员求助。但从根本上讲，仍是为了保护当事人的权益。

(二)专业原则

团体心理辅导是有组织、有计划的活动，应由接受过心理学专业训练的人员负责，事先应制订周详的实施计划。团体领导者应具有丰富的能力与经验来引导团体发展。此外，对团体的过程和效果要有客观的评鉴与记录。

(三)民主原则

民主的原则有助于促使团体保持轻松的气氛而有秩序，增强团体的凝聚力。为此，团体领导者应以团体普通一员的身份，尊重每一位参加者，并参与团体活动，鼓励成员发挥自己的创见，与他人平等沟通，共同关心团体的发展。

(四)共同原则

团体是一段时间内的共同体。团体辅导是针对团体成员共有的各种问题而组织的。因此，团体辅导进展过程中始终要注意成员共同的兴趣和共同的问题，使个人与团体相互关注，保持共同的信念、共同的利益和共同的目的。

(五)启发引导原则

团体辅导的任务是助人自助。因此，在实施过程中，应本着鼓励、启发、引导的原则，尊重每个团体成员的个性特征，鼓励各抒己见，重视团体内的平等交流与各种细节反应，适时地提出问题，激发成员思考，培养成员分析与解决问题的能力。

(六)发展原则

在团体辅导过程中，领导者要从发展变化的观点看待团体成员的问题，用发展变化的观点把握团体的过程。不仅要在问题的分析和本质的把握上善于用发展的眼光做动态考察，而且在对问题的解决和咨询结果的预测上应具有发展的观点。

(七)综合原则

团体辅导的理论、方法、技术多种多样。只局限于某种理论和方法往往难以使团体辅导取得满意的效果。因此，团体的组织和领导者应该了解各种理论和方法，根据团体辅导的任务和性质，综合选取有效的技术，以达成团体辅导的目标。

第三节　团体心理辅导的发展历程

一、团体心理辅导在美国的发展情况

团体心理辅导最早是从欧美发展起来的，目前在全世界得到了广泛的应用。美国人本主义心理学家卡尔·罗杰斯(Carl Rogers)曾经说过，20 世纪人类社会最伟大的发明之一是“小团体运动”。通过团体活动，人们可以重新探索自我，发展潜能，团体提供了人格重塑的机会。因此，团体经验无论是对个人，还是对社会都有重要影响。随着世界政治、经济、社会、文化的急剧变化，团体心理辅导已经越来越广泛地应用在教育、辅导、治疗活动中。

最早尝试团体形式用于心理治疗的是美国的内科医生普拉特(Pratt)。1905 年，他将 20 多位住院的肺病患者组成一个团体，采用讲课、讨论和现身说法等形式开展治疗，结果非常理想。因此，普拉特被认为是团体辅导的先驱，他的实践和尝试具有开创性意义。班级团体辅导的最早尝试源于美国密歇根的一所中学，该校校长戴维斯(Davis)利用英文作文课，安排了每周一节的“职业与道德辅导”课。20 世纪 30 年代初，斯拉夫森(Slavson)在纽约运用团体治疗的方式为有行为问题的青少年进行了开创性的工作。他将团体治疗分成两种类型，一是活动型团体治疗，二是分析型团体治疗。20 世纪 40 年代，交往分析治疗体系的鼻祖伯恩(Berne)在部队服役期间开始在军人中尝试团体心理治疗，后来提出的相互作用分析理论已成为交流分析团体辅导的主要理论依据。1947 年，在勒温(Lewin)的指导下成立团体人际关系技术训练实验室，即著名的 NTL(National Training Laboratory)，这是一种借助于较自由的团体活动与讨论，使团体对人际关系问题变得更加敏感的训练，因此也称敏感性训练。1949 年，正式命名为“T 小组”。NTL 的建立对团体心理辅导的发展有重要意义，因为从那以后，团体心理辅导的对象得到了进一步的扩大，不仅仅是针对有心理或行为问题的人进行矫治，而且可以为正常人提供一种促进其发展的学习机会。与此同时，集体心理治疗也得到了发展，沃尔夫(Wolf)首先将弗洛伊德的经典精神分析理论应用于集体心理治疗。在集体心理治疗中采用自由联想、梦的解析、移情、谈心和游戏等方法，将小组成员被压抑的情绪、内心的冲突挖掘、暴露、宣泄出来，然后加以疏导，使他们对症状逐渐获得领悟。20 世纪 60 年代，人本主义兴起，罗杰斯等大力提倡的会心团体

(Encounter Group)受到社会各界广泛欢迎,会心团体也称"交朋友小组",具体形式有多种,如"训练小组""个人成长小组""潜能发展小组""团队建设小组""基础交友小组""感知小组"等形式。这些团体都强调团体中的人际交往经验,其目的不是治疗,而是促进个人的成长。

20 世纪 60 年代末,全美建成了 75 个训练中心,可以开展各种类型的团体心理辅导活动。会心团体吸引超过 500 万美国人自愿参加。另外,还有数百万人参加其他类型的团体,如自助小组和集体心理治疗。到 20 世纪 90 年代,发展性团体心理辅导进一步受到重视,并在医疗咨询、学校教育、个体自我发展等日常生活中得到广泛应用。团体心理辅导发展到 21 世纪,地位越来越高,美国麻省理工大学的教授比默克(Bemok)认为:"我们人与人之间的联系更加紧密了,而且有了科学技术上的支持,而这恰恰需要有更多的着眼于培养健康人际关系的团体活动……人际关系技巧与人际关系意识变得尤为重要……我想说的是团体咨询是通向未来的大门……"2000 年,美国团体工作专业人员协会全国会议召开时,当时的会长比默克(Bemok)做了题为《有效的团体辅导:全球化的观点》的主题发言,他认为:"这个社会、这个世界存在着太多的问题——吸毒、酗酒、贫困、虐待、暴力、种族歧视、性别歧视、排斥、未成年怀孕、犯罪、辍学以及学业失败、自杀、仇恨、战争等,这还只是列举了一少部分。而我们现在的心理辅导工作就是要尽量更好、更有效地处理这些问题。"他认为,要想使心理辅导工作做得更好,团体辅导、家庭活动和社会调节将是更有效的方法。他说:"在美国和其他国家进行辅导时,每当处理上述问题时,我总会得出同一个结论和关于这个结论的各种各样的反应。这个结论就是——我不再认为个体心理治疗可以有效地解决这类问题。但是,我赞成团体辅导、家庭活动和社会调节。这个结论强烈而又一直没有发生改变,它是基于我在 6 个国家的工作经验得出来的。"

二、团体心理辅导在日本的发展情况

日本是近代心理学发展较早的国家之一。19 世纪 80 年代至 20 世纪初,是日本心理学的奠基时期。日本心理学是在西方心理学,主要是德国心理学的影响下发展起来的,但日本的心理咨询却是在第二次世界大战结束后受美国的影响而兴起和发展起来的。20 世纪 50 年代,产业界首先引入了敏感性训练团体辅导。1969 年,留学美国的罗杰斯的学生濑稔将会心团体介绍到日本,成为日本高校从美国引进团体辅导的开始。自此,团体辅导在日本高校中得到迅速发展。在推进团体辅导的发展过程中,立教大学基督教研究所、九州岛大学、产业能率大学等曾发挥过重要作用。70年代团体辅导发展非常活跃，咨询界、教育界、护理界、产业界十分流行，仅人际关系研究会的参加者就超过1万人。到20世纪70年代后期，团体辅导已经成为日本高校学生服务工作中心理咨询活动的重要组成部分。80年代以来，主办团体辅导的机构和个人为数不少，如日本咨询员协会、日本咨询中心、东京咨询学校等，还出版了《会心团体》(圆分康专著)、《团体精神疗法入门》(山口隆主编)等一批著作。日本的团体心理咨询主要以罗杰斯的理论为基础，目的是提高参加者的交往能力，改善适应能力，提高自我认识，增进身心健康。在日本的大学里，各种类型的团体心理咨询活动十分活跃。1978年以来，团体心理咨询已经成为心理咨询活动的重要组成部分。80年代以后是日本团体心理咨询与治疗发展的活跃期，陆续出版了一些团体心理咨询与治疗的译著和专著。森田正马创立的森田疗法在日本团体心理辅导中也得到了广泛应用，"生活发现会"就是一种代表形式。目前，全日本有137个"生活发现会"。"生活发现会"通过多种形式活动，如集体座谈会、学习会、读书会、恳谈会、亲睦会、合宿会、郊游、联欢等形式，交流学习和实践森田疗法的感受和体会、经验与教训。成员之间不是医患关系，只有新会员和老会员之分，参加者互相启发，互相支持，互相鼓励，互相帮助。新会员在集体学习过程中向老会员述说自己的苦恼，老会员根据自身战胜神经质症的体验给予新会员指导和帮助。新会员以老会员的经验及帮助为行动指导，努力克服神经症。而那些通过学习及团体活动，已经从神经症的苦恼中解放出来的老会员在帮助新会员的同时，也进一步加深对自我的洞察，发挥自己的个性，继续完善自己。

三、团体心理辅导在中国的发展情况

中国台湾地区的团体辅导与心理治疗研究、实践已有40多年的历史，是我国团体心理辅导发展较早的地区。1987年，陈若璋、李瑞玲发表了《团体咨询与治疗研究的回顾评论》的文章，综合分析了中国台湾地区15年来有关团体辅导与治疗研究文献59篇，其中最早的一篇发表于1972年。他们发现团体心理辅导在学校应用最多，高达88%。团体辅导和治疗的类型比较多，其中85%是结构式团体，具体有人际关系训练，自我肯定训练，朋辈辅导训练，学习、会心、成长、价值澄清、克服焦虑、男女社交技巧训练。团体辅导与治疗所采用的理论流派包括：行为疗法、认知疗法、合理情绪疗法、现实疗法、沟通分析疗法、阿德勒疗法等。20世纪80年代，中国台湾地区的团体辅导发展较快，相继出版了一系列介绍团体辅导理论与方法的书籍，如《团体技巧》《团体领导者实务》《如何进行团体咨询》《团体咨询与敏感度训练》《让我们更亲近》《小团体领导者指南》《团体辅导手册》等。这些书为推广和指导团体辅导起到了积极的作用。中国台湾地区各大学的团体心理辅导工作开展非常频繁，以台湾“清华大学”为例，该校 1991 年以来每年的团体辅导活动就不下五次。团体辅导活动的形式有“自我肯定团体”“生涯探索团体”“心灵探索团体”“生活发展团体”“大一新生团体”“人际交往团体”“两性沟通成长工作坊”“压力舒解工作坊”等。台湾政治大学 2002 年第一学期的各类团体辅导就有九个，分为三大方面：第一是心理成长方面的团体辅导，有“自我探索团体”“支持性团体”“自我表达团体”“爱情实验工作坊”“听身体说话工作坊”“生涯规划工作坊”“身心放松轻度催眠工作坊”；第二是领导力训练方面的团体辅导，如“义工自我成长课程”；第三是心理问题辅导方面的，如“身心障碍生团体咨询”等。台湾彰化师范大学学生心理咨商与辅导中心 2002～2003 学年仅秋季学期开展的各类服务的中小团体系列有“大一新生生活适应支持团体”“自我照顾团体”“幸福进行曲：亲密关系成长团体”和“团体辅导系列”等内容。

20 世纪 70 年代，香港地区的心理辅导与治疗开始受到重视，但作为以培养青少年健全人格为目的的团体活动的最早尝试却是在 1920 年 8 月。香港基督教青年会组织了“童子营”，27 位青年参加了为期 9 天的营地活动，团体目标是：学习自律及在团体中自我约束，增进友谊，身心愉快；加强个人的社会适应能力，养成良好的生活习惯；扶植领袖才干，学习技能，培养品格。香港地区高校的心理辅导现已形成了完善的辅导体系。大学的学生事务处都有辅导中心，为大学生提供个别心理咨询、团体咨询（小组辅导）与职业咨询。学校安排的辅导活动系统而全面，如新生辅导、择业技巧、就业压力疏导等。各高校学生辅导工作都包含团体心理辅导形式。辅导员安排有共同需要和共同目标的学生组成小组，通过一些体验性的游戏、活动，鼓励同学互相交流，增进自我认识，建立自信，提高其解决问题的能力。有时，这类小组是治疗性的，如焦虑处理、压力处理等；但更多的是发展性的，如领袖训练、个人成长、生活技巧、读书技巧、人际沟通、自我认识、自我形象设计、演讲、恋爱、性教育、朋辈辅导训练，期望学生能在身体、智能、情绪、社交、职业、精神诸方面得到均衡的发展。浸会大学以各种长、短期的成长小组、沟通小组、人际关系小组吸引着该校大学生。香港理工大学则根据大学生成长的需要，设计和安排了各种类型的增长见闻、开阔视野、投身社会的团体实践小组。香港大学的心理辅导中心成立于 70 年代初，宗旨是协助学生尽可能地发展智能与个人潜在能力，消除不利因素，促进优良品质的发展。该校社会工作系的陈丽云教授从素食、气功和拜佛等中国传统方式中得到启发，提出并开创了“身心灵全人健康模式”。该模式将传统医学、养生学、哲学思想等融会贯通，把太极、瑜伽、冥想等多种方法融入团体辅导过程之中，让团体成员借助各类身体活动和相关技巧，来达到自我的改变。“身心灵全人健康模式”已在很多不同的专业机构和对象群体中使用，如大学生、离婚女性、抑郁症患者、癌症患者等，并取得了相当好的效果。

在香港地区从事团体咨询的领导者多有临床心理学、咨询心理学以及社会工作训练背景。林孟平著的《小组辅导与心理治疗》、吴梦珍主编的《小组工作》、陈丽云等编著的《身心灵互动健康模式：小组辅导理论与应用》等书籍对于推动团体辅导的开展起到了重要的作用。

虽然团体形式的工作早已存在，但专业的团体辅导在内地发展历史并不长。20世纪90年代初，团体心理辅导被引进到内地。1991年6月，中国心理卫生协会大学生心理咨询专业委员会在国家教育行政学院举办了“全国第一期大学心理咨询员培训班”。日本筑波大学心理系松原达哉教授介绍并带领学员学习和体验团体理论与操作技巧。1991年10月，清华大学教授樊富珉开始进行团体咨询师培训。进入21世纪，随着我国社会经济改革的步伐加快，心理咨询与心理健康教育逐渐受到政府的重视，先后出台了多个文件强调心理健康的重要性，如2001年教育部社会科学研究与思想政治工作司第一号文件《关于加强普通高等学校大学生心理健康教育工作的意见》。为了培训心理健康专业骨干教师，从2001年开始，教育部在天津师范大学设立了全国培训中心，在培训课程中安排了8学时的团体心理辅导教学。2003年，北京大学心理系开设了研究生课程“团体心理咨询与治疗”。2004年，清华大学教育研究所在应用心理学硕士培养中开设了“团体心理辅导”。

在书籍出版方面，一方面是引进国外的教材，如《团体心理治疗：理论与实践》《团体咨询方法：培训师手册》《团体咨询：策略与技巧》等；另一方面是内地心理学家自己的教材，如樊富珉教授的《团体咨询的理论与实践》《大学生心理健康研究》《团体心理咨询》《团体心理辅导》等，杨眉的《社交焦虑团体心理治疗》，刘勇的《团体心理辅导与训练》，罗京滨、曾峥的《大学生团体心理辅导实操指南》等。这一系列书籍的出版为内地的团体辅导发展做出了较大贡献。

在团体心理辅导应用研究方面，内地团体心理辅导应用研究集中在团体效能、团体形式、团体规模等，多为结构式团体心理辅导。如，团体辅导对促进大学新生环境适应非常有效；团体辅导帮助矫治神经症倾向的学生；团体辅导有利于促进青少年的人格发展；团体辅导有利于改善学生抑郁，能够提高学生的自信心；团体辅导可以改善青少年人际交往障碍等。2001年以后，各类学术会议、报刊杂志中有关团体心理辅导的论文明显增加。

扩展阅读

团体的疗效因子

团体心理辅导有矫正和治疗作用。雅洛姆(Yalom)认为，治疗性的改变是一个非常复杂的过程，它是随着人类各种体验的复杂的相互作用而产生的，这种相互作用被称之为“疗效因子”(the rapeutic factors)。以往文献对于治疗因素的共同描述是：经由团体治疗师、其他团体成员和本身的行为，所产生的一种团体治疗对患者情形形成改善。实际情况的确如此，许多研究发现治疗因素和结果之间有直接的关联。

一般而言，心理辅导专家们将雅洛姆的11种治疗因素列为促成团体改变的主要因素，分别是：

(1)希望重塑。相信咨询师及团体的成效，也让其他因子发生作用。

(2)普通性。“原来别人也会这样”的感受让个案不再孤独。

(3)传递信息。信息的交流与传达让个案有更多的资源。

(4)利他主义。透过给予的过程及行为本身，提高自尊及有被需要之感。

(5)家庭重视。重视个案原生家庭带来不满意的经验，提供大量且具矫正的可能性，让固着的观点不停地被探索及修正。

(6)提高社交技巧。被鼓励坦诚回馈、接纳自己与别人，使个案对不良的社会行为获得重要的信息。

(7)行为模仿。个案借观察相同困扰之个案，尝试新行为而获益——替代治疗或观察治疗。

(8)人际学习。透过他人的观察及回馈，让个案也能敏锐觉察自己行为的不适应，也因别人的接纳及真诚的反应让自己有愿意改变的力量。

(9)团体凝聚力。包含团体的气氛及成员间的凝聚力，因而产生归属感和无条件被接纳的感觉。

(10)情感的宣泄。在被接纳、被了解的环境下宣泄情绪，并学习如何表达负向的情绪。

(11)存在的意识因子。冲淡存在因素中生老病死、悲欢离合、责任、基本孤独等生命的悲剧性，放弃压抑或忽视的茫然存在，负起生命情节发展的责任。

复习巩固

1. 团体心理辅导的价值有哪些？
2. 团体心理辅导有哪些目标？
3. 团体心理辅导应遵循哪几项原则？

本章要点小结

什么是团体心理辅导

1. 团体心理辅导是团体成员在团体的情境下，借助团体的力量和各种心理辅导技术，通过团体内的人际互动，使团体成员自知并自助，进行观察、学习、体验、讨论，从而达到消除症状、改善认知、调节情绪、改变行为、培养健全人格的目的。

2. 相对于个体心理辅导，团体心理辅导的基本特征是影响广、效率高、效果持久。

3. 团体心理辅导的功能有教育功能、发展功能、预防功能、矫正和治疗功能。

4. 根据目标不同，团体心理辅导可以分为多种类型。

为什么要进行团体心理辅导

1. 团体心理辅导具有独特的价值，它不同于一般的团体活动，可以更快导致积极改变的发生。

2. 团体辅导的目标可分为一般目标、特定目标以及过程目标。

3. 团体心理辅导的原则有：保密原则、民主原则、专业原则、共同原则、启发引导原则、发展原则、综合原则。

团体心理辅导的发展历程

1. 团体心理辅导在美国的发展情况。

2. 团体心理辅导在日本的发展情况。

3. 团体心理辅导在中国的发展情况。

关键术语

团体　心理辅导　团体心理辅导　保密原则　民主原则　专业原则　共同原则　启发引导原则　发展原则　综合原则

复习思考题

一、判断题

1. 每个参加团体心理辅导的成员必须坚持到底。（　）

2. 参加团体心理辅导的成员必须经过认真甄选。（　）

3. 团体心理辅导适合正常人的发展问题辅导。（　）

4. 团体心理辅导和日常的班级团体活动没有区别。（　）

二、选择题

1. 团体心理辅导最适合解决的问题是（　）

A. 学生厌学问题　　B. 人际关系问题

C. 儿童发展性问题　　D. 个人情绪问题

2. 关于团体心理辅导，以下说法正确的是（　　）

A. 团体心理辅导和团体心理咨询、团体心理治疗之间有着清晰的界限，不可混淆。

B. 开放式团体由于人员流动较大，故不适合在团体心理辅导中使用。

C. 结构式团体比非结构式团体解决问题的程度要深。

D. 团体心理辅导提供了一种生活经验，参加者能将之应用于日常与他人的互动中。

3. 下列哪项不属于团体心理辅导的目标（　　）

A. 自我探索　　B. 沟通交流

C. 人际竞争　　D. 理解他人

4. 团体心理辅导的特点包括（　　）

A. 特别适合人际关系问题

B. 提供了生活经验，效果容易巩固

C. 经济、有效

D. 体会自我价值感、成就感、重要性

5. 团体心理辅导的有效性因素包括（　　）

A. 成员有机会得到他人的直接反馈，从而发现自己的非理性信念，重新树立理性信念。

B. 团体中成员可以相互交流经验，相互借鉴，形成适应性行为。

C. 团体中成员间可以相互看到并指出彼此存在的问题，督促对方的改变。

D. 成员间可以建立密切的情感联结，体验到亲密感和归属感。

6. 团体心理辅导的功能有（　　）

A. 发展功能　　B. 矫正和治疗功能

C. 预防功能　　D. 教育功能

第二章　团体心理辅导的理论基础

团体心理辅导技术的迅速发展得益于心理咨询理论的发展，精神分析、行为主义、人本主义和认知心理学曾对心理咨询的发展产生过重大影响。任何一种新的辅导技术的出现，都会受到其理论观点的影响。团体心理辅导是心理咨询的一种特殊形式，它和个体心理辅导既有共性，又有其特殊性，个体心理辅导的理论为团体心理辅导提供了理论基础，也提供了方法依据。本章我们就来学习团体心理辅导的各种理论基础。

第一节　团体动力学理论

一、团体动力学的产生背景

20 世纪 30 年代前后，美国的工业生产得到迅速发展，众多发明创造及其现实应用，使人们看到了科学、文化和教育的巨大力量，知识与技术被赋予了极高的价值。同时，由于世界大战和与西方工业发展结伴而行的经济萧条，使美国的一些社会问题，如移民问题、黑人问题、青少年犯罪和儿童教育等问题变得日益尖锐。通过社会学家和心理学家们的努力，人们对心理测验、科学管理和儿童福利等已产生普遍信任，科学研究可以促进“社会问题”的解决这一观念已逐渐被人们所接受。

想要理解或改进人类的行为与生活，那么必然要对团体及团体的本质有一个充分的了解。因为人生活在家庭、学校、工厂、机关以及各种正式与非正式的社会组织之内，无时不处于一种团体生活之中。团体曾一度被看作是调节工厂和集体冲突的关键，家庭和一些目的性社团则被认为是战争动乱之后复兴社会生活的必要手段。同一时期兴起的其他一些专业，如集体心理治疗、社团福利工作，由杜威(Dewey)倡导的新教育，以及范围更为广泛的社会管理工作等，都要求对团体和团体生活有一种科学的根本性的认识和理解。

1939 年，库尔特·勒温(Kurt Lewin)发表《社会空间实验》一文，首次使用了“团体动力学”概念，借以表明他要对团体中各种潜在动力的交互作用、团体对个体行为的影响，以及团体成员间的关系等去做一种本质性的探索。1945 年，勒温在麻省理工学院创办了“团体动力学研究中心”，由此，团体动力学作为一门专业或学科得以确立。在其后的二十年间，团体动力学得到了迅速发展，其影响几乎涉及社会生活的各个领域，成为了社会心理学中的一个重要领域。

勒温首次提出了场论(field theory)。场论是借用物理学中“场”的概念来解释心理活动的理论。从总体来看，勒温的场论旨在预测个体的动机行为。他认为，人是一个场(field)，人的心理活动是在一种心理场或生活空间里发生的。生活空间(life space，简称 LSP)包括个人及其心理环境；一个人的行为(B)取决于个人(P)和他周围的环境(E)的相互作用，也就是说，行为取决于个体的生活空间(LSP)。即 $B=f(P*E)=f(LSP)$。此外，利用拓扑学(拓扑学是研究“拓扑空间”在“连续变换”下保持不变的性质，简单地讲，就是研究连续性和连通性的一个数学分支)和向量分析(是数学的分支，关心拥有两个维度或以上的向量的多元实分析)来解释心理现象。他认为，拓扑学有助于了解个体在某个特定空间可能或不可能发生的事件；向量分析可以表明个体在某种情境里可能做出的各种行为有哪些将会成为现实。

在勒温的影响下，一批学者开展了一系列的团体实验研究。例如，里皮特和怀特(Lippett&White)在勒温的指导下共同从事的有关专断独行和民主开放的团体气氛的实验，梅奥(Mayo)等人所进行的霍桑实验对工厂中的非正式团体的研究，谢里夫(Sherif)关于学校团体中的团体冲突以及团体标准的发展研究，莫雷诺(Moreno)关于心容团体的社会测量研究，等等。这些为后续的团体研究提供了可能的方向和技术。卡特莱特和赞德(Cartwright&Zander)将这些研究归纳为六个方面：团体及团体成员、从众压力、权力和影响、领导和业绩、动机过程以及建构过程。此外，弗里德曼(Friedman)等将社会促进作用、竞争与合作、团体问题解决、风险转移等也纳入团体动力学的研究范围。

二、团体动力学的含义

"团体动力学"的含义就是要把团体作为一种心理学的有机整体，并在这种整体水平上探求团体行为或人的社会行为的潜在动力。

在团体动力学中，研究者一般都倾向于把小团体作为研究对象，把它看作是一个基本的实体。从场论的观点出发，可以把所研究的团体区分为结构和功能两个层次。结构方面适用于拓扑学的描述，把团体作为研究对象时直观获得的一些印象，如团体内个体的位置，个体间的连接或依存情况，外界的影响以及团体的核心人物等；动力方面则主要涉及团体的潜在生活，常用移动、向量、紧张、目标和力场等概念。变化被认为是团体生活的根本特征。

勒温认为"团体动力学研究中心是应两种需要产生的，一是科学研究，一是具体实践"。心理学不能只对行动解释，而且还要去发现如何改变人们的行为，如何使人们生活得更好。从历史的角度来看团体动力学，有三个层次的意义：在意识形态层次上，指的是关于团体应如何组织和管理的方法与态度，强调民主领导的重要性，以及团体成员参与团体决策与团体内合作气氛的意义；在学科层次上，指的是对于团体本质的研究，旨在探索团体发展的规律、团体的内在动力，以及团体与个体、社会之间的关系等；在操作层次上，指的是一种管理技术，如角色扮演、团体过程中的观察和反馈等，被广泛地应用于针对人际交往等主题，企业与事业单位等方面的管理人员的培训实践活动。勒温与大部分团体动力学家一直赞同的定义是第二种。他们坚信，社会的健全有赖于其团体的作用，科学方法可用于改善团体的生活，因而第三个层面上的意义恰恰是团体动力学的基本目标。

团体动力学是"一种对团体本质的研究，旨在探索团体发展的规律，团体的内在动力，团体与个体、其他团体以及整个社会的关系等"。从研究范畴上来看，团体的形成、团体的气氛、团体成员之间的关系、团体中的领导作用，包括团体中的决策过程以及亚团体的形成等都是团体动力学的研究范围。其基本特征是：

第一，强调理论意义上的经验研究。团体动力学主张以观察、定量、测量和实验为基础来研究团体，就与侧重思辨来研究团体区分开来，整体上遵循经验主义的学术传统。此外，团体动力学从一开始就十分重视理论的意义和价值，在实践中把理论建构和经验研究完整地结合起来，摆脱了社会科学中极端的经验主义藩篱。

第二，注重研究对象的动力关系和相互依存关系。团体动力学以群体的性质、团体发展的规律、群体和个人的关系等作为研究对象。主要研究团体的凝聚力、团体压力、社会规范、团体目标、成员的动机作用和团体的结构特性等。动力性研究是团体动力学最基本的特征，它不满足于对团体性质的一般描述，或对团体类型与团体行为的一般归类，而是要研究所观察的对象是如何相互依存的，团体中各种力的交互作用以及影响团体行为的潜在动力、变化、对变化的抵制、社会压力、影响、压制、权力、内聚力、吸引、排斥、平衡和不稳定性等，都是团体动力学中动力性研究的基本术语。它们可以表示心理力以及社会力的操作，在团体动力学的理论中起着重要的作用。

第三，多学科的交叉研究。严格地说，团体动力学不属于传统社会科学中的任何一门学科，它与心理学、社会学、人类学和经济学等都保持着较为密切的关系。团体动力学理论对社会心理学、组织管理心理学的形成和发展有很大影响，特别是对研究团体行为做出了很大贡献。各学科的发展都有助于团体动力学的研究。实际上，团体动力学既是一种多学科的交叉性研究，也是社会科学中的一次新的综合。对团体活动的广泛研究，今后需要建立一个更加概括性的理论，以使团体动力学达到体系化阶段。

第四，把研究成果应用于社会实践的潜能。应用性是团体动力学的突出特征，大部分团体动力学家的研究都是为了促进团体功能以及团体对个体和社会的作用。尤其是随着“行动研究”和“敏感性训练”的推广，团体动力学的研究成果已被企业管理、教育、心理治疗、政府与军事等许多领域广泛采用。

三、团体动力学的基本观点

从整体动力观出发，勒温把团体看作是一个动力整体，其中任何一个部分的变化都必将引起另一部分的变化。团体的本质在于其所属成员的相互依存，而不在于他们的相似性或差异性，团体行为被认为是团体成员与社会环境相互作用的产物。也就是说，团体的结构特性是由成员之间的相互关系决定的，而不是由单个成员本身的性质决定的。

团体动力学认为，变化总是从“非变化”开始的，并归结于一种“非变化”，增加团体行为的促动力与减少团体行为的对抗力，是引起这种变化与平衡的两种方式。此外，团体本身还具有一种“内在的对变化的抵制”，勒温称之为“社会习惯”，它隐藏于个体与团体标准的关系中，维系着团体生活的固有水平。因而，单有团体成员的变化动机尚不能引起团体行为的变化，还必须有一种足以打破社会习惯和解冻团体原有标准的力，勒温认为团体决策可以起到这种力的作用。他把团体决策看作是联系动机与行为的中介，是团体促使个体变化的一种动力。

卡特莱特和赞德(D. Cartwright&A. Zander，1953)共同主编了《团体动力学：理论与研究》一书，团体动力学的体系框架大致形成。它主要包括五个方面的内容：团体内聚力、团体成员之间的相互影响力、领导方式与团体生产力、团体目标与团体成员动机、团体的结构性。

国内学者申荷永将以往团体动力学的研究归为五个方面：

(一)团体内聚力

团体内聚力是作用于所有成员并促使其参与团体活动的各种力的组合。提高团体的内聚力通常可以促进团体成员的责任行为、成员之间的相互影响、成员间价值取向的一致性、成员安全感的发展，以及团体生产力的提高。

(二)团体压力与团体标准

团体动力学家认为，团体作为一个整体在很大程度上决定了个别成员的思想和行动，每个个体都倾向于像团体中其他成员一样行事，以及求同压力(不一致的内在压力与来自团体标准的外在压力)，是促使和保证团体一致性的三种可能原因。

(三)个人动机和团体目标

被团体所选定的目标，在很大程度上决定该团体的行为、团体作用的发挥、成员对团体的依赖性，以及成员对团体的态度，等等。研究表明，团体目标与成员的个人动机密切相关。

(四)领导与团体性能

领导者的素质与领导作风，在所有的团体生活中都占有非常重要的地位。对领导方式的研究将有助于解决如何调动团体成员的内在动力问题。

(五)团体的结构性

团体成员之间的关系稳定下来时，就具有了结构的特征。团体的工作效率、个体的动机和能力，以及团体环境三种因素，可能与团体结构的形成有关。

四、团体动力学的应用与发展

团体动力学在其理论及研究发展之初，并未与某些特定的团体直接联系起来，如家庭、社区、协会等，但研究的现实性使得它在团体训练本身和个人在团体环境中健康成长这两方面展开了卓有成效的应用研究。第二次世界大战期间，勒温及其同事、弟子进行了一系列有关军事及工业方面的社会心理学研究。在军事方面采取改变和调整团体结构的方法，用以增强战斗力，提高战士的士气。同样的方法也被运用于工业生产方面，如布置某种情境，由工厂女工通过小组讨论的方式，提出建议，共同决定生产指标，从而提高工作效率，更好地保证任务的完成。此外，勒温等人还就社会风气的改革、领导者的培养以及由种族、宗教或其他社会隔阂所引起的紧张（如种族歧视、劳资纠纷、婚姻纠纷）等一系列现实问题展开了团体动力学的研究，由此，团体训练日益流行。

团体训练的目的在于使参加者学习和培养团体作业能力，包括运用团体动力学的原理发挥影响力，学会分派角色以及树立团体目标等。所有这些目的都要通过对团体的敏感性训练才能达到。40 年代末期，美国的康涅狄格州首次成立了这方面的训练机构，尝试进行团体训练，即后来的敏感性训练。该训练主要包括以下内容：广泛从小组参与者的背景及其当前的相互作用中选取样本；观察团体行为过程及反馈（即团体领导者或代理者、参与者对行动的口头描述）；同时使用积极的和消极的情感创造一种紧张的情绪气氛，强调个人和组织变化的价值。此后，团体敏感性训练深入到许多专门领域中，包括教育、军事、管理、经营、服务等。

从 60 年代开始，团体动力学的发展进入了一种“高原期”。团体心理学的研究在某种程度上被人类潜能运动所取代，社会的注意力转到了个体行为和个体生长上。社会对团体动力学的关注大大减少，团体动力学内部也发生了很大的变化，许多早期的团体动力学家都先后改行或退休，勒温的理论和思想也不像原来那样富有吸引力和影响力。正如赫尔姆莱希（R. Helmreich）所说：“此时许多团体动力学家似乎都在追随‘坏研究可以得出好结果’的格雷沙姆法则（Gresham Law），而忘却了勒温的‘好理论最实际’的教诲。”从 1960 至 1980 年的这二十年间，团体动力学基本上处于一种停滞状态，而勒温的心理学也几乎被人淡忘，或至少是受到了很大的忽视。

但是，从 80 年代开始，已有许多迹象表明团体动力学开始摆脱它的“高原”状态，开始进入一个新的发展时期。1980 年，脱离团体动力学研究已近二十年之久的费斯汀格（Festinger）领衔主编了一部颇具影响的专著《社会心理学的回顾》。该书的基调是重新发现勒温的潜力，振兴团体动力学的研究。

总而言之，团体动力被认为是团体效能发挥的基础和条件，团体目标、团体气氛、团体规范等基本的团体动力学范畴都具有动力的因素，都对团体效能的发挥产生潜在的影响。团体动力学的研究，为如何有效发挥团体的效能，使成员在这个动力场中取得实质性收获提供了理论框架。某些研究的应用，如敏感性训练等，直接成为团体心理辅导的方法、技术，被广泛应用于教育、管理、医疗等领域。

复习巩固

1. 什么是团体动力学？
2. 团体动力学研究范畴的基本特征有哪些？
3. 团体动力学的分类有哪几个方面？

第二节　相互作用分析理论

一、相互作用分析理论

交往是社会生活中无处不在的活动。当两个以上的人相互交往时，总会有一方对另一方说些什么或做些什么，即发出刺激；另一方也会以某种方式做出回应。于是，人格的多重性就在这种相互作用的过程中表现出来了。相互作用分析就是通过活动考察人们的表现，以发现每个人所具有的人格特点。

相互作用分析(transactional analysis 简称 TA，又译作交互作用或沟通分析)，是柏恩(Berne，1964)在《大众的游戏》一书中提出的一种提高人际交往能力和促进信息沟通的方法。相互作用分析，就是通过分析人们相互之间刺激与反应的表现去观察并了解他们，以发现不同的人格状态。其目的是帮助人们了解自身与他人相互交往的本质，改变自己的生活态度，在人际交往中获得深刻的领悟力，建立自尊、自信、成熟的人际关系。相互作用分析理论反对遗传和环境决定论，认为人有战胜早期或现实经验和环境的能力，基本假设是人可以改变对过去不幸事件的怨恨，认为任何人都能够学会真诚地对待自己、思考自己，做出自己的决策，表达自己的情感。

二、主要观点

相互作用分析理论的主要观点有：人格的三我说、生活态度说、交往分析说和生活原稿说等，以下是详细阐述：

(一)人格的三我说

柏恩的相互作用分析理论认为,个体的个性是由三种自我状态构成的,即父母自我状态(parents ego state)、成人自我状态(adult ego state)和儿童自我状态(child ego state),分别用P、A和C表示,因而该观点也被称为PAC理论。"父母""成人""儿童"这三种状态在每个人身上都交互存在,时刻处于动态平衡的过程之中,唯一不同的是,三者在整个自我中所占的比重大小。

个体的自我状态是直接与行为模式、情感模式相一致的。柏恩非常强调人的早期经验,认为这些早期经验为个体奠定了人格基础,成为行为的动力。

1. 父母自我状态

父母自我状态是指一个人的感觉模式、行为模式、思维模式与其他父母权威的态度、行为方式相符,它仿效了父母的一些价值观和态度。以权威和优越感为标志,通常表现为统治、训斥、责骂等家长作风。从内在表现看,体现为父母的意图仍不断地影响内在自我状态;从外在表现看,表现出感知偏见,总是感知对方的消极方面,加以否定、批评、命令或训斥,摆出权威的无所不知、高高在上的姿态,使对方难以忍受,有时也表现出对别人的关照和帮助。

父母自我状态的症状将贯穿人的一生,包括两个亚状态:一个是"教养的父母",另一个是"批评的父母"。前者代表人格中安慰、帮助的部分;后者代表人格中防止自我感觉良好、侵犯行为、不恰当行为的部分。

当一个人的人格结构中P成分占优势时,这种人的行为表现为凭主观印象办事,专断独行,滥用权威,他们说起话来总用否定或命令的语句。例如,"你应该……""你必须……"或"你要……"。

2. 成人自我状态

成人自我状态是一种客观的、有思想的人格部分,它与人的年龄没有关系,该部分结构与弗洛伊德的自我相似,具有现实性、理性和有组织性的特点,表现为首先把所有的外部信息加以整合、评价,然后做出最佳的、令人满意的决策行为。

这种人能从过去存储的经验中,估计各种可能性,然后做出决策。当一个人的人格结构中A成分占优势时,表现出待人接物冷静、慎思明断与尊重别人等行为特点。这种人讲起话来总是"我个人的想法是……""咱们是否……"。

3. 儿童自我状态

儿童自我状态形成于儿童期,由童年的行为和情感构成,具有情绪化、自我中心、好奇、顽皮、好动等特征。该状态又可划分为"自然的儿童"与"适应的儿童"两个亚状态。前者代表着人格中本能的、冲动的、情绪化的部分，常常是以获得快乐和爱为目的。后者则代表人格中的服从部分，它与父母的期望相符，这种适应性是由现实生活中对各种训练、挫折的体验所构成的。当一个人的人格结构中C成分占优势时，其行为表现为遇事畏缩、感情用事、喜怒无常、不加考虑。这种人讲起话来总是"我猜想……""我不知道……"。

根据PAC分析，人与人相互作用时的心理状态有时是平行的，如父母一父母，成人一成人，儿童一儿童。在这种情况下，对话会无限制地继续下去。如果遇到相互交叉作用，出现父母一成人，父母一儿童，成人一儿童状态，人际交流就会受到影响，信息沟通就会出现中断，理想的相互作用是成人刺激一成人反应。

不同的自我状态可以在同一个时刻共同作用。交互作用分析的一个主要目标就是确定来访者当前的自我状态，它强调在必要的时候保持三种自我状态的平衡相当重要。因此，它最常用"自我描述"法来评价自我状态，协助咨询人员有效开展咨询、治疗工作。

目前PAC的应用主要有四个方面：心理治疗、教育、咨询与企业管理。了解PAC分析理论，有助于我们在交往中有意识地觉察自己和对方的心理状态，做出互补性或平行性反应，使信息保持畅通。倘能在交往中把自己的情感、思想、举止控制在成人状态，以成人的语调、姿态对待别人，给对方以成人刺激，同时引导对方也进入成人状态，做出成人反应，那就有利于建立互信、互助的关系，保持交往关系的持续进行。

（二）生活态度说

一个人的"三我"在发展的过程中，在外界刺激等外力作用下，会产生不同的态度。

1. 我不好—你好

这是抑郁者的态度。持这种态度的人依赖他人的施惠，极需要抚爱或承认。这种态度源于幼年时的认知。由于小孩子身体弱小，不能自助，所以不可避免地会觉得自己不如周围的人，产生自卑感。如果这种态度没有随着成长而改变，固定下来，会带来消极的影响，要么放弃自我，要么顺从他人。这种态度一旦被认识清楚并得到改变，就能在成人意识指导下建立一种新的、自觉的生活。

2. 我不好—你也不好

这是严重精神紊乱或厌世者的态度。这种态度源于孩子开始走路时，以为"被人照看"的生活已告结束，抚爱到此为止，或他想探究一切而不愿老实待着，可能滚下楼梯，受到惩罚，造成伤痛。如果这种身处逆境的状态毫无缓解地继续下去，孩子就会得出"我不好一你也不好"的结论。持有这种态度，儿童的成人意识便停止发育。长大后，持这种态度的人常会放弃自我，陷入绝境。最终可能在一种极端的退缩状态下了结此生。

3. 我好—你不好

这是一种怀疑和独断的态度。长期被父母虐待、凌辱的孩子会转向这种态度，随着年龄的增大，他开始反抗。他拒绝认识自己的内心，无法客观地看待发生的一切与自己的关系，总是一口咬定是“他们的错”。他们确定，自己所做的一切都是无可指责的，不管做什么都是好的。持这种态度的人极端的表现是伤害他人，也可能因为孤傲、仇视等原因而使自己极端孤立。

4. 我好—你也好

这是健康的态度，认可自己，也认可他人。这种态度与前三种态度截然不同。前三种态度过多依赖于情感，常常引发心理适应不良，第四种态度也会有情感表达，但更多的是依赖于思考、信仰以及转化、升华、利他的行动保证。因为我们对“好”的理解并不仅仅局限于我们自己的经历，我们可以超越它们，将其抽象化而达到为所有人服务的终极目标。如果一个人一次又一次地被置于能够证明自身的价值以及他人的价值的环境中，就容易形成“我好－你也好”的态度。但是，在现实生活中由于种种因素影响，有许多人没有形成一种健康的态度，但是一个依据成人意识做出决定的人可以充满信心地说：“我知道它能奏效，但不能期望立竿见影，这需要耐心和信心。”一旦接受了“我好－你也好”的新态度后，马上就能产生好的情感，这种新方式总有一天会给我们的生活带来新的收获与新的幸福。

(三)交往分析说

交互作用分析的是人际相互作用模式，与个体内部的结构分析不同。相互作用分析理论把人与人之间的交往剖析为人的三种不同自我状态之间的交往。交互作用的类型有三种：互补模式、交叉模式和隐含模式。

1. 互补模式

当一个人以某种自我状态向对方发送一个刺激时，接受的一方以发送的一方所期待的自我状态做出反应，相互作用能够继续进行，这种相互作用叫做互补的相互作用。该模式中两个人的交互作用反应来自于同一个自我状态(C 与 C、A 与 A、P 与 P)，或是来自一种互补的自我状态(P 与 C、A 与 P)。主要特点表现为，人的反应是恰当的，可预知的。例如，甲：“今天气温如何？”乙：“38 度，很高。”

2. 交叉模式

当发送刺激的一方或者接受刺激的一方，或者双方都没有得到期待的反应，就会引发不适当的自我状态，相互作用的线路就会出现交错，这种相互作用叫做交叉的相互作用。自我状态活动方式不确定，产生了一种为他人所不希望的反应。这种模式作用具有伤害性，当它们发生时，会导致相互间的退缩反应，或导致相互影响的主题转移。例如，当一个人从儿童式的自我状态出发时，就希望能够得到与之互补的父母式自我状态的反应，而不是一种来自成人式自我状态的反应。甲："你能帮我画一下这个人吗？她肯定很难画。"乙："不就这么几笔吗，你自己完全能够画的。"

3. 隐含模式

当一个人以某种自我状态向对方发送一个刺激，而用另一种自我状态间接地表达另一种含义，就会引发双重的相互作用，这种相互作用叫做暧昧的相互作用。两种自我状态同时出现，其中一种自我状态掩饰了另一种自我状态，使隐蔽的交互作用常显得像是互补的或是社会可接纳的。例如，在一次游戏即将结束前，一儿童对另一儿童说，你想到我家看看我积攒的邮票吗？从表面上看，这是来自于成人式的自我状态，而事实上，它隐含着一种儿童式的自我状态：到我家来吧，让我们再在一起多玩一会儿吧。

在促进人际关系方面，相互作用分析理论通过帮助人们了解自己与人交往时三我的比例及其对交往的影响，揭示当一个个体与人交往时哪个我引起了刺激和反应，并帮助人们学习一种有效的方式来扩大自己的成人我，以促进人际交往的积极发展。

(四)生活原稿说

生活原稿也叫人生脚本，是"潜意识里的人生计划"，是一个人持有的由父母等人给他刻下的早期记忆，以及他据此而为自己设计的人生计划，其形成与早期价值观的认定和童年的心理地位有关，发自于儿童自我状态，透过儿童与父母的"互动沟通"编写而成。人生脚本的形成最初是在婴儿时期，由父母传达的非语言信息而产生。这种潜意识中的生活计划，会规定一个人生活的主题，规定他在现实生活舞台上所要扮演的角色，也规定了他周围的人所要扮演的角色，人们的生活仿佛是一次又一次地按照预先写好的脚本反复上演的戏剧。例如，在一个很强调男主外、女主内的家庭中，将会导致此家庭中的儿子产生"男人是一家之主"的生活脚本。

人们的人生态度与其生活脚本有关，如果一个人的人生脚本是积极的，这样的人在其成长中就会积极地追求；如果一个人的人生脚本是消极的，那么他就会采取消极的处事态度。一个人要从根本上改变自己的生活，就必须深入地分析并改写自己的生活脚本。相互作用分析理论提出生活原稿说，意在帮助人认识并改写或者重新解释自己的生活原稿，使人重新恢复到出生时的"我好"状态。

总之，相互作用分析理论是一种用于心理治疗的理论。就人格理论而言，相互作用分析理论有着一套极为通俗易懂、简洁明了的分析语言，一套几乎能让任何人理解的便于操作的方法，非常适合于人们进行自我认识与自我教育，尤其适用于集体咨询与治疗；可帮助当事人了解他们与别人互助的本质，对人际交往获得深刻的领悟力；通过改进自己的沟通方式来促进自身成长，与他人建立起自尊的、成熟的"我好—你也好"的人际关系。此外，在教育、管理等诸多需要与人密切交往的工作环境中产生积极影响。

生活中的心理学

人际沟通技巧在生活中的运用

小苏和小清是一对同桌。每次放学，小苏都要叫小清等他一起回去，但是他们并不顺路，出了校门口就走不同的方向回家。而且，小苏一直磨磨蹭蹭，总让小清等他很久。这天放学后，小苏又要小清等他。

"我要去老师办公室问些问题，你在教室等我一下哦。"

"我妈早上说了要我今天早点回家，所以不能等你了。"

"就一会儿嘛，不会浪费很多时间的。"

"我妈早上说了要我今天早点回家吃饭，恐怕真的不能等你了。"

"就等一下都不行吗？"

"真的不行，我妈要我早点回家。"

"你以前都等我的，为什么今天不行啊？"

"我妈今天说过的要我早点回家，我不想让她担心。"

"可是那我一个人了啊。"

"对不起，我真的不想让我妈担心。"

"那，好吧。我等下自己回家好了。"

"嗯，拜拜。"

分析：在这里，小清运用的是强调同一个理由拒绝别人请求的技巧。虽然小清反复强调一个理由会让听的人一开始感觉无奈，但是这是在拒绝别人请求的时候一种很有效的方法，事后小苏也不会放在心上。这种拒绝方式比较直接，不会侵犯别人的利益，同时维护了自己的利益。如果说了两个或两个以上的理由只会让小苏心里不舒服，感觉小清不想等他还找一大堆理由搪塞自己，也会使他们的友谊向不好的方向转变。

启示：在拒绝别人请求的时候不要说太多理由，一个足矣，并且应强调这一个理由。这样会使得请求者更好地了解到你真的不能帮他这个忙，也不会再无谓地纠缠你。

复习巩固

1. 什么是相互作用分析？

2. 相互作用分析理论的主要观点有哪些？

3. 简要说说交互作用的类型。

第三节　社会学习理论

一、社会学习理论

社会学习理论是20世纪60年代兴起的一种理论，创始人是美国新行为主义心理学家班杜拉(Bandura)，着眼于观察学习和自我调节在引发人的行为中的作用，重视人的行为和环境的相互作用。他于1977年出版的《社会学习心理学》(Social Learning Theory)一书，是社会学习理论及其研究成果的一本总结性的著作。

班杜拉认为，行为主义专注于操作而忽视了认知功能对人的行为的决定性影响。认知心理学强调人的内部意识过程，相对忽视了对人的外显行为的探讨。按照班杜拉的观点，以往的学习理论家一般都忽视了社会变量对人类行为的制约作用，他们通常是用物理的方法对动物进行实验，并以此来建构理论体系，这对于研究生活在社会之中的人的行为来说，显得不够自然，似乎不具有科学的说服力。由于人总是生活在一定的社会环境中，所以班杜拉主张在自然的社会情境中而不是在实验室里研究人的行为。班杜拉指出，行为主义的刺激一反应理论无法解释人类的观察学习现象。因为刺激一反应理论不能解释为什么个体会表现出新的行为，以及为什么个体在观察榜样行为后，这种已获得的行为可能在数天、数周甚至数月之后才出现等现象。所以，如果社会学习完全是建立在奖励和惩罚结果的基础上的话，那么大多数人都无法在社会化过程中生存下去。为了证明自己的观点，班杜拉进行了一系列实验，并在科学的实验基础上建立起了他的社会学习理论。

二、主要理论观点

(一)观察学习

班杜拉认为，人的行为，特别是人的复杂行为主要是后天习得的。行为的习得既受遗传因素和生物因素的制约，又受后天经验环境的影响。生物因素的影响和后天经验的影响在决定行为上微妙地交织在一起，很难将两者分开。行为的习得有"通过反应的结果所进行的学习"(直接经验学习)和"通过示范所进行的学习"(间接经验学习)两种方式。

观察学习，又称为无尝试学习或替代性学习，学习者不必对刺激直接做出反应，也无需亲身体验强化，只要通过观察他人在特定情境中的行为，并观察他人接受一定的强化，便可完成学习。班杜拉认为："通过观察来学习的能力使人们能够获得较复杂的，有内在统一性的、模式化的行为，而无需通过行为主义设想的那种沉闷的尝试错误逐渐形成这些行为。"也就是说，人们可以通过观察和模仿学习到新的行为方式，观察学习是社会学习的最主要形式之一。社会学习理论所强调的是这种观察学习或模仿学习。在观察学习的过程中，人们获得了示范活动的象征性表象，并引导适当的操作。

1. 实验研究

班杜拉以儿童的外部行为作为研究的出发点，通过一系列实验对儿童的社会学习行为做了大量的研究。下面介绍班杜拉关于观察学习的两个经典实验。

(1)模仿学习实验

将被试儿童分为甲、乙两组，在实验的第一阶段让两组儿童分别看一段录像片。甲组儿童看的录像片是一个大孩子在打一个玩具娃娃，过一会儿，来了一个成人，给大孩子一些糖果作为奖励。乙组儿童看的录像片开始也是一个大孩子在打一个玩具娃娃，过一会儿，来了一个成人，为了惩罚这个大孩子不好的行为，打了他一顿。看完录像片后，班杜拉把两组儿童送进一间放着一些玩具娃娃的小屋里。结果发现，甲组儿童都会学着录像片里大孩子的样子打玩具娃娃，而乙组儿童却很少有人敢去打一下玩具娃娃。这一阶段的实验说明，对榜样的奖励能使儿童表现出榜样的行为，对榜样的惩罚则使儿童避免榜样行为。在实验的第二阶段，班杜拉鼓励两组儿童学录像片里大孩子的样子打玩具娃娃，谁学得像就给谁糖吃。结果，两组儿童都争先恐后地使劲打玩具娃娃。这说明通过看录像，两组儿童都已经学会了攻击行为。第一阶段乙组儿童之所以没有人敢打玩具娃娃，只不过是因为他们害怕打了以后会受到惩罚，从而暂时抑制了攻击行为；而当条件许可，他们也像甲组儿童一样把学习到的攻击行为表现出来。

(2)口头劝说和榜样行为对儿童利他行为的影响

先让小学三、四、五年级的儿童做一种滚木球游戏。作为奖励，他们在游戏中都得到了一些现金兑换券。然后，把这些儿童分成四组，每组有一个实验者的助手装扮的榜样参与。第一组儿童和一个自私自利的榜样一起玩，这个榜样向儿童宣传要把好的东西留给自己，不必去救济他人，同时也带头不把得到的现金兑换券捐献出来。第二组儿童和一个好心肠的榜样一起玩，这个榜样向儿童宣传自己得了好东西还要想到别人，并且带头把得到的兑换券捐献出来。第三组儿童和一个言行不一的榜样一起玩，这个榜样口里说人人都应该为自己考虑，实际上却把兑换券放入了捐献箱。第四组儿童的榜样则是口里说要把得到的兑换券捐献出来，实际上却只说不做。实验结果是第二、三组捐献兑换券的儿童比第一组和第四组均明显得多。这清楚地表明，劝说只能影响儿童的口头行为，对实际行为则无影响；而行为示范对儿童的外部行为有非常显著的影响。

上述实验研究为其社会学习理论的提出奠定了基础。这里需要说明，观察学习并不只限于所观察到的具体事物，还可以迁移到同一类或相似的事物上去。例如，学生看到一个同学因捣乱而受到惩罚，他在交作业方面就不敢迟交或不交。作业与捣乱并不是同一件事，但都属于是否遵守纪律一类，因此发生了迁移。可见，观察学习的过程是复杂的，已远远超过了简单的模仿。此外，示范过程除了通过身体演示传递外，还可以通过语言符号的描述来传递。人们从“抽象的示范模式”中学到的思维和行为的一般规则，对行为有非常重要的意义。

2. 观察学习的过程

观察学习的全过程由四个阶段(或四个子过程)构成。

(1)注意过程

注意过程是观察学习的起始环节。在注意过程中，示范者行动本身的特征、观察者本人的认知特征以及观察者和示范者之间的关系等诸多因素影响着学习的效果。首先，观察者与榜样之间的关系在某些方面对注意的影响更重要，如果榜样与观察者经常在一起，或者二者相似，那么观察者就会经常或容易学会榜样行为。比如，子女较多地模仿父母，学生较多地模仿教师，斗殴分子则更易于模仿电视剧中的攻击行为，其原因就在于此。其次，观察者的特征，如觉醒水平、价值观念、态度定势、强化的经验等也会影响观察学习的注意过程。例如，观察者对榜样行为价值的认识直接影响他是否集中注意观察榜样的行为，如果他认为榜样行为非常重要，注意就会集中；反之，注意则容易分散。这显然是心理因素对行为的影响，班杜拉称之为自我调节。第三，榜样的活动特征，如行为的效果和价值、榜样人物具有的魅力、示范行为的复杂性和生动性等，也会影响注意过程。

(2)保持过程

学习者对榜样行为的注意是观察学习的第一步。要使榜样行为对学习者的行为发生影响，学习者还必须记住榜样的行为，即将其保存在头脑中。班杜拉认为，这种保持过程是先将榜样行为转换成记忆表象，然后记忆表象再转换为言语编码(形成动作观念)，表象和言语编码同时贮存在头脑中，对学习者以后的行为起指导作用。在观察学习的保持阶段，示范者虽然不再出现，但他的行为仍影响着观察者。要使示范行为在记忆中保持，需要把示范行为以符号的形式表象化。通过符号这一媒介，短暂的榜样示范就能够被保持在长时记忆中。

(3)动作再现过程

动作再现过程是将记忆中的动作观念转换为行为，这是观察学习的中心环节。动作再现过程主要包括动作的认知组织、实际动作和动作监控三步。动作的认知组织就是将保持中的动作观念选择出来加以组织。实际动作就是将认知组织的动作表现出来。动作监控是对实际动作的观察和纠正，它分为自我监控和他人监控两种。观念在第一次转化为行为时很少是准确无误的，所以仅仅通过观察学习，技能是不会完善的，需要经过一个练习和纠正过程，动作观念才能转换为正确的动作。这一过程涉及运动再生的认知组织和根据信息反馈对行为的调整等一系列认知和行为的操作。

(4)动机过程

动机是推动人行动的内部动力。动机过程贯穿于观察学习的始终,它引起和维持着人的观察学习活动。人的活动动机来自过去别人和自己在类似行为上受到的强化。能够再现示范行为之后,观察学习者(或模仿者)是否能够经常表现出示范行为,要受到行为结果因素的影响,包括替代性强化、直接强化与自我强化。其中,前两种属于外部强化,第三种属于内部强化。以下是三种强化产生作用的方式:

替代性强化是指通过观察别人受强化,在观察者身上间接引起的强化作用。例如,个体看到别人成功的行为得到肯定,就加强产生同样行为的倾向;反之,看到别人的某种行为受到处罚,自己就会避免那样的行为。这种榜样可以扩大到电影、电视、小说中的人物。直接强化就是学习者行为本身受到强化,如教师对取得优秀学习成绩的学生进行表扬。直接强化的作用是明显的,教师常通过运用表扬、评分、升级等强化手段来强化学生的学习行为和控制学生的课堂行为。

自我强化指人依靠信息反馈进行自我评价和调节并以自己确定的奖励来加强和维持自己行为的过程。它是通过成人向儿童提供有价值行为的标准,对达到标准的行为给予表扬,对未达到标准的行为表示批评的态度,使儿童逐渐掌握这种标准,从而用自我肯定或否定的方法对自己的行为做出反应。以后,儿童就形成了自我评价的标准,并用它来发挥调节行为的作用。自我强化系统包括自我评价、调节和自己规定的奖励。这里,强调了学习的认知性和学习者的主观能动性。

外部强化和内部强化协同作用,都对行为产生影响。外部强化与内部强化一致时能给行为以最大的激励作用。

上述四个过程是紧密联系,不可分割的。在任何特定的情境中,一个观察者不能重复一个示范原型的行为很可能是由于下列原因:没有注意有关活动,记忆中无动作观念,没有能力去操作或没有足够的动力。

(二)三元交互理论

班杜拉认为,心理学理论的价值在于它能否准确地预测行为,它必须能正确地说明影响人的行为的因素以及引起行为变化的中介机制。解释行为的传统理论有两种。一种强调人的心理因素对行为的调节和控制作用,如本能论、驱力论、需要论、动机论等。班杜拉认为这种理论能够对行为进行较好的解释,但在对行为的预测方面并不成功。另一种强调环境(外部)因素对行为的控制作用,如强化论。这种理论没有研究人和环境的交互作用,因此,在对行为的预测上也不成功。他提出相互作用的三种模式:

1.环境是决定行为的潜在因素

一是环境确实对行为有影响,甚至产生决定作用的影响。二是这种作用是潜在的,只有环境和人的因素相结合,并且被适当的行为激活时,环境才能发挥这种作用。这种潜在因素包含在行为发生之前或行为发生之后,要具体分析。在行为发生之前,是因为发生在个体周围包含在环境中的事物往往有一定的规律。人们可以根据他们和环境交往的经验归纳出这些规律，并预期在什么情况下会产生什么结果，借此来调节人们的行为。由于人类能认识环境中事物的规律，不一定要直接和事物接触就可以获得经验，所以可以观察别人的行为结果来调节自己的行为。

2. 人和环境交互决定行为

班杜拉指出："人既不是完全受环境控制的被动反应者，也不是可以为所欲为的完全自由的实体，人与环境是交互决定的。"环境中各种外部因素是通过三种主要方式影响自我调节过程的。环境有利于建立自我调节功能，从而建立和发展自我反应的能力。

3. 行为是三者的交互作用

交互决定论从行为（behaviour）、心理（psychology）和环境（environment）三个因素的交互作用来进行解释。环境决定论认为，行为(B)是由作用于有机体的环境刺激(E)所决定的，即 B＝f(E)；个人决定论认为，环境取决于个体如何对其发生作用，即 E＝f(B)；班杜拉则认为，行为、环境与心理(P)之间的影响是相互的，但他同时反驳了"单向的相互作用"即行为是个体变量与环境变量的函数，即 B＝f(P，E)，认为行为本身是个体认知与环境相互作用的一种副产品，即 B：f(P * E)。班杜拉指出："行为、个体（主要指认知和其他个人的因素）和环境'你中有我，我中有你'，不能把某一个因素放在比其他因素重要的位置，尽管在有些情境中，某一个因素可能起支配作用。"

（三）自我调节理论

班杜拉认为，自我调节是个人的内在强化过程，是个体通过将自己对行为的计划和预期与行为的现实成果加以对比和评价，来调节自己行为的过程。人能依照自我确立的内部标准来调节自己的行为。按照班杜拉的观点，自我具备提供参照机制的认知框架和知觉、评价及调节行为等能力。他认为人的行为不仅要受外在因素的影响，也受通过自我生成的内在因素的调节。自我调节由自我观察、自我判断和自我反应三个过程组成，经过上述三个过程，个体完成内在因素对行为的调节。

（四）自我效能感理论

自我效能是指个体对自己能否在一定水平上完成某一活动所具有的能力的判断、信念或主体自我把握与感受，也就是个体在面临某一任务活动时的胜任感及其自信、自尊等方面的感受。自我效能也可称作"自我效能感""自我信念""自我效能期待"等。

班杜拉指出："效能预期不只影响活动和场合的选择，也对努力程度产生影响。被知觉到的效能预期是人们遇到应激情况时选择什么活动、花费多大力气、支持多长时间的努力的主要决定者。"班杜拉对自我效能的形成条件及其对行为的影响进行了大量的研究，指出自我效能的形成主要受五种因素的影响，包括行为的成败经验、替代性经验、言语劝说、情绪的唤起以及情境条件。

行为的成败经验指经由操作所获得的信息或直接经验。成功的经验可以提高自我效能感，使个体对自己的能力充满信心；反之，多次的失败会降低对自己能力的评估，使人丧失信心。

替代性经验指个体能够通过观察他人的行为获得关于自我可能性的认识。

言语劝说包括他人的暗示、说服性告诫、建议、劝告以及自我规劝。

情绪和生理状态也影响自我效能的形成。在充满紧张、危险的场合或负荷较大的情况下，情绪易于被唤起，高度的情绪唤起和紧张的生理状态会降低对成功的预期水准。

情境条件对自我效能的形成也有一定的影响，某些情境比其他情境更难以适应与控制。当个体进入一个陌生而易引起焦虑的情境中时，会降低自我效能的水平与强度。

根据社会学习理论的观点，在团体辅导中，要为来访者创设一种充满理解、关爱、信任的情境，环境的变化必将引起个体行为的变化。在自我接纳团体辅导中，一方面，成员之间通过处理一些共有困扰，可以从中汲取对自己有效的经验，成员也通过观察领导者对个别成员问题的处理学习到有效的做法；另一方面，团体营造出的真诚、支持、信任、接纳的氛围，使成员得以更好地放下自我防御，开放自己，这种开放会延伸到团体以外的日常生活中，帮助成员形成新的适应行为。

复习巩固

1. 观察学习有几个过程，分别是什么？
2. 什么是自我强化？
3. 一个观察者不能重复一个示范原型的行为有可能的原因是什么？

第四节　人际沟通理论

一、人际沟通的含义

美国哲学家理查德·麦基翁(Richard McKeon)指出："未来的历史学家在记载我们这代人的言行的时候，恐怕难免会发现我们时代沟通的盛况，并将它置于历史的显著地位。其实沟通并不是当代新发现的问题，而是现在流行的一种思维方式和分析方法，我们时常用它来解释一切问题。"这段话以非常精辟的视角展现了沟通在当代的状况和地位。

人际沟通简称沟通，是社会中人与人之间的联系过程，即在社会生活中，人们运用语言符号系统或非语言符号系统两大媒介传递信息、沟通思想和交流情感的过程。从信息论的角度来看，人际沟通的过程就是信息交流的过程。在这个过程中，人们交流彼此的思想、观点、情感、态度和动机，从而建立一定的人际关系。

人际关系是个体在社会生活实践过程中所形成的对其他个体的一种心理倾向及其相应的行为，它体现的是心理上的距离。人际关系的变化与发展取决于关系中的双方彼此社会需要满足的程度。如果双方在相互交往中都获得了社会需要的满足，相互之间就能发生并保持接近的心理关系，表现为友好的情感，反之就产生厌恶及彼此疏远。人际关系受许多心理因素的制约，它既有认知成分，也有情绪和行为的成分。彼此间的吸引程度是人际关系的主要特征。影响人际吸引的因素主要有外貌、邻近与熟识、相似与互补、个体的人格品质等。

人际沟通是动态的过程，是人际关系形成的前提与条件。人际关系则是在人际沟通基础上形成的相对静态的关系状况，同时这种关系状况又进一步成为人际沟通的基础，两者的关系是相辅相成的。

二、人际沟通的工具

作为信息传递的过程，人际沟通必须借助于一定的符号系统才能实现。符号系统是人际沟通的工具。我们可以把符号系统划分为两类，即语言符号系统和非语言符号系统。

（一）语言符号系统

语言符号系统，是利用语言进行的言语沟通。语言是社会约定俗成的符号系统，而言语是人们运用语言符号进行沟通的过程。语言是人类最重要的沟通工具，也是信息传递的最有力的手段。语言可以分为口头语言和书面语言，即语音符号系统和文字符号系统。

在面对面的沟通中，口头语言是最常用的，而且收效最快。例如，会谈、讨论、演讲及当面对话都可以直接、及时地交流信息，沟通意见。在间接沟通中，一般采用书面语言。它不受时间和空间的限制，可以长时间地保存，可以远距离传递，发出信息者可以充分地考虑语词的恰当性。书面语言扩大了人们认识世界的范围。

显然，在交往中，面对复杂多变的情境，人们表达同一意图的言语形式并不唯一。有大量的研究表明，人们对语言的运用，表现出明显的策略性。我们说话时依赖不同的文化背景下的社会约定俗成的规则、交际礼仪和契约，我们还会根据特定的情境和交际对象，话语时而直接，时而委婉。最后，我们采用的言语表达形式也体现了语言的策略性。

(二)非语言符号系统

非语言符号系统，是指在人际知觉和沟通过程中，凭借动作、表情、实物、环境等进行的信息传递。人们常常认为非语言符号系统是不重要的，数量较少的，但是事实并非如此。美国传播学家梅拉比安(Mehrabian)通过实验把人的感情表达效果量化成了一个公式：信息传递的100%＝7%的语调＋38%的声音＋55%的肢体语言。从以上公式可以看出，非语言符号系统在沟通中具有重要的功能，它能补充、调整、代替或强调语言信息。绝大多数的非语言信息具有特定的文化形态，在传达时是习惯性的和无意识的，它可能与语言信息相矛盾，以非常微妙的方式传递感情和态度。

非言语系统的形式包括：以手势、面部表情和体态变化等为特征的视一动符号系统；在人际空间距离方面表现人与人之间关系疏密的时空组织系统；以人际互动中视线交叉为表现形式的目光接触系统；以音质、音幅、声调、言语中的停顿、语速快慢等方式强化信息的辅助语言系统。

三、人际沟通的条件

人际沟通是人与人之间信息的传递、思想的沟通、情感的交流，服从于一般的信息沟通规律。20世纪六七十年代，美国的政治学家拉斯韦尔(Lasswell)在《传播在社会中的结构与功能》一文中提出了沟通的“5W”模式，较明确地说明了人际沟通的过程：传信者(谁：who)—信息(说什么：says what)—媒介(渠道：in which channel)—受信者(给谁：to whom)—效果(with what effects)。实现人际沟通的必要条件是：

第一，要有发出信息的人，即信息源。没有信源，就无法进行人际沟通。

第二，要有信息。人们进行沟通，要是没有内容，沟通的必要性就不存在了。

第三，要有信息渠道。信息渠道是信息的载体，即信息通过何种方式，用什么工具从信息源传递给接收者。信息一定要通过一种或几种信息渠道，才能到达目的地——接收者。常用的信息渠道有对话、动作、表情、广播、电视、电影、报刊、电话、电报、信件等。

第四，要有接收者。如果没有接收者，沟通也不能实现。

第五，反馈。是信息发出者和接受者相互间的反应。信息发送者发送一个信息，接收者回应信息，使其进一步调整沟通内容，因此沟通成为一个连续的相互过程。沟通中及时反馈是很重要的，反馈可以减少沟通中的误会，让沟通双方知道思想和情感是否按他们各自的方式来分享。

第六，障碍。是沟通中阻止理解和准确解释信息的因素，比如环境中的噪音，沟通双方的情绪、信念和偏见以及跨文化沟通中对不同符号的解释等，都是沟通的障碍。

第七，环境。沟通发生的环境影响到沟通的效果。比如，在一个支持性小组中，圆形的座位排列方式能让小组成员之间交流更顺利。在团体辅导中，环境的布置也能直接影响来访者的心情。

四、影响人际沟通的因素

了解什么因素在影响沟通的进行，有利于我们提高沟通技巧，改进沟通的品质。信息传递的各个环节常会受到某些因素的影响，从而影响到人际沟通的进行。影响人际沟通的因素主要有以下几个方面：

（一）影响信息来源的因素

信息源所使用的传播技术，包括信息源的语言文字表达能力、思考能力以及手势、表情等方面的表达优劣程度；信息源的态度，包括自信、尊重对方、竭力使对方对沟通感兴趣等；信息源的知识程度，包括丰富的知识、社会经验、人情世故等；信息源的社会地位，人们获得信息的一个来源之一就是权威，当信息源处于较高社会地位时，我们倾向于更相信对方的话。

（二）影响信息的因素

语言和其他符号的排列与组合次序，信息传递时有首因效应和近因效应，即先呈现的信息和最近呈现的信息容易被记住。信息的内容直接影响沟通双方，信息传递者力图通过信息的内容传达自己的信念、态度和知识，从而试图影响或改变对方。信息的处理情况，选择合适的语言和非言语行为来表达信息是非常重要的，同一个信息用不同的语词和语气来表达会有不同的效果。

（三）影响信息渠道的因素

同一信息经过不同的信息渠道传递，得到的效果会不一样。因此，要注意选择适当的信息渠道，使之与传播的信息相配合，并符合接收者的需要。比如，教儿童数数时，借用实物，孩子更容易理解；演讲时，使用投影仪或电脑展现的图表、图画等信息令人印象深刻。

（四）影响接收者的因素

接收者的心理选择性。有些信息接收者乐意接受，而另一些信息接收者不喜欢接收。接收者当时的心理状态。例如，处于喜悦情绪状态的人容易接受他人所提出的要求。

在实际沟通过程中，上述四个方面的因素通常是联合发生作用的。

五、人际沟通的障碍

日常生活中，某些影响人际沟通的因素会造成沟通的必要条件缺失，导致人际沟通受到阻碍，良好的沟通效果难以实现。

(一)地位障碍

社会中每个个体都承担一定的社会角色，处在一定的社会位置上。由于社会分工不同，地位也各异。如果个体由于地位的不同导致不同的自我意识、价值观念和道德标准，就会造成沟通的困难。在同一组织中，处于不同位置的成员，他们的认知、情绪反应、行为方式都会有所不同，对同一信息会有不同的，甚至截然相反的认识，对同一社会事件往往持有不同的看法。同时，宗教差别也会成为沟通障碍。不同宗教信仰的人，其观点和态度也可能不同。此外，职业上的差异有可能造成沟通的不畅。“秀才遇到兵，有理说不清”“隔行如隔山”就是表明的这种情况。

维索尔伦(Verschueren)的语言适应理论(Speech Accommodation Theory)认为，人们在人际互动过程中倾向于适应彼此的讲话风格(双方趋同)以改善沟通，并经过互惠和提高相似性来增强吸引。但是，具有较高威望讲话风格的人就要强调他们的讲话风格的表现——差异性。具有较低威望讲话风格的人就会显示向高威望讲话风格靠拢的倾向，除非他们认为其低地位是不稳定的和不合法的，在这种情况下，会坚持自己的讲话风格，于是就会产生沟通障碍。

(二)组织结构障碍

有些组织庞大、层次重叠，信息传递的中间环节太多，从而造成信息的损耗和失真。也有一些组织结构不健全，沟通渠道堵塞，缺乏信息反馈，也会导致信息无法传递。另外，不同的组织氛围会影响沟通，鼓励表达不同意见的组织氛围促进沟通。组织内信息泛滥也会导致沟通不良。处于不同层次组织的成员，对沟通的积极性也不相同，也会造成沟通的障碍。

(三)文化障碍

文化背景的不同对沟通带来的障碍是不言而喻的。比如，语言的不通带来的困难，社会风俗、规范的差异引起的误解，在社会生活中是屡见不鲜的。

(四)个性障碍

这主要指由于人们不同的个性倾向和个性心理特征所造成的沟通障碍。气质、性格、能力、兴趣等不同，会造成人们对同一信息的不同理解，给沟通带来困难。个性的缺陷，也会对沟通产生不良影响。一个虚伪、卑劣、欺骗成性的人传递的信息，往往难以让人接受。

(五)社会心理障碍

人们随时随地都需要与他人沟通，对人际沟通的恐惧也相当程度地伴随着人们，表现为个人在与他人或群体沟通时所产生的害怕与焦虑。如果沟通个体存在沟通恐惧的心理，沟通将无法进行。对沟通有恐惧心理的人，轻者为了保护自己而表露有碍进一步沟通的信息，重者甚至无法与人交谈。这种沟通上的心理障碍除直接对沟通产生影响外，其社会功能必然也要受到严重影响。比如，在生活习惯上比较孤独封闭，在学习态度上会比较消极退缩，在人际接触中会逃避，因此减少了被认识与被赏识的机会，反而增加了被误解与被排斥的可能。沟通恐惧的长期经验会降低个人的自尊心。在现代服务业发达的社会中，沟通恐惧感会造成个人丧失许多就业的机会等。

总的来说，人际沟通理论为团体辅导过程中人与人之间如何交往，怎样增强沟通效果，建立良好的人际关系，避免减少交往障碍等提供了大量有价值参考，也为团体领导者选择怎样的团体沟通方式，如何观察、指导团体成员的沟通等提供了具体方法和技巧。

在本章中，我们详细地介绍了团体心理辅导的理论基础。当然，在团体心理辅导实践中，我们所借鉴的理论远不止上述所列出的内容。此外，罗杰斯的个人中心理论、弗洛伊德的心理分析治疗理论、华生的行为治疗理论、埃利斯(Ellis)的理性情绪治疗理论等心理咨询的经典理论，对团体心理辅导的发展做出了非常有价值的贡献。

扩展阅读

人际交往黄金定律

1. 首因效应——45 秒产生第一印象

美国社会心理学家洛钦斯在 1957 年做了这样一个实验。他杜撰了两段故事，描写了同一个人的生活片断。故事一把这个人写成一个热情、外向的人。故事二则把他写成一个冷淡、内向的人。随后，他请两组参与者分别阅读这两个故事，并评价这个人的性格。结果参与者的评价截然不同。他从而提出了“首因效应”这一定律。

心理学研究发现，初次会面45秒钟就能产生第一印象，主要包括容貌、衣着、姿势和面部表情等。第一印象会在后续交往中占据主导地位。“首因效应”提示我们，初次见面应给人留下好印象。人们都愿意与衣着整齐、落落大方的人交往。注意言谈举止方面，最好能言辞幽默，侃侃而谈，不卑不亢，举止优雅。有了良好的开始也就成功了一半。

2. 诚信定律——不要轻易给承诺

秦末大将季布一向说话算数，信誉很高，很多人都与他结下了深厚的友情。当时流传着这样的谚语：“得黄金百斤，不如得季布一诺。”后来，他被汉高祖刘邦悬赏捉拿，他旧日的朋友不被重金所惑，冒着灭九族的危险来保护他，使他免遭厄运。

“人无信不立”，诚信是人际交往的基础，是做人的根本。一个人不讲信用，说话不算数，容易让人反感，长此以往，交不到朋友；一个企业没有信誉也很难在市场上立足。

已经做出承诺，就要尽心尽力去做。自己力不能及的事情，从一开始就不要应承。正如华盛顿所说：“一定要信守诺言，一定不要去做力所不及的承诺。”

3. 面子定律——凡事为人留情面

“人要脸，树要皮。”中国人尤其好面子，做什么事都会考虑自己的面子。面子的本质是尊严，用美国心理学家马斯洛的需要层次理论来讲，就是受人尊重，得到认可的需求。谁都希望自己在别人面前有尊严。

与人交往，即使你再优秀，也别忘了给他人留点尊严。给别人留面子就是给自己留退路，在家庭关系中尤为重要。很多家庭的破裂都源于妻子在外人面前太不给丈夫留面子，伤害了对方的自尊心。家庭不是一比高下的战场，而是举案齐眉、互相尊重的港湾。

复习巩固

1. 人际沟通的工具是什么？
2. 人际沟通的条件有哪些？
3. 人际沟通的障碍有哪些？

本章要点小结

团体动力学理论

1.“团体动力学”就是要把团体作为一种心理学的有机整体，并在这种整体水平上探求团体行为或人的社会行为的潜在动力。

2.团体动力学研究范畴的基本特征是：强调理论意义上的经验研究，注重研究对象的动力关系和相互依存关系、多学科的交叉研究，把研究成果应用于社会实践的潜能。

3.国内学者申荷永将以往团体动力学的研究归类为五个方面：团体内聚力、团体压力与团体标准、个人动机和团体目标、领导与团体性能、团体的结构性。

人际交互作用分析理论

1.相互作用分析，就是通过分析人们相互之间刺激与反应的表现去观察并了解人们，以发现不同的人格状态。

2.相互作用分析理论的主要观点有：人格的三我说、生活态度说、交往分析说、生活原稿说等。

社会学习理论

1.社会学习理论是20世纪60年代兴起的一种理论，其创始人是美国新行为主义心理学家阿尔伯特·班杜拉。

2.观察学习，又称为无尝试学习或替代性学习，学习者不必对刺激直接做出反应，也无需亲身体验强化，只要通过观察他人在特定情境中的行为，并观察他人接受一定的强化，便可完成学习。

3.观察学习有四个过程，分别是：注意过程、保持过程、动作再现过程、动机过程。

4.班杜拉提出相互作用的三种模式：环境是决定行为的潜在因素、人和环境交互决定行为、行为是三者交互的相互作用。

5.自我调节由自我观察、自我判断和自我反应三个过程组成。

6.自我效能是指个体对自己能否在一定水平上完成某一活动所具有的能力判断、信念或主体自我把握与感受。

人际沟通理论

1.人际沟通是指人与人之间运用语言或非语言符号系统交换意见、传达思想、表达感情和需要的交流过程，是人们交流的一种重要形式和前提条件。

2.符号系统是人际沟通的工具。符号系统划分为两类，即语言符号系统和非语言符号系统。

3.影响人际沟通的因素主要有：影响信息来源的因素、影响信息的因素、影响信息渠道的因素、影响接收者的因素。

4. 人际沟通的障碍有：地位障碍、组织结构障碍、文化障碍、个性障碍、社会心理障碍。

关键术语

团体动力学　生活空间　相互作用分析　父母自我状态　成人自我状态　儿童自我状态　PAC分析理论　社会学习理论　观察学习　三元交互理论　自我调节理论　自我效能理论　符号系统

复习思考题

一、判断题

1. 勒温在1939年发表的《社会空间实验》一文中首次使用了团体动力学这个概念。（　　）

2. "我不好—你也不好"是一种不健康的态度。（　　）

3. 动机过程是观察学习的中心环节。（　　）

4. 面部表情是一种语言符号系统。（　　）

二、选择题

1. 个体的个性是由哪几种自我状态构成的（　　）

A. 父母自我状态　　B. 成人自我状态

C. 儿童自我状态　　D. 青年自我状态

2. 目前PAC的应用主要在哪几个方面（　　）

A. 心理治疗　　B. 教育

C. 咨询　　D. 企业管理

3. "我不好—你好"是什么人的态度（　　）

A. 精神紊乱者　　B. 厌世者

C. 抑郁者　　D. 健康状态

4. 人际沟通的工具有（　　）

A. 语言符号系统　　B. 非语言符号系统

C. 面部表情　　D. 身体姿态

5. 在人格三我说中A是指（　　）

A. 父母自我状态　　B. 成人自我状态

C. 青年自我状态　　D. 儿童自我状态

第三章　团体领导者

团体工作的好坏，团体领导者起着关键的作用。在团体运作中，一方面依靠团体成员的积极参与，另一方面取决于团体领导者正确而有效的领导活动。因此，认识什么是团体中的领导；担任团体领导者要具备哪些条件；团体领导者在团体中充当什么角色，发挥怎样的功能，要遵循什么伦理等具有很现实的意义。通过本章的学习，我们需要掌握以上的知识点。这能帮助我们更好了解领导的角色，发挥领导的功能，促进团体活动的顺利开展。

第一节　什么是团体中的领导

一、领导的定义

也许，当我们看到“团体领导者”的第一眼时，通常会产生领导者是指从参加辅导的成员中选择一个比较优秀的人来担任的角色这一错误看法。所以，这里我们需要明确的是，团体领导不是指从参加辅导的成员中选择一个人来当领导，而是指心理辅导者参与到团体辅导中，来“操纵”整个团体。这里的领导者是指辅导者，而不是指团体当中的某个成员。

“领导”是一种存在于团体之中的关于关系属性，即领导者因追随者而存在，追随者因领导者而存在的关系概念。它所确认的是一种关系，其中一些人能够说服他人接受新的价值、态度和目标，并为之而努力奋斗。这种关系几乎总是受到某一群体中各种因素的塑造，并在其中得到发展，无论是十几人的小型群体，还是几百上千的中型群体，抑或是像民族国家这样的大型群体。领导者激发他人接受并遵从各种价值、态度和目标，他们界定并服务于该群体，也正因为这样，领导者们才能够将个体行动转换为团体行动。

在心理学中，对于领导的研究主要集中在社会心理学和组织心理学领域。对于领导的研究，作为社会心理学中一个核心研究领域，尤其是在小群体动力学研究兴盛的年代里有这样的观点：具有特定行为风格的领导的有效性，取决于该种行为风格与情境的匹配程度。之后，在1970年和1980年之间，社会心理学对于领导的研究出现了一个新的趋势，即对归因过程和其后的社会认知的重视。在组织心理学中，对于领导的研究条件无疑是得天独厚的，企业的繁荣与衰落，在很大程度上取决于组织中的领导质量。也因此，领导研究在组织心理学研究的议程中占据着非常重要的地位。近年来，组织心理学家对变革型领导以及超凡魅力所扮演的角色给予了特别的关注。研究认为，有效的领导者应该积极主动，具有变革取向和创新精神，能够激励和鼓舞他人，同时，能够将自己的某种愿景或使命传输到团体当中去。他们还应该对他人怀有兴趣，能够创造出成员对群体的承诺感，能够使得团体成员为愿景付出特别的努力，并对这些成员进行授权。

相信对于一些相关领域里“领导”含义的了解，能够更好地帮助我们了解心理学上“领导”的定义。在心理学这个领域中，我们将领导看作是领导者为实现组织的目标而运用权力向其下属施加影响力的一种行为过程。领导工作包括四个必不可少的要素：领导者、被领导者、团体环境、领导行为。

二、领导者

领导者是具有权力和地位的个人和集团，通过自身的作用，指导和影响他人或组织在一定的条件下实现某种目标的行为过程。所以，领导是一种能力，而这种能力是影响团体的能力。领导者充当领导过程中的关键一角，他通过权力和非权力的影响力来引导团体朝着既定的目标发展。一个有效能的领导必须要符合以下要求：了解团体的目标并且以团体目标为导向；了解团体成员的特性、能力和特长；激励成员积极参与到活动中；增加团队凝聚力。团体领导是一个相互、交换、转变的过程。在这个过程中，有人被允许去影响、激励其他人，以促使团体及个人目标的实现。

团体领导者则是指在团体发展过程中负责带领和引导团体走向一定目标的人，是对于团体成员和团体具有影响力的人。虽然成员互动或团体运作不一定要靠一个好的领导者，但是在参加到团体当中，成员们有着不同的背景、不同的目的和动机，所处的社会地位也不一样。因此，除非有人在团体中引导、整合成员的各种活动、行为，否则，有效的团体行动就很难产生，这就要求任何一个团体都要有一个能够胜任的领导者。通过协调人与人之间的关系，激发出团体内每个成员的热情与活力，使各成员努力实现团体的目标。团体辅导过程中有效能的领导者必须具备特有的人格特质，应该是一个受过专业训练的，有充分带领团队经验的带领者。

三、团体领导的特点

团体领导是一个相互的过程，在前面我们了解到团体中有四个必不可少的因素，即领导者、被领导者（成员）、团体环境和领导行为。其中，领导者、成员及团体环境作为三个主体，他们之间相互影响。领导者自身的人格特征、习惯、爱好等会影响成员的参与积极性以及团体的气氛。成员的行为、动机也会在一定程度上影响领导者的行为，而他们两者的相互影响就形成了团体氛围，长久以往就成为了团体环境。因此，领导是一个流动的过程，包含了领导者、成员和团体环境三个因素间的不断调整与适应。

团体领导是一个交换过程：团体领导者与团体成员之间的关系是社会交换（social exchange）的形式。领导者和成员付出他们的时间、精力、智慧等，以获得精神的或物质的报酬，即团体领导对他在团体辅导方面的知识和经验的运用，花费一定时间、精力来带领愿意付出时间、精力、物质的成员，各自在这个过程中获得物质方面、精神方面和社会方面的回报。

团体领导是一个转变的过程：团体领导者在团体中采用一定手段或方法去激励成员的动机、自信心，从而使得成员由缺乏信心和动机变得肯定自我、自动自发，并且在这个过程当中转变成员的观念、价值与想法等。

领导是目标追寻的过程。领导者组织、运作团体，激发成员的能力，努力地向个人及团体的目标前进。

四、领导行为

团体效能直接受领导者所采取的领导行为的影响。团体为了完成任务，达到既定目标，明显的行为就是团体成员必须把自己投入到任务当中。另一个较不明显但是却很重要的因素是，团体为了更加有效地发挥其功能，不仅仅是为了完成任务，还需要“关心”自己。团体是由人组成的，而人是有需求的。在团体当中，人们不是光来完成团体任务的，他们需要在完成任务的过程当中或者从达到目标的结果中来实现他们的需求。所以，要使得团体更具有效能，不但要鼓励成员投入到团体中去，也必须得注意团体成员的内在需求。无法维持令人满意的团体氛围，就会使得任务无法完成。就像网络一样，网络作为人类伟大发明的一种，就在于它能够带给你想要的信息，但是如果不加以管理、维护与调整，就可能导致致命的伤害。团体亦是如此，也需要维护和调整。

美国密歇根大学和俄亥俄大学的学者们提出了双层面理论和双类型理论，将领导行为分为工作导向和关系导向两类。工作导向的领导行为是指引发任务、制定规范、督导沟通及减除目标模糊的行为。工作导向的领导行为关注的是工作任务的落实，重视工作目标的实现，对于生产单位的团体适合采取工作导向的领导行为。关系导向行为是指能够在团体中维持正向的人际关系的行为，比如建立友谊，相互信任等。关系导向倾向于人际关系的正常维持，了解成员之间的差别以及他们自身的需要。重视成员自主参与到团体活动之中，领导者关注的是与参与者之间的关系的融洽，相互信任。和工作导向的领导行为方式相反的是，关系导向的领导行为适合非生产单位的团体。

在团体辅导中，团体领导者自身的特质直接影响他们在团体中的领导行为和领导功能的发挥。这些领导行为需要理论和实践相结合，经过训练以及在训练过程中慢慢积累的经验，才能使领导行为较好地运行。如果领导者没有一定的领导能力，即使他的角色形象和专业地位再完美，也不能调动团体成员的积极性，也会同样使得成员冷漠、抗拒，甚至愤怒而导致一些不合作的做法。下面是在团体心理辅导中，领导者常使用的领导行为类型：

(一)介入指导型行为

这种领导行为是指领导者通过对质、劝诫、解释和询问等方式,间接地要求成员做出反应,或者是领导者直接要求成员按照其所希望的方式来做出反应。以上两种无论是间接还是直接的方式,都属于介入指导型领导行为。

(二)契约管理型行为

领导者将团体看作是一个社会单位,在这个团体开始时制订一些契约,团体成员就会按照订立的原则、规范来行事。在团体中,领导者和成员之间的互动关系也就是依照这些契约来发展的。

(三)支持同理型行为

这类领导行为是指领导者采取关怀、鼓励、接纳、赞赏、尊重的态度和行为来运作团体,使团体成员在安全、开放、正面、积极的氛围中,主动地投入到团体中,积极参与团体活动,与其他成员互动。此类领导行为一般是在团体辅导的开始阶段得到采用,也是在团体辅导中使用得最多的领导行为。

(四)澄清引导型行为

在这类领导行为类型中,领导者只是扮演协助者的角色。在这一过程中,领导者会给予成员较大的自主空间,让他们自行决定团体导向、个体的参与程度、团体的目标、活动的内容、咨询的地点等,领导者在其中主要是澄清问题、引导成员讨论等。这一领导行为类型需要领导者具备很好的客观判断,能够精准地分析,能进行清晰的思考以及拥有敏捷的反应能力等特点,否则团体目标很难达成。

(五)认知教育型行为

此类型的领导方式是指领导者运用讲解、说明等传统的教育方法来指导团体成员。一般在专业性比较强的团体中会采用此种领导行为。这种类型的领导方式想要取得成功,需要具备两个条件:一是团体中有较多的顺从性格的成员;二是领导者具有一定的权威性。

五、领导风格

世界上没有两片完全相同的树叶,团体也是一样的,不会存在两个完全一样的团体。所以,不同的团体就会产生不同的领导者。不同的团体成员,团体成员的人格特质不同，团体辅导的理念以及团体目标都会不同，也正是因为这些才会出现不同的领导风格，也就是不同的领导类型。

对于领导类型的分类有不同的看法，目前也存在许多不同的分类方法，本书主要介绍两种较常见且较实用的分类：

（一）领导参与论

勒温等人在探讨团体成员参与决定的课题中对领导风格进行了系统的研究。领导参与是指了解团体成员参与决定的程度对于团体结果、团体效能的影响的情况怎样。将“参与决定”看作一条连续的线段，在线段上确定三个点，即两端和中点，就可以将领导风格分为三种类型，即专制型、民主型和放任型。专制型是完全由领导决定的一端，放任型是完全由成员决定的一端，而民主型则是介于两极之间的由领导者收集、了解成员的意见之后做出决定。勒温认为，这三种不同的领导类型具有不同的人性观、领导行为和沟通网络。通过勒温的研究结果，我们可以知道，从行为角度来看，专制的领导风格会导致成员之间的敌意行为发生的次数远远多于民主的领导风格。在专制领导下，成员的攻击行为容易转化到其他情境，当领导离开时，攻击行为立即上升。在专制领导下，团体中的弱势群体更弱，强势群体更强；团体成员基本都讨厌专制者，喜欢民主者。再就工作效率来看，在专制型的领导下，团体比较依赖领导者，成员之间相互中伤，对团体活动产生不满，保量不保质。在民主型的领导下，团体对领导依赖不严重，成员之间的矛盾也少，喜欢提供意见，对团体活动也比较容易感到满意，能够保质保量。在放任型的领导下，成员很少依赖领导，但是会相互攻击，意见纷纭，容易对团体产生不满，不仅不能保证产量，质量也不能得到保证。所以，综上所述，民主型的领导是最有效能的领导风格。

表 3-1　团体中不同领导风格的影响与比较

项次	专制型（authoritarian）	民主型（democratic）	放任型（laisser-faire）
意义与内涵	团体中所有的事都是由领导决定；所有的步骤方法完全由领导指挥；每人的任务即工作伙伴由领导决定，成员不知下一步该做什么；成员的工作好坏由领导个人的观点决定；在团体过程中对人冷淡	领导者鼓励并协助所有事务的讨论与决定；目标步骤已有共识；成员自由与任何人共事，工作分配由团体共同决定；对成员的工作领导者客观地褒贬；领导者尽量像成员一样不过多介入	领导者避免参与决定，完全由成员决定；领导者在成员要求时提供信息，但不参与讨论；领导者不参与工作分配、人员配对；领导者对成员的活动与团体过程不评价，不调整

续表

项次	专制型(authoritarian)	民主型(democratic)	放任型(laisser-faire)
对人的假设	否认人的独自判断力;认为人没有成熟的鉴别力,从事任何工作都必须由专家和权威决定	拒绝接受一个固定责任人来引导团体;认为团体的成长并不是领导者全然负责,而是应该由每个成员来负责	团体成员自己要负责这个团体的发展;领导者相信成员的角色与自己相同,拒绝接受任何的功能、责任、关系;认为人是无法加以约束的
方法	对成员的行为会做许多的分析、解释,以帮助人解决困难;若是带领小团体,倾向于去做精神分析、判断和评价	希望能了解团体成员的能力、需要,适当地以团体关系来帮助成员发挥,用技巧协助成员消减其焦虑	对成员的一切不予引导,完全取决于大家的讨论;将团体模糊不清的事务、状况扔给成员自己去解决,不做指导
沟通类型	辐射型沟通:成员彼此互动较少,大多与领导者交流,此亦为一般团体初期发展的情况	网状型沟通:沟通有系统,并不完全集中在领导者身上	混乱型沟通:团体沟通混乱,无目标,没有脉络;成员私下互动,影响整个团体动力

(二)管理方格论

管理方格论是由简·莫顿和罗伯特·布莱克(Jane Mouton & Robert Blake)提出的。他们认为,人们对于"团体的生产结果重要性如何"及"团体成员感觉重要性如何"这两个问题的回答决定了他们的领导类型。一些领导者首要目标是达成团体生产的结果,但是一些领导更注重成员正面、积极的感受和加强团体精神及个人需求的满足,还有一种领导者就是认为团体生产结果和团体成员感受同样重要。

莫顿和布莱克用方格来说明其领导类型。表 3-2 中包含两个层面,即关怀人和关怀结果,并从"低"关怀到"高"关怀分为九等。虽然每个人可能落在 81 个格子中的任何一个位置,但是布莱克等主要强调五个固定位置,即四个角落和正中间的位置。(1,1)位置的领导者对团体结果和团体成员感受均不关心,这种人几乎不能称之为领导者。(9,1)位置的领导者对生产结果高关注,对团体成员感受低关注,这类领导是工作至上,一切都是为了生产结果。(1,9)位置的领导者是对团体成员感受高关注,对生产结果低关注,这类领导和(9,1)位置的领导相反,他们一切努力都是为了使成员感到舒适、和谐。(5,5)位置的领导者对生产结果和成员感受均为中关怀，位于方格正中间，他们试着要平衡生产结果及成员士气，当两者发生冲突的时候，他们有可能会同时牺牲两者。最后，(9,9)位置的领导者，对于生产结果和成员感受均是高关怀，他们通过和谐和凝聚的团队关系，团体氛围产生高效率的结果。

在方格理论中，莫顿和布莱克认为(9,9)位置的领导类型是最好的，在早期的研究中，他们发现采用(9,9)位置的领导类型的人比采用其他位置类型的人在管理上更成功。他们在教育界、工商界、医药界的研究也支持此观点。布莱克等人的研究结果虽然做出了新的突破，但是仍然有很多专家对他们极力主张的(9,9)类型在所有情境中都能成功、有效提出质疑。

表 3-2　方格管理类型

<table>
<tr><td rowspan="3">9
8
7
6
5
4
3
2
1</td><td colspan="5">(1,9)管理：
对人的需求高度注意，彼此关系良好，形成舒适、和谐的组织气氛及工作环境</td><td colspan="4">(9,9)管理：
工作的完成来自自愿投入、承诺的成员，彼此相互依存，体悟共同感而造成信任、尊重的关系</td></tr>
<tr><td colspan="9">(5,5)管理：
以平衡工作及所需的起码士气来完成团体</td></tr>
<tr><td colspan="5">(1,1)管理：
仅花最少的努力去做必要的工作及维持成员的关系</td><td colspan="4">(9,1)管理
高效能的生产来自工作状况的妥善安排，而人文关怀减至最低</td></tr>
<tr><td>低</td><td>1</td><td>2</td><td>3</td><td>4</td><td>5</td><td>6</td><td>7</td><td>8</td><td>9</td></tr>
</table>

上述结果通常会引导人们得出以下结论：人性化、参与型的民主型领导类型一定会带来较大的满足与更高的生产率。但是，这样的结论只是片面的，不能作为普遍现象。有些研究结果显示，没有任何一种领导类型对所有的情境都有效。比如，一个优秀的国际连锁超市的总经理，不能领导一个慈善机构组织；一位优秀的学生会主席，不能很好地带领一次夏令营活动。

近来，有关领导类型效能的研究指出，领导类型的效能与很多因素有关，如文化、时间限制、团体和谐度、团体任务的性质等。所以，需要对团体及其有关环境等诸多因素加以了解，才能做出更适合团体的领导行为。

六、协同领导的团体

试想，当团体成员过多时，团体中只有一位领导者，就会出现领导者在注意、处理甲的问题时，无法关注到乙的情绪，也无暇去观察或了解其他团体成员的反应。因此，协同领导者(co-leader)就应运而生了。除了上述的原因以外，协同领导还可以出现在以下情境:为了给团体更好的协助,当一位领导者投入于团体情境时,另一位就能够以参与观察的角度洞察团体动力;或在领导训练的课程中,安排一位资质较浅、经验不足的领导者,也称为实习领导者,让其跟随一位资质较深、经验丰富的领导者一起带领团体,从协同带领的过程中学习锻炼。上述情境都是一个团体由两位领导者协同带领,称为协同领导者。协同领导者是指协助领导者带领团体的人,而"协同领导"是指两人或两人以上共同带领团体。协同领导者不是单一的领导者,故不必完全担负团体的设计、领导和评估等责任,其角色兼具辅助、催化团体及支持成员的功能。除了领导训练课程中,两位领导者有资深、资浅之外,其他协同领导团体的两位领导者没有谁大、谁小、谁正、谁副之说。

(一)协同领导的优点

有时,因为一个领导者需要带领十几个甚至更多的成员,难免会心有余而力不足。因此,协同领导能够使团体成员得到较好且较多的注意、了解与帮助。两位领导者可以彼此互补,取长补短,成员将获得综合效益。当一位领导者是男性,另一位是女性,他们可以协助一些需要两种性别来领导的成员。比如,那些与父母相处有困扰的成员,他们就可以从再次经验家庭动力中去体悟、突破。协同领导可以给每位成员两份回馈,一个人难免会有疏忽、遗漏的地方,而两位领导者可以起到补充、加强的作用,不同的看法可以给团体带来活力,帮助深层次的探讨。再者,两位领导者彼此之间如何相处,怎样对待彼此关系及团体关系,都可以作为成员的良好示范;每位领导者都可以相互观察,共同工作,从对方身上学习并成长。

(二)协同领导的缺点

协同领导的缺点有以下几点:

第一,领导权力的竞争问题。当领导者由于某些原因不被成员所认同时,另一位领导者就会被"黄袍加身",取而代之领导的地位,这样就会引发领导权掌控的问题,危害团体动力。

第二,领带责任的归属问题。当协同领导被领导安排更多的责任和工作任务,却没有相应的福利待遇时,就容易引发协同领导者的不满情绪,影响领导者之间的关系,这种不和谐的关系也会给成员及团体带来负面效果。

第三,不同个体差异带来的意见分歧。两位领导者必然在领导风格上有所差异,不可能总是相同的观点与解释,有时由于互相不认同,就会产生不必要的意见分歧,成员该听谁的就成为了问题,这样使得团体活动无法进行下去。

(三)协同领导应该注意的问题

协同领导的团体常出现问题,协同领导能不能创造并维持有效的工作关系,起决定作用的是能否“相互尊重”。由于不同的人格特征导致在行为方式上的差异,出现观点不一致是常有的,但是如果双方彼此尊重,相互信任,都抱着开放的态度,就能合作共事,而不是相互竞争。领导者的选择、配对对于领导者功能能否最大地发挥,团体任务能否较好地完成尤为重要。甘斯(Gans,1957)列出了两位领导者一起合作时要注意的事项:每位领导者都必须了解自己的长处、短处、特性等,并在此限制之内工作;每位领导者都必须避免争夺“谁是真正的领导者”;每位领导者都应该对团体过程具有经验;每位领导者在其领导上都要有弹性。

简单来说,协同领导者必须是能够共处并相互容忍的两个人,他们会运用自身的能力,并且不会在团体中争权夺利。两位领导者如果在团体里彼此竞争,最终受害的就是整个团体。

复习巩固

1. 什么是团体领导者?
2. 领导行为分为哪两类?分别指什么?
3. 常用的领导行为类型有哪几种?

第二节 团体领导的条件

一、团体领导者的人格特征

“个体的人格特征决定了他是否能够担任团体中的领导者。”也许当读者看到这句话的时候会感到困惑,会问:“领导者,难道不是具有深厚的理论知识、丰富的实践经验、高超的咨询方法和技术的人吗?怎么是人格特征决定了他是否能够成为领导者呢?”是的,大多数人都会有这样的观点,即把团体辅导的成效归结为辅导者的理论、知识和经验。但是心理咨询的先驱们都一致认为,决定团体成效症结的是领导者的个人修养和素质。所以,想要提高团体成效,领导者的人格特征是关键。帕德逊(Patterson,1985)曾指出:“治疗的关键不是治疗员做什么,而是他是谁。咨询的方法和技巧与其使用者及他的性格是无法分割的。”阿裴尔(Appell,1963)的观点也提到:“在咨询过程中,咨询师能带进咨询关系中最有意义的资源就是他自己。”林孟平指出:“在整个辅导过程中,最重要的并不是一个人的学位、资历、理论和技术的纯熟,而是辅导者本身的修养。”

表 3-3 领导者本身的人格特征和修养对团体的类型产生影响

团体领导者的人格特质	团体类型关系
成就动机	正向影响
适应性	正向影响
敏捷性	正向影响
专业权威	正向影响
有吸引力	正向影响
外向	正向影响
自信心	正向影响
善与人相处	正向影响
情绪平衡	不确定
有朝气	不确定
能照顾人	不确定
反应快	不确定
支配性	负向影响

(一)国外学者的观点

柯瑞和克拉兰(Corey&Callanan,1994)曾明确列出了高效能团体领导者的人格特征:

(1)有良好的意愿,真诚对待他人,尊重他人,信任他人;

(2)有能力并且能够与人分忧、与人共乐,以开放的态度对待团体成员;

(3)认识自己,接纳自己。帮助成员发现个人的能力,学会自立;

(4)通过学习不同学派的理论知识,建立属于自己的领导风格;

(5)具有冒险精神,乐于将自己的感受与体会分享给他人;

(6)自尊自爱,悦纳自我,运用自己的长处和他人建立良好的关系;

(7)为成员做典范作用;

(8)勇于承认并承担自己犯下的错误以及后果;

(9)有不断成长的意愿;

(10)幽默风趣;

(11)能够忍受人生模糊性;

(12)能不占有地去同理他人的经验;

(13)真诚关怀他人的利益;

(14)能够在工作当中获得人生的意义;

(15)以现在为导向;

(16)持续深入地觉察自己和他人;

(17)具有一颗真诚的心。

帕克(Parker,1962)提出,能够增进团体辅导成效的团体领导者包括:广泛的个体经验、自觉、接纳、善于表达感情、个人的安全感这五种人格特质。哈维尔和梅森(Harvill&Masson)等人认为,成功的团体领导者具有以下人格特质:开放、关怀、弹性、温暖、客观、可信任、诚实、有力量、忍耐、敏锐、自觉、喜欢人,不管是独处还是在与人相处时都自如而安全,身处权威亦安然,相信自己的领导才能,能够洞察别人的心理健康。雅各布斯等人指出,高效能的团体领导者的人格特征包括:关心、坦白、灵活、温暖、客观、可信任、强壮、忍耐和敏感,以及悦纳自己,与他人相处和睦,在权威的位置上面感到舒适,对他人有很好的同感。

(二)我国学者的观点

林孟平认为富有成效的团体领导者应该具备以下条件:

(1)正确地认识自我,接纳自我;

(2)敏锐地自觉,把握环境;

(3)相信自己,自我肯定;

(4)参与并投入,身体力行,以身作则;

(5)表里如一,心口一致;

(6)严于律己,做好典范;

(7)愿意接触和面对个人的需要;

(8)清楚地了解自己的价值观;

(9)相信团体过程的功能;

(10)保证自己不断更新成员;

(11)勇于创新。

樊富珉认为一个成功的团体领导者必须具有以下特质:

(1)自我形象健康;

(2)敏锐的自我知觉意识;

(3)具有与他人建立良好关系的能力;

(4)有不断成长的意愿。

二、团体领导者的理论知识

除了以上的人格特质作为前提之外,为当好团体领导者打下坚实的理论知识的基础就显得尤其重要。光具有上面所说的人格特质还不足以成为一个成功的团体领导者,还需要个人有一定的理论知识作为基础。“巧妇难为无米之炊”。所以,有了先天以及后天所培养的一些个性,一个好的、成功的团体领导者必须对团体辅导的理论有充分的了解，对各个学派的观点、理论的独特之处要非常熟悉；并且通过学习各种理论，然后结合自身实际，取其精华，去其糟粕，使其成为自己的东西；最终还要量变产生质变，达到质的飞跃，也就是尝试建构属于自己的团体辅导理论。

（一）对于辅导理论的良好理解

了解理论是理解自然环境和社会环境的关键，这样我们才能更好地了解他人以及我们生活的这个世界。理论为团体领导者提供了各种各样的方式来领悟人们的所说所作所为。比如，在治疗理论当中，理性情绪行为疗法、交往疗法、现实疗法、行为疗法等可以帮助领导者理解人们在生活中以及团体中为什么会有这样那样的行为。柯瑞(1992)指出："团体领导者会发现，没有任何理论支持的干预措施下的团体辅导永远也不能达到理想的阶段。"

（二）关于主题的知识

在所有的团体类型当中，知识丰富的团体领导者比知识贫乏的领导者都领导得更加出色。拥有广泛、丰富的主题知识，可以使领导者更好地去促进成员讨论、澄清问题以及交流观念。

三、基本的领导才能与专业技巧

一个成功的团体领导者还需要接受专业的训练，善于运用支持、鼓励、同理、指导、关心、接纳、尊重、积极关注等技巧，参与和影响团体的发展，使每个阶段达到理想的效果。除此之外，还要能够妥善地处理团体辅导当中出现的各种问题，使团队得以顺利发展。

（一）计划与组织才能

成功的团体领导者都是很好的计划制订者。他们所制订的计划既能够体现个人的价值，又能够使团体成员感兴趣。以这种方式所制订的一次会面或者一系列的会面会让团体得到意想不到的收获。在讨论各种团体时，高效能的领导会投入大量的时间精力来思考与团体活动相关的主题以及这些主题的有关练习等。他们在组织会面的时候能够很好地引入事先设计的主题，并能够以一种非常自然且自如的方式来转换不同的主题。

（二）解决基本的人性冲突和两难困境的能力

团体领导者必须准备好处理大量的人性问题和多元文化等问题，在成长团体、咨询团体和治疗团体当中尤其如此。在这些团体当中，经常会面对罪恶感、对失败的恐惧、自我价值、父母、愤怒、爱情关系和死亡之类的问题。有成效的领导者对这些问题有很好的理解并且知道一些可以帮助那些正在与这些问题做斗争的人们方法。

四、丰富的经验

这里的经验不仅指丰富的带领团体的经验，还指个人与人交往的经验、个别心理咨询的经验等。

（一）与人交往的经验

一个成功的团体领导者一定曾经花费大量的时间与各种各样的人进行过交谈，而不仅仅只是接触身边的人。领导者广泛的生活阅历能够帮助他们更好地去理解各种类型的人。随着世界的开放性、多元化的发展，构成团体的成员也向多元结构发展，领导者应该做好准备。

（二）个别心理咨询的经验

咨询或治疗团体的成功要求团体领导者不仅有与人交往的一般性经验，而且具有大量的一对一咨询经验。这一点是必要的，因为在领导团体的过程当中会出现各种各样的情境，领导者个人咨询的经验越多，他就越容易同时针对个人和团体实施辅导。

（三）和团体一起工作的经验

在刚开始领导团体时，难免会遇到一些问题，犯下一些错误，这是个人成长必须经历的一环，不必过于自责。在任何技巧运用的经历当中，练习和经验都有助于个人有效运用技巧的能力。一个成功的团体领导者要经历以下几个环节：

初期，主要是了解团体辅导各阶段内容。可以先观看一些团体辅导的视频资料并做出评价；观察团体辅导的过程；作为一名团体成员参加一个团体等。

中期，经过以上几个步骤的学习，对团体辅导的各阶段及相关的注意事项有了一定的了解。可以在督导下协同领导团体。建议先对一些教育团体、讨论团体、支持团体等进行领导，将人员限制在4～5人左右。

中后期，感到能够胜任之后，单独领导一个团体，即得到督导者的指导反馈，也能对自己的表现进行评估与自我分析。

后期，在督导下作为一名团体领导者进行实务工作。可以逐渐增加团体成员的数目或者领导一个自己熟悉的成长团体，在一定的次数之后，觉得自己能够自如地领导成长团体时，就可以尝试着和别人共同领导一些咨询或者治疗团体，然后再开始自己独立领导。

五、遵守职业道德

美国心理学会和美国团体治疗协会已经特别指定了团体领导者的道德规范。在团体辅导过程当中，领导者要以团体成员的利益为重，尊重成员的隐私，保守秘密。关于领导者的专业伦理，我们将在后面章节进行详细说明。

综上所述，要成为一个合格、富有成效的团体领导者不仅包括个体人格特质方面的个人成长，还包括了对理论知识的学习，熟悉掌握团体辅导的技巧和方法，参加相关团体辅导的经验，学习团体领导者的专业伦理。

复习巩固

1. 一个成功的团体领导者必须具备哪几个条件？
2. 说说柯瑞和克拉兰认为的成功团体领导者都有哪些人格特质。
3. 成功团体领导者具有丰富的经验，"丰富的经验"指什么？

第三节　团体领导的角色与功能

一、团体领导者的角色

领导是一种影响力，在个体改变中起着牵引的作用。在这种影响、改变的过程中，领导者起着关键的枢纽作用。在团体辅导当中，领导可以被认为是团体动力，领导者就是这一动力的发起者。有效的团体辅导必须依赖于四个条件：首先是团体辅导的目标是被成员所认可的；其次是有一名称职的团体领导者；再次是每个成员都能积极地参与到团体活动当中；最后就是在团体活动当中，主题以及相应的活动是适宜的。在这四个基本条件中，领导在团体辅导中始终起着组织与指导的作用，这也是团体辅导最终是否富有成效的关键。在带领团体的全过程当中，团体领导扮演着不同的角色。当然，团体辅导的最终成功不能仅仅归功于领导者，这取决于很多因素。但是无可否认的是，在团体活动中，团体领导者的引导、催化和整合功能起着决定性的作用。

(一)引导者

既是“团体领导者”,那么引导者的角色是显而易见的,这需要领导者利用自身已有的知识技巧来带动成员发挥他们的个人能力,以实现他们的个体目标。所以,引导者的角色就体现在制订活动计划、提供适当的学习机会、控制情境、为参与者建立行为模式、促进成员表达思想情感之中。在整个过程当中,团体领导者就如一个导航者,掌握着团体前进的方向,引导团体辅导每个阶段的运作,包括活动前的动员,活动中的启发、激励、引导,活动结束时的分享与总结以及结束后的效果追踪、反馈等。

这个角色比较强调领导者的责任。其优点是可以使领导者在团体过程中肯定自己,也使成员免于在不明确、模糊的情境中挣扎;其缺点是太依赖领导者,使团体缺乏弹性,减少了成员在团体中肯定自己的机会。所以,使用这个角色时需要适合团体中的个人需求或能够引起有利的团体互动。

(二)催化者

这个角色通常是配合团体成员活动的方向目标来协助团体过程的发展。这个角色比较强调成员的责任。敏茨(Mintz,1976)认为,催化者的任务就是要能够觉察到不同团体的性质和不同成员的需要,给成员提供一个安全的外在环境。这时团体领导者不需要为团体指引任何方向,而是必须能够跟随整个团体的情绪动向来处理相关事宜。其优点是,对于互动方向,成员有相当的自由权;其缺点就是,如果团体成员完全自由了,团体可能会产生一定的压力以及有可能没有方向所导致的挫折感,而且也不利于全面促进团体活动的进程。

因此,在领导者选择充当催化者这个角色的时候,要视不同性质和目标的团体而定。例如,在目标为个人成长的团体当中,则以协助成员充分表达自己、建立坦诚关系、多觉察成员的情绪情感为主。如果是在治疗团体当中,领导者要多了解成员的情绪障碍,如遇到过多的焦虑、压抑和退缩等情绪障碍时,应予以介入,不要只随团体的波动而行事。

(三)参与者

在团体当中,成员之间相互依赖非常重要,这种依赖感的产生就要靠领导者自身在团体中的表现。在这时,团体领导者不能把自己当作一个控制者、团体当中的主角或者动力来源。虽然团体领导者承担着指导的任务，但是他们本身也是团体中的一员，应该与其他人一样积极地参与互动。这时，团体领导者应该把自己当作团体内的一个普通成员。

这个角色的优点是成员可以感受到领导者和他们是同等的，可以与他们打成一片，对团体士气和情绪有正向的影响。缺点是领导者本身不容易决定何时加入成为一名"成员"，怎么去加入等。因为，有些成员不希望领导者也来团体中谈自己。他们希望领导者在团体中就是扮演成员有需要就给予协助的角色。除此之外，有时候领导者自认为他以参与者姿态加入团体过程中，成员会认为他会垄断团体。因此，在使用这个角色的时候，领导者要特别注意分享的形式和分享的程度与量。

（四）观察者

这个角色常与其他角色一起合用，如引导观察者、参与观察者等。观察者的角色就是团体领导者能够保持客观的态度，对团体所发出的信息能够有一定的敏感性，随时了解团体和个人的情形，以便于处理团体中所产生的问题。观察者要对团体内部的气氛、流程、领导行为与成员反应加以观察、记录及分析，其目的在于能完全掌握团体各种发展的因素，务必使每位成员、每个过程都能有效地被关注到，例如成员的发言频率与次数、发言内容、口语与非口语的行为等。朱拉德（Jourard）认为，团体领导者作为观察者角色时，要能把握好分寸，表现自然地加入或者退出团体当中。当加入或者是退出时，不但自己要清楚地知道，还要使团体成员知道，要分清楚团体目前处于哪个阶段、哪个点上面，以便以后再加入，来推动成长的目标。

观察者角色有它的优点，即能够发现团体中的问题，在问题严重之前及时给予解决。其缺点就是作为观察者，团体领导者的举动常常使成员感到有种被监视感和被人分析的感觉，会造成领导者和成员的不和或产生间隙。因此，领导者在充当观察者的时候，要注意用观察所得，给予个别成员或者团体积极而具有意义的评语，不要利用观察资料来作为成员缺点或者出现问题的依据。这样就可以在一定程度上减少成员由于被观察所产生的不舒适感。

（五）专家

在领导者的各种角色之中，专家这个角色对成员和团体最有用，也最具危害。因为一般而言，凡是主动要求参加团体辅导的成员基本上都有两个目的：一是希望能够通过参加这次活动学到一些社交技巧和社会生活能力；二是通过学习，能够找到自己的问题，改变自己的形象。总体来说，就是希望在以后的生活中，能够更好地学习、工作、生活。所以，团体领导者在必要的时候，会以专家的角色来为成员讲解一些新概念、理论及方法，提供新的信息，介绍新的价值。领导者若能以其专业训练的知识、能力来协助成员个人的问题，以及创造一个具有治疗功能的团体氛围，则对成员有利。尤其表现在成员在自我试探时，会遭遇疑惑，需要领导者指点。然而这个角色的最大危害就在于此。常言道，人之好为师。如果团体领导者在不了解行为改变的过程的情况下，急于给成员劝告、忠言、教导、开导，以为三言两语的谆谆教诲就能够解决成员的问题，就可能给成员造成不可挽回的后果。唯有协助一个人去真正地了解自己及其问题，他才能在别人或领导者协助下找到解决的办法。忠告、谏言依据的是个人对他人问题和环境的假象，而不是真知真觉。

因此，为了使领导者能够适当运用这一角色，领导者必须在扮演专家角色之前先搞清楚自己的动机。如果有利于团体过程的发展和使成员更加了解自己，则可以去做。当然，这种有利于是有条件的，不是建立在自己的私欲之上，是处于完全为他人着想的情况下。有的团体领导者个人认为这是对团体有利的，但是事实上却并非如此。区别就在于，领导者是对自己的“良言”十分重视，还是对成员本人比较重视。

综上所述，每种角色都有优点和限制。如何恰当的去选择这些角色，领导者一方面要根据团体的性质，重视团体成员的需要；另一方面要从经验中不断考验自己在这些角色执行方面的效果，以便统整自己的角色与团体中的领导功能。

(六)应处理好的三对角色

有时，在团体心理辅导的过程中，团体领导者的角色是相互矛盾的。蔡坤荣和王淑卿认为，成长团体的领导者有三对角色必须处理好：

第一，团体领导者必须扮演专家的角色，也需要扮演成员的角色；

第二，团体领导者必须扮演“局外人”的角色，也必须扮演“局内人”的角色；

第三，团体领导者既是团体中的中心人物，又要做到以团体成员为中心。

这三对矛盾的角色说明在团体辅导的过程中，领导者的角色具有多样性与矛盾性，他所处的情境是非常复杂的，要把握好并不是那么容易的事。

二、团体领导者的功能

(一)团体领导者的基本职责

根据樊富珉的观点,团体心理辅导中领导者的基本职责可以概括为四项:

1. 注意调动团体成员的参与积极性

在团体辅导过程中,团体中的每一个成员都应该被团体领导者所积极关注,领导者应该认真观察他们在情绪情感以及心态上的变化,激发成员大胆地表达自己的意见、看法,鼓励成员相互交流,开放自我,积极讨论,引起大家对团体活动的兴趣。

2. 适度参与并引导

团体领导者应该根据团体的实际情况,把握自己的角色,发挥领导者的作用。在团体形成的初期,团体成员之间不了解,团体氛围还未形成,领导者要以每个成员的身份参与活动,起到榜样的作用。在引导成员开始讨论共同关心的问题时,领导者应该注意谈话的中心及方向,随时适当引导。对不善于表达的成员给予支持与鼓励,并适当制止过分活跃的成员,始终引导团体活动朝着团体心理辅导的目标方向发展。

3. 提供恰当的解释

团体心理辅导中,当成员对某些现象难以把握或对某一个问题分歧过大而影响活动的顺利开展时,领导者需要提供意见、解释。解释的时机和方式因团体活动形式不同而不同。比如,在以演讲、讨论、总结形式活动的团体中,领导者可以在开始时就成员的共同问题进行具体而系统的讲解。在解释时要做到表达简洁、通俗易懂、联系实际、深入浅出,避免长篇大论,避免过分专业化。同时还要注意"点到即止",以此避免影响成员的独立思考。

4. 创造融洽的气氛

在团体辅导过程中,领导者最主要的职责之一就是创造团体的气氛,使团体成员能够相互尊重,相互关心,使团体充满理解、同情、温暖、安全。在这种氛围当中,团体成员可以真实、毫无顾忌地放开自己,在成员彼此相互接纳的气氛中获得成长。

(二)团体领导者的基本态度

罗杰斯(1959)提出了咨询师的三个基本态度:共情、真诚、无条件积极关注。他认为,在咨询过程当中,这三个基本态度不但必须具备,而且足以使咨询产生效果,促使当事人改变和成长。罗杰斯认为，在团体辅导过程当中，团体领导者最重要的任务就是营造良好的气氛；如果团体领导者能够充分地发挥这三种基本态度，就能不断地创造出一个被团体成员接纳和信任的气氛。在这种融洽的氛围里面，成员可以毫无顾忌地展示自己，能够展现出更加真实的自己。

事实上，罗杰斯所提出的这三个基本态度已经超越了各学派和来访者的类型，成为学者们普遍公认的咨询成功的基本条件。

1. 共情

共情(empathy)也称为神入、同理心、同感、投情等，是指体验别人内心世界的能力。共情包括三个方面的含义：领导者借助成员的言行，深入对方内心去体验他的情感、思维；领导者借助于知识和经验，把握成员的体验与他的经历和人格之间的联系，更好地理解问题的实质；领导者运用辅导技巧，把自己的共情传达给对方，以影响对方并取得反馈。

共情需要理性，而不能代替当事人做感性判断。举例来说，不能出于对于理解犯罪人的用意，而产生边际情绪，那是十分不理智的。“共情”不代表乱用同情心，那只是为了帮助他人导入积极、乐观、向上的情绪，进而获得高 PCA(心理资本：指个体在成长和发展过程中表现出来的一种积极心理状态，是超越人力资本和社会资本的一种核心心理要素，是促进个人成长的心理资源)。

在团体心理辅导中，领导者要做到共情，就要有能力从观察聆听过程中推断出成员的感受、信念和态度，并有效地将这些感受传达给对方，对方就会感受到领导者很了解他，从而产生一种温暖、被接纳的满足感。这种感受可以诱发他及其他成员在彼此沟通中，充满体谅、关心和爱护的气氛。

2. 真诚

真诚是咨询关系中最重要的，具有治疗功能的因素，是指在咨询过程中，咨询师以“真正的我”出现，没有防御式伪装，不把自己藏在专业角色后面，不带假面具，不是在扮演角色或例行公事，而是表里一致、真实可信地置身于与求助者的关系之中。

真诚不是什么都可以说。如果领导者的所想所感不经分辨就说出来，有时不但不能产生治疗效果，反而可能伤害他人，破坏双方的关系。真诚也不是让自己完全自由地表达，那些对当事人无利的就不用和成员分享了。

在团体辅导中，领导者对团体成员的真情流露的关爱和基于尊重和信任的坦诚，可以使成员逐渐地卸下伪装，展现出最真实的自我。

3. 无条件积极关注

无条件积极关注是心理治疗的前提，它主要表现为心理咨询师对来访者的态度，即无论来访者的品质、情感和行为怎么样，咨询师对其都不做任何评价和要求，并对来访者表示无条件的温暖和接纳，使来访者觉得他是一个有价值的人。无条件积极关注并不是对一切都无条件接纳。行为可以不赞成，不接纳，但作为一个人，他是有价值并且独特存在的个体，必须接纳他。无条件积极关注也不是咨询者不能拥有自己的价值观。咨询师只要了解无条件积极关注的真正含义，完全可以在不放弃自己价值观的情况下，仍然维持一种不审判的态度。

在团体辅导中，无条件积极关注是团体领导者通过对成员的关注、聆听及适当的应答，包括对身体的关注和心理的关注，并设法向成员有效地传递那份共情，让对方感受到自己被尊重，自己是一个有价值的人，因此产生一种满足感，重新对自己产生信心，努力克服自己的不足。

(三)领导者在各阶段的任务

团体领导者在团体过程中最重要的任务就是运用自身专业的知能催化整个团体，与成员互动，注重成员们此时此刻的表达与回馈，并引导团体建立最具建设性与治疗性的气氛。除此之外，还需要团体领导者熟悉团体心理辅导发展的各个阶段特征，清楚自己在各个阶段应该做什么，以便能够自如地引导团体向着最终目标发展。

1. 团体心理辅导开始前

在团体辅导开始之前，领导者的主要任务就是要制订一份详细的团体辅导计划书，对团体辅导在进行的过程中可能遇到的问题有一定的心理准备，并慎重甄选团体成员，形成团体。

2. 团体心理辅导初期

在这个阶段，团体已经形成，团体领导者要做的就是教导成员一些基本规则，并告知他们如何积极地参与到团体当中。同时，要让成员了解团体的基本过程，帮助成员建立个人的目标。领导者要鼓励团体成员表达内心的真实感受，做出适当的自我开放，营造团体中相互信任的气氛。

3. 团体心理辅导过渡阶段

在这一阶段，领导者面临的主要挑战是如何以适时而敏感的态度对团体进行催化，主要任务是提供鼓励与挑战，使成员能面对并且解决他们内心以及相互之间的冲突以及消极情绪，增强团体的凝聚力，激发成员思考，促进团体成员互动，引导团体向成熟阶段发展。因此，团体领导者要注意指导成员了解处理冲突的情境，了解自我防卫的行为方式，有效地克服各种形式的抗拒行为，鼓励成员谈论与此时此地有关的事情。领导者应该努力营造团体信任的气氛。

4. 团体心理辅导的工作阶段

在这一阶段，领导者的主要任务是自我开放，分享成员的感受，为成员树立榜样；鼓励和支持团体成员，使他们有信心有勇气认识自我，尝试新的行为方式；同时引出讨论问题，发起成员的讨论，引导成员通过合作，找到解决对策，鼓励成员从团体中学习并获得最大收益。在此阶段，团体领导者还应该关注团体的每一个成员的表现与反应，评价成员对团体的兴趣与投入程度。

5. 团体心理辅导的结束阶段

在这一阶段，团体领导者的主要任务是回顾与总结团体经验，评价成员的成长与变化，提出希望，协助成员对团体经历做出个人的评估，帮助团体成员整理他们在团体辅导过程当中所学到的东西，并鼓励他们将这些所学运用到实际生活当中。领导者还需要帮助成员检查还未解决的问题，以及怎样对待成员间已经建立的关系。在团体辅导结束后，团体领导者还要对团体辅导的治疗效果进行评估，总结经验，找出不足，找到改善的方法。如有必要，团体领导者还需要对辅导的效果进行追踪调查。

总结以上的内容，可以清楚地显示出领导者的功能：规范性功能、协调性功能、评价性功能与整合性功能。

生活中的心理学

卡士达、邓肯、西森的研究的建议

1960 年秋季，卡士达、邓肯、西森三人对美国人事辅导协会兴趣团体成员 1 000 人进行问卷调查，结果收回 164 份有效的问卷。问卷调查的主要目标在于定出小团体进行过程中有哪些行为是不道德的。

根据调查研究结果，在制订专业道德标准时应该特别注意一些事项：

1. 团体中的当事人或成员常被当作副领导者、副训练员、副协助者，但是他们均非专业人员，也没有受过专业道德的指导。因此“信赖度”及“基本人权”的问题就产生了，所以这种做法需要再斟酌。

2. 对团体领导者设定专业道德标准须应团体工作层次的不同而有所分别。一位团体领导者除了应具备有关的辅导及团体知识外，至少还应有团体经验、足够的团体观察训练及团体领导者训练经验。团体领导者若由义务工作人员担任，则尤其应考虑其专业资格与人格特质。

3. 在各种非语言活动之运用是否适当上缺少研究，但必须注意这些活动之运用不应该对成员造成潜在的伤害。

4. 组成团体时要考虑成员成分，如性别、年龄、教育程度、参加动机等，以免对成员造成潜在的妨害。

5. 团体结束之后，成员彼此再接触或者团体再聚会之道德责任必须澄清。

6. 强制参加团体咨商、团体治疗、会心团体或相关的团体经验是否适宜，应该进一步查证。如强迫学生参加一个团体的做法值得怀疑。

7. 团体压力会使成员或领导者服从团体常模。这点可能有利，也可能有害。领导者必须有能力拒绝团体压力以保护某个成员个别性，以免让成员受伤害。

8. 在团体内，由于个人坦诚开放许多属于个人隐私的事情，常引起该成员事后的不安全感，担心其他成员在团体外谈论而受到伤害。因此，团体内事件的保密要求及责任不可等闲视之。

9. 机构应要求团体领导者对团体过程做记录、接受督导及参与研讨以保障成员福利，并维持机构的服务品质。

复习巩固

1. 团体辅导中团体领导者的角色有哪几个？优缺点分别是什么？
2. 团体辅导中，团体领导者的基本态度有哪些？
3. 团体领导者的职责包括哪些？

第四节　团体领导者伦理

一、团体伦理及其功能

辅导应该重视辅导者和被辅导者在辅导过程中的相互作用与影响。而团体方式的辅导，人数已经不止两个，至少是 6～15 人。这样的团体，辅导过程中的互动会非常多，情况也相当复杂，会产生多种影响。为了使团体发挥正面作用，身为团体的领导者，在团体过程中发挥着设计、执行、引导以及催化等功能，对团体的影响力是不可估量的。如果团体领导者对团体动力缺乏足够恰当的理解，片面地只看到了团体积极的一面，而忽视了隐形的伤害因素，就可能对团体造成不可挽回的伤害，使团体扭曲，不仅不能发挥正面作用，反而给团体成员带来伤害。所以，领导者就需要知道并且遵守什么该做什么不该做的原则，以保障当事人的权益，保障社会的权益，并规范辅导人员的行为，以获得社会大众的信任，将团体辅导的真正目的展示出来。

在团体辅导当中，专业伦理是领导者的行事准则，是在专业价值基础之上的一套行为标准。一位优秀的团体领导者除了应具备辅导的专业技能、良好的人格特质外，更需要有正确的伦理道德观念。在带领团体的过程中，遵守适当的专业原则与标准是领导者必须做到的，以此来增进团体的成长和维护成员的利益。

团体伦理的重要性主要包括两个方面：第一，团体心理辅导是一种助人的专业工作，团体成员能否得到帮助，是否会受到伤害，与团体领导者的能力水平有直接的关系，所以为了保证专业服务的质量，对团体领导者要有一定的规范要求；第二，团体辅导过程中涉及多人之间的互动，不单单是辅导者和单个成员的关系，还有成员之间互动的复杂关系，要想成员通过互动关系而从中受益，必须共同遵守一些行为准则。

从团体领导者自身所具备的能力和现有伦理规范两个方面来说明适当的团体伦理可能产生的几种重要功能：有足够的专业能力与资格的团体领导者能够有效地带领团体，使成员获得协助；在团体活动的过程当中，有了团体伦理规范的保证实施，团体活动能够顺利进行的可能大大提高；团体伦理规范有助于理清团体活动中领导与各成员之间和各个成员之间的权利与义务，能负起各自应尽的责任，并且享有各自的权利；团体伦理规范有助于协助领导者与成员在团体活动过程中面对问题做出决定，特别是用来解决可能面临的道德两难情景；团体伦理规范可以督促领导者随时随地审视自己的伦理水准和自身能力，从而保证团体领导者的专业性，让他们能够更谨慎地运用辅导技术。

二、团体辅导专业伦理标准

（一）美国团体领导者伦理标准

在国外，许多国家为了适应辅导和咨询专业的发展趋势，维护当事人、辅导员、团体领导者的权益，进而建立辅导咨询的专业形象与专业地位，辅导机构、相关组织和协会都制订颁布了伦理守则条文，用来规范成员的行为。在国外，以美国为代表，非常重视心理咨询工作的伦理，制订了心理咨询与治疗专业伦理标准和伦理指导纲领的学术组织很多，包括美国团体工作专业人员学会、美国团体心理治疗学会、美国咨询发展学会、美国心理学会、国家社会工作者学会、美国婚姻与家庭治疗学会、美国临床社会工作学会国家联盟、美国精神医学学会、国家咨询师证照委员会、国家康复咨询学会、国家训练实验所等。

美国团体工作专业协会（ASGW）制订了团体领导者伦理准则。ASGW 设有专业的伦理委员会，1980 年制定了《团体领导者伦理准则》（Ethical Guidelines for Group Leaders），1989 年进行了修订。以下是全部内容：

（1）经常反省自己的个人身份

他们要反省自己的需要和行事风格，以及这些因素对成员的影响。此外，他们也需要清楚了解并帮助成员了解领导者在团体过程中的角色和功能。

（2）对自己所设计的团体要十分了解

领导者应该清楚地了解自己设计的是什么样的团体，他们必须能够说出团体的目标及参加者的资格。

（3）发展出甄选团体成员的有效方法

领导者必须发展出一套方法，以致可以甄选符合资格的成员，并排除不符合资格者。领导者有责任去要求未正式进入团体而正在接受深切心理治疗的准成员，要先征得他的治疗师同意，才可正式加入团体。

（4）让成员预先知道他们的责任

准成员可以预先知道他们作为成员的责任，而且领导者可以鼓励他们预先订立契约，并要求他们尽量完成这些责任。换言之，领导者应该让成员知道，作为一个团体成员，就应建立一些可行的个人目标，适当地开放自己，尝试新的人际交往方法；从自己对别人的影响这一面，小心检查自己的人际交往方式，表达个人的思想和感情；主动地聆听，从他人的角度去看事物；尊重他人，给予别人真诚的支持；面对他人，并与他人建立真诚的关系，并且愿意在团体以外也尝试新的行为模式。

（5）团体将要采用的技巧需让成员知道

准备参加团体的人，必须清楚地了解团体将会采用什么技巧及他们将参与什么练习。他们应该明白，团体的活动需根据哪些规则进行。

（6）使成员对领导者和协同领导者有一定了解

团体领导者应避免在团体内尝试采用自己未曾试过的设计。同时，他们应该在自己带领的团体内，向成员说出自己的资格。当团体是由一位资深的治疗者和一个受训学员共同领导时，领导者应该让成员知道与明白这个组合。因为这种不同的领袖经验,倘若不故意隐瞒时,无论对于团体和实习学生,都有一定的价值。当然,领导者与助手必须定期讨论,来处理在团体过程中不断出现的问题。

(7)将团体的着重点事先对成员说明

领导者应该在团体开始之前说明团体的焦点。比如,教育性团体会采用教诲形式;治疗性团体比较着重感情的经验;发展性团体会协助成员发挥潜能;而补救性团体着重治疗病症及消除错误的行为等。

(8)对成员的个人权利进行保护

团体领导者应该保护成员的个人权利,由他们自由决定选择在团体中分享的内容和参加的活动。领导者也要对可能侵犯成员权利及其自由决定权的压力有敏锐的辨察,及时干预。

(9)使用自己熟悉并且行之有效的练习

对于自己在团体中所用的练习,领导者应该发展出一套理论,并且有能力做出说明。此外,领导者应采用一些在他们能力范围之内,最好是一些他们在当成员时曾接受过的练习及技巧。

(10)理论联系实际

由于理论应尽量结合实践,领导者应常常留意有关团体过程的研究发现,从而加强团体的效能。而且他们需要对多方面的理论有清楚的认识,从而创造出一个有个人风格的团体领导。

(11)不利用成员

领导者不应该利用他的团体成员。某些成员会有一种倾向,就是把他们的领导者理想化,而同时贬低自己在团体内的能力。有道德的领导者不会借机摆布和控制自己的成员。他绝对不会和成员发生性关系,因为这样是滥用他的权力去满足自己的需要。有些领导者会因为自己经济上或心理上的需要,以致在并非有治疗需要的情况下,随意将成员留在团体的时间加以延长。

(12)尊重成员的知情权

领导者应在团体开始前和团体过程中适当的时候,对成员说明他们可能会面对的心理及生理上的危险。同时领导者应在团体开始前、进行中及结束时,向成员说明保密的重要,并需要在团体开始时协议好保密的限制。

(13)尊重成员自身的价值观,不把自己的价值观强加于成员

一些成员会以协助他人为名,把自己的价值观强加于他人身上,并指使摆布他人。对于这种行为,领导者要及时干预。在适当时,领导者可对成员坦诚表明自己的价值观,但不应该把自己的价值观强加于成员身上,而应该尊重成员自己的思想能力。同

时应该促进成员彼此间的尊重。

(14)对不适合团体的成员要及时有效地处理

领导者应该小心留意成员中是否出现心理衰老的情况。若发现,可能反映出该成员不适合留在该团体,需要终止其参与,如有需要,领导者应提供转介服务。

(15)容许并且鼓励成员讨论他们在团体内的经验

领导者不仅应容许,更应该鼓励参加者去讨论他们在团体内的作用,以及他们对于团体经验的反应。领导者可于每一阶段结束前,花一些时间让成员发表他们对活动的感想和意见。

(16)帮助成员学习怎样面对挫折

应预先告诉学员,当他们把从团体中学到的东西应用到日常生活时,可能遇到的负面反应。若能对此问题做出探讨,将有助于团体对有关课题进行更深入的探索,有助于帮助成员学习怎样面对挫折。

(17)有必要安排后续的聚会

除了让成员知道其他团体成员的进度外,也可让领导者探讨团体经历对个别成员的冲击。个别成员也可以在有需要的时候,在团体接手之后,通过个别的面谈来继续自己的成长经验。

(18)制订出衡量有效性的标准

领导者有专业责任去定出一些衡量有效性的标准,其中一个方法就是要领导者对某些组织负责。领导者最低限度应通过非正式的研究,加深了解自己的领导方式,并判断该方式的有效性。

(二)中国团体领导者伦理标准

我国台湾地区的学者经过多年的努力,于 1988 年完成制订了《辅导专业人员伦理守则》,涵盖各种相关条文,其中关于团体辅导的伦理条文如下:

(1)组成团体之前,领导者应实施甄选,以维护全体成员的利益。

(2)领导团体时,应明确告诉团体成员有关团体的性质、目的、过程、使用的技巧、预期效果及团体原则等,以协助当事人自由决定是否参与。

(3)尊重团体成员的人格完整是团体领导者的主要责任。领导团体时,应采取一切必要及适当的安全措施。

(4)领导者不要为自我表现,选用具有危险或超越自己知能和经验的技术或活动,以免造成团体成员身心的伤害。倘若为了成员的利益,需要采用某种具挑战性技术或活动时,应先熟悉该项技术或活动之操作技巧,并事先做好适当的安全措施。

(5)领导团体时，应会同成员制订团体行为原则，以规范成员的行为，以免造成对团体生活的不利影响或对成员身心的伤害。

(6)领导者应具有适当的领导团体的专业知能和经验。

(7)领导开放性或非结构性团体，或以促进自我成长及自我了解为目的之团体时，宜采取协同领导，以策安全。并应特别注意成员的素质及性格，慎重选择，以避免因某些成员消极或破坏性的行为影响团体辅导效果。

(8)领导者应尊重团体成员参与或退出团体活动的权利，不得强制成员参与或继续参与他不愿参加的活动，以免造成团体成员身心的伤害。

(9)领导者应特别注意保密原则，经常提示成员保密的伦理责任，并预告成员重视自己的隐私以及表露个人内心隐秘的限度。

(10)若需要将团体活动过程录音或录像时，领导者应先告诉成员录制的目的及用途，征得成员的同意，并严守保密原则。

(11)为实验目的而实施团体辅导时，研究者应预先声明研究的性质、目的、过程、技术与活动、研究结果资料的运用及安全措施等，以让受试者自由决定是否参与。

目前，团体辅导在内地还处于发展初期，但不少专家已经在探讨制订专业责任与道德规范。在劳动与社会保障部制订的心理咨询师的职业标准中已经涉及专业伦理问题。在目前条件下，内地的团体辅导中，领导者应该遵循的专业伦理道德标准应该包括：

(1)领导者必须接受系统的团体训练，具有专业的资格；

(2)必须遵守社会的道德标准；

(3)尊重当事人的权益，保证当事人利益不受侵害；

(4)不利用成员满足自己的需要；

(5)精心选择团体活动方式；

(6)不对自己的家人、朋友咨询，避免建立双重关系；

以上六条都是为了保证成员避免伤害。在团体辅导中，团体会对成员有一定的潜在伤害，如挫折感、丧失自信、关系不良、沮丧或害怕团体，使得其往后不愿参加团体等。

(7)尊重成员参加团体的自愿选择权；

参与团体应该出于个体的自愿，出于自身的需求，想要成为团体中的一员，成为目标学习中的一部分。领导者不能强迫个体参与到团体当中，强迫可能会造成个体心理上的伤害，会引起抗拒，而且参加动机薄弱会违反抗拒团体规范。自愿不仅仅是在参与团体前，领导者在设计团体与带领过程中，应该允许成员可以选择不参加某些活动或者对一些事情保留自己的意见。虽然,如果团体成员对某些活动保留意见或者完全不参与会对团体效果有一定的影响,但是首先也是最重要的是考虑每个成员的感受,并且不能有所伤害。

(8)团体领导者必须了解自己的限制,不做超越能力的事,必要时转介;

领导者并不是神圣的,不是什么都能办到的,领导者应当对自己的团体知能程度有一定的了解,并且借助这些知能运作团体。领导者不应该投入到一个他未做过或全然不懂的活动中,“进得去”而不知如何“出来”是很危险的。因此,对自己能力与局限的真正了解很重要。在团体当中实施超越能力的行动不但会自伤,也会伤害其他成员甚至是整个团体。

(9)个人及要求团体成员保密;

(10)团体心理辅导的资料,如文字记录、录音、录像、测验资料以及其他文件属于专业资料,必须获得当事人的同意才能使用,若使用在研究、教育训练中,应当对当事人的身份完全保密。

以上两条是关于隐私的保密守则。参与团体,成员会担心个人隐私的暴露以及考虑团体是否足够安全,害怕他们在团体过程中表露的隐私会被说出去而变成别人茶余饭后的笑料;还有就是把自己的缺点表露出来,会成为日后其他团体成员攻击自己的把柄;最后就是在尝试新行为时所犯的错误会被告知给公司的老板或学校老师。这些担忧都是可能发生的。所以,在团体开始时就需要有保障隐私及确定保密的协定。领导者需要说明任何成员非自愿,不会被迫做任何不想的或不愿做的事情。真正的学习是成员间当下的关系,在过程中确实保证隐私及保密,团体的信任才会产生,成员也才不会受伤害。

团体领导者不符合道德的行为至少包括:强迫他人参加团体心理辅导;团体中做不恰当的实验;借团体对成员虐待、责骂,造成成员精神上的痛苦;让成员坦承自己的经验,但没有安全保障与支持;一个缺乏团体训练的人带团体。

简单来说,国内外的守则都主要是关于团体领导者的训练,团体成员的筛选,团体成员的权利、保密的权利,团体成员与领导者的个人关系、双重关系,成员之间的个人关系,团体技术的应用,领导者价值观念,照会与转介,团体结束与追踪等的内容。在对于团体伦理标准的界定上,专家和团体辅导专业组织在内容方面有不同的看法,但是所体现的基本要求和专业道德是一致的,主要包括三个方面:首先是自主性,即团体成员自己做决定的能力;其次是无害性,即保证团体成员在参与辅导的整个过程当中都不受到伤害;最后就是公平性,即在辅导中,所有成员都是平等的。

三、团体心理辅导中的法律保障

在团体心理辅导中，如果领导者没有对团体成员尽关照之心并且将其付诸行动，就很可能卷入法律纠纷当中。所以，团体领导者需要在自己的经验限制范围内提供服务，在行使自己作为团体领导者的职责时不可疏忽大意。因此，需要了解有关法律。这包括：

(1)让团体成员知道有关团体的进度，包括政策和程序；

(2)在团体开始时就采用书面形式的同意书，由领导者和成员共同签署；

(3)对成员的关心和服务要有明确的标准；

(4)在处理法律和道德问题时，应找督导和同事商量；

(5)不要违反国家和地方的各种法律法规；

(6)不向成员许不能实践的承诺；

(7)如果工作对象是未成年人，必须事前获得他们父母的书面同意书；

(8)避免在团体过程中与团体成员发生团体之外的社交关系；

(9)经常关注团体辅导最新研究资料，经常充实自己的领导技能。

扩展阅读

优秀团体领导者的责任和挑战

一个团体的领导者必须准备随时应对不同的情形和各种麻烦，除了支配者、"急救"人员、消极成员等个人问题以及对于沉默、哭泣等情境的处理外，还有很多其他可能出现的问题，比如成员顽固、成员先入为主、成员心胸狭隘等。

通过说话者持续地东拉西扯可以很容易辨别出团体中的顽固谈话者。没完没了的闲聊一段时间后，会使得团体其他成员要么要求谈话者闭嘴，要么对谈话失去了兴趣而感到沮丧，甚至恼火于领导者对顽固谈话者的不作为态度，因为他们认为此种情况下领导者应该及时打断或者制止顽固谈话者的滔滔不绝。根据顽固谈话者多话的原因，可以将之分为三类：

(1)紧张型。说话是为了掩饰自己的紧张或把说话当作自我控制的一种方法。通常他们是团体中第一个回答领导者问题的，且抢着最先完成一些任务。由于他们说话是为了缓解焦虑的情绪，所以只要一有机会，他们就会滔滔不绝。

(2)闲扯型。由于自己是健谈的人且一点也不注意自己的闲谈会对其他成员产生怎样的影响,因此他们会支配讨论的节奏。通常这类成员会重复讲述拖沓、琐碎而又无意义的故事。

(3)卖弄型。卖弄型的成员似乎想要显示出自己无所不知,因此他们会回答所有的问题,问一些不相关的问题以吸引领导者的注意。同时,他们会给其他成员提出这样或者那样的建议,导致团体偏离讨论主题。

对付多话的成员有几种方式。在认出这样一个成员后,领导者可让大家两人一组结成对子,并让自己和这个成员一组。在小组中,领导者可以试着让该成员谈谈他的"多话"。这种策略的优点在于多话的成员只从一个人那里知道自己是多嘴的,因此减少了尴尬。从整个团体层面上的策略有两个:一个是不点名地提醒大家希望这个多话的成员能明白,另一个策略也是让别的成员给予反馈意见。

多数团体的一个目的是听取不同的观点,并学会容忍别人。因此,当团体中有个别成员心胸狭隘、持有偏见时,就是一件棘手的事情。领导者此时须秉承这样一个原则,即当某个成员控制不住地持续说教并指责别人时,必须请他离开团体。领导者的准则是要容忍成员们的差异,并只在成员的偏见言论造成团体危害时插手。

团体成员各不相同,团体主题和目的也多种多样,所以在团体中随时可能出现新问题。这就要求领导者在实践中不断丰富自己对不同团体的领导经验,积累各种应对团体即时状况的技术。一位优秀的团体领导者不仅应是团体过程中诸多问题的灵活应对者,也应是一个充满人性关怀、不断学习的锐意进取者。

复习巩固

1. 专业伦理的概念是什么?
2. 团体伦理的重要性有哪些?
3. 团体伦理的功能有哪些?

本章要点小结

什么是团体中的领导

1. 团体领导者是指在团体发展过程中负责带领和引导团体走向一定目标的人，是对于团体成员和团体具有影响力的人。

2. 领导行为分为关系导向和任务导向两类。工作导向的领导行为是指引发任务完成、制定规范、督导沟通及减除目标模糊的行为。关系导向行为是指能够在团体中维持正向的人际关系的行为，比如建立友谊与相互信任，开放性和解释动机的意愿等。

3. 常用的领导行为有：介入指导型、契约管理型、支持同理型、澄清引导型、认知教育型。

4. 领导类型主要有布莱克和莫顿的管理方格论和勒温的领导参与论。管理方格论主要是通过对"团体的生产结果重要性如何"及"团体成员感觉重要性如何"这两个问题的回答决定了他们的领导类型。而领导参与论是通过领导参与团体的程度来决定的，具体分为专制型、民主型和放任型。

团体领导的条件

1. 一个成功的团体领导者必须具备：相符合的人格特质，扎实的理论知识，充分了解团体辅导的技巧和方法，丰富的经验，遵守专业伦理道德。

2. 柯瑞和克拉兰认为的成功团体领导者的人格特质：有良好的意愿，真诚对待他人，尊重他人，信任他人；有能力并且能够与人分忧、与人共乐，以开放的态度对待团体成员；认识自己，接纳自己；帮助成员发现个人的能力，学会自立；通过学习不同学派的理论知识，建立属于自己的领导风格；具有冒险精神，乐于将自己的感受与体会分享给他人；自尊自爱，悦纳自我，运用自己的长处和他人建立良好的关系；为成员做典范作用；勇于承认并承担自己犯下的错误以及后果；有不断成长的意愿；幽默风趣；能够忍受人生模糊性；能不占有地去同理他人的经验；真诚关怀他人的利益；能够在工作当中获得人生的意义；以现在为导向；持续深入地觉察自己和他人；具有一颗真诚的心。

3. 成功团体领导者具有丰富的经验，"丰富的经验"指：个人经验、个别咨询经验、团体辅导经验。

团体领导的角色与功能

1. 团体辅导中团体领导者的角色有：引导者、催化者、参与者、观察者、专家。

2. 团体辅导中，团体领导者的基本态度有：共情、真诚、无条件积极关注。

3. 团体领导者的职责包括：注意调动团体成员的参与积极性，适度参与并引导，提供恰当的解释，创造融洽的气氛。

团体领导遵循的伦理道德

1. 专业伦理是领导者的行事准则，是在专业价值基础之上的一套行为标准。

2. 团体心理辅导是一种助人的专业工作，团体成员能否得到帮助，是否会受到伤害，与团体领导者的能力水平有直接的关系。所以，为了保证专业服务的质量，对团体领导者要有一定的规范。团体辅导过程中涉及多人之间的互动，不单单是辅导者和单个成员的关系，还有成员之间互动的复杂关系，要想成员通过互动关系而从中受益，必须共同遵守一些行为准则。

3. 团体伦理的功能：有足够的专业能力与资格的团体领导者能够有效地带领团体，使成员获得协助；在团体活动的过程当中，有了团体伦理规范的保证实施，团体活动能够顺利进行的可能大大提高；团体伦理规范有助于理清团体活动中，领导与各成员之间和各个成员之间的权利与义务，能负起各自应尽的责任，并且享有各自的权利。

4. 团体伦理规范有助于协助领导者与成员在团体活动过程中面对问题做出决定，特别是用来解决可能面临的道德两难情境。团体伦理规范可以督促领导者随时随地审视自己的伦理水准和自身能力，从而保证团体领导者的专业性，让他们能够更谨慎地运用辅导技术。

关键术语

团体领导者　领导行为　领导类型　关系导向　任务导向　介入指导型　共情　契约管理型　认知教育型　支持同理型　澄清引导型　管理方格论　领导参与论　协同领导　协同领导者　CPA　真诚　无条件积极关注　专业伦理

复习思考题

一、判断题

1. 团体心理辅导中只能有一个领导者。（　）

2. 只要拥有适当的人格特质就能成为一名合格的团体领导者。（　）

3. 团体领导者在团体当中充当着不同的角色。（　）

4. 在团体辅导中，在征得当事人同意后，可以将当事人的个人资料予以公开。（　）

二、选择题

1. 团体领导行为分为(　　)两类

A. 介入指导型、认知教育型　　B. 关系导向、任务导向

C. 支持同理型、澄清引导型　　D. 契约管理型、介入指导型

2. 主要的领导行为有(　　)

A. 介入指导型　　B. 契约管理型

C. 认知教育型　　D. 支持同理型

E. 澄清引导型

3. 领导参与论中将领导类型分为(　　)

A. 专制型　　B. 民主型

C. 教育型　　D. 放任型

4. 在团体辅导中使用最多的领导行为是(　　)

A. 介入指导型　　B. 支持同理型

C. 认知教育型　　D. 澄清引导型

5. 团体领导者的功能有(　　)

A. 规范性功能　　B. 协调性功能

C. 评价性功能　　D. 整合性功能

6. 团体领导者的基本态度有(　　)

A. 共情　　B. 真诚

C. 有条件积极关注　　D. 无条件积极关注

7. 谁提出了咨询师的三个基本态度(　　)

A. 马斯洛　　B. 华生

C. 罗杰斯　　D. 班杜拉

8. 团体伦理标准的基本要求和专业道德主要包括(　　)

A. 自主性　　B. 无害性

C. 公平性　　D. 随意性

第四章　团体过程及影响因素

对任何一团体所进行的心理辅导，都要经历启动、过渡、成熟、结束四个发展阶段。在整个团体过程中，领导者与被领导者都有各自的特点，各阶段之间既是连续的，也是相互影响的。整个心理辅导过程也要遵守一定的步骤和实施程序。作为一名合格的团体领导者，要想把握住团体心理发展的方向，就需要对团体的发展阶段及各阶段特征有清晰的了解，这样才能有效地引导团体向既定目标健康地前进，而不至于团体混乱或者团体焦虑出现在团体辅导的过程中。此外，团体领导者还必须把握好影响团体气氛的各种因素，及时觉察团体凝聚力状况并采取相应的措施对团体进行干预或引导，为团体成员的改变与成长创造良好适宜的环境。本章将介绍团体心理咨询的几种发展学说及其各阶段的特征，各种影响团体过程的因素，团体气氛变化的过程、团体心理咨询过程中特殊成员及其应对措施，以及团体心理辅导之所以能够产生疗效的原因。

第一节　团体心理辅导的过程

一、团体发展阶段学说

在团体辅导的相关文献中，团体阶段、团体过程（团体动力学）以及团体治疗性力量这三个名词常被提及。同时，这三个问题也是团体辅导和咨询师所必须熟悉的问题。其中，团体动力学和团体过程两个术语是指团体成员和领导者的态度和相互作用。尽管有学者认为这两个术语不同，但大部分人都认为它们是同一个含义。有学者提出："因为两者之间是协调一致的、很难区分的、不断发展变化的关系，这两个术语可以互用，指代相同的东西。"

成员和领导者之间产生相互作用和能量交换，包括团体成员自身如何反应、成员间如何交谈、成员怎样与领导者交谈，以及团体领导者怎样对成员们做出反应，这一过程被称为"团体过程"。任何一个团体，无论其团体类型或者领导风格有何差异，从其开始形成到最终结束，一般都要经历若干发展变化的阶段。这些阶段是贯穿团体辅导全过程的连续体，每一阶段都起着承上启下的作用。因此，了解团体心理辅导的发展过程有重要意义，这主要体现在以下两个方面：第一，可以协助初入团体的成员了解团体发展中的各种现象，以便及早调适，以发挥个人潜力；第二，可以协助团体领导者，使其在熟悉团体发展的各个阶段之后，尽快从整体上把握团体，扩大团体内的助力，并减少来自团体内外的相关阻力，以达成团体的最佳绩效。

许多社会心理学家、社会学家以及相关研究者和心理治疗师都曾对团体过程进行过诸多研究，系统分析团体心理辅导的发展阶段，并提出了各自不同的观点。本书介绍了三种发展阶段学说，分别是罗杰斯的团体发展阶段说，加伦、琼斯及哥朗尼的团体发展模式，雅各布斯的发展阶段说。

（一）罗杰斯的团体发展阶段说

罗杰斯根据自己多年领导团体的经验和观察，将团体的发展过程分为 14 个阶段。

1. 自由活动

在几乎没有团体结构的情形下，团体成员随意走动去接触和认识别人。在这个阶段中，团体一般呈现出混乱的局面，成员表现出较大沮丧感和无所适从的茫然感；有些人很安静，亦有人进行断断续续的交谈，还有些人虽然不与他人交谈，却也表现出对外在信息的积极探求。此时，团体内成员倾向于要求领导者做出指引性提示。

2. 抗拒着个人的表达和探索

团体成员局促不安，往往不愿意表达自己，即使彼此间有交流，也仅仅是关于个人表面的内容。团体成员不仅抗拒表达自我信息，而且对他人信息也未表现出探求意向。成员间沟通交流较少，更倾向于自我防御，信息交换量不足。

3. 叙述以往的经验

在团体中，成员不会对当前的感受做出相关的描述。通常只会将过去的经历作为讲述的话题，所讲述的话题中更绝不会涉及团体中的人。此时，团体成员间的信息交流量增加了，但交流的信息质量还不高。

4. 表现消极的情感

团体成员开始讲到自己在团体中消极的情绪。领导者可以以此测试团体成员的安全度。负面取向的感受往往首先指向领导者，然后是其他的成员。这些行动背后的原因在于个人在团体中获得的信息不足，进而促使成员感到焦虑和受到威胁，故此做出防御。

5. 表达和探索与个人有关的资料

当讲述了负面的感受，而又不被他人批评或否定时，有些成员便开始提及个人的事，而不仅仅局限于叙述以往经验或者表达自己的消极情绪。团体成员彼此间的信任也因此逐渐显现，团体初步信任得以建立。

6. 表达与其他成员相处的即时感受

团体成员开始表达对其他人的感受和态度。虽然也会有负面的表达，但不会很极端，更不会带有攻击性，纯属一些个人的反应和感受，其结果是促使成员共同摸索和发展出一种珍贵的信任。此时，成员间受到这种基于团体初步信任的鼓舞，会进一步表达个人的感受和态度，形成真诚的团体氛围。

7. 团体发展出治疗能力

成员彼此表示关心，对他人亦有了解和体谅。而且，大家尝试用自己的方法来为他人提供帮助。团体成员间建立起来的这种互助便起到了一定的团体治疗作用。

8. 成员达到个人的自我接纳，亦开始改变

由于大家都很坦诚、信任地表达和互助，成员已安心地放下个人的防御与伪装，亦开始逐渐对自己有更大的接纳，随之而来的，就是个人态度和行为的改变。在这个阶段，成员感到团体中每个人都很实在，都是真实的个体，虽然每个人都有软弱和不足的一面，但亦各有所长。

9. 打破伪装

由于对自己的接纳和确认，成员会抛掉种种的伪装面具，大家开始享受一种充满了关爱、诚实、信任和开放的深挚关系。大家亦因此而彼此支持和鼓励对方，团体成员

间继续保持真诚，成员间更加袒露心声，成员间互助程度得到进一步提高。

10. 提供与接受反馈

团体成员在彼此接纳的基础上，能够给对方提供在自己看来有价值的建议等，也能够欣然接受其他成员给自己的反馈与建议。每个团体成员既是反馈信息的提供者或建议的给出者，又是反馈信息的受惠者。团体成员坦诚相待，所给出的反馈和建议倾向于公正客观和中肯。

11. 面质成员间彼此关心

必要之时，成员会面质别人，并协助别人澄清和处理矛盾，帮助他们积极面对问题，其效果往往具有建设性。

12. 将帮助延伸到团体之外

成员间的关系密切，除了在团体内彼此帮助外，在团体之外，他们亦有交往和支持。这种突破了团体的行动，对于那些正在经历一种可能很痛苦的自省或改变的成员来说，往往意义重大。团体辅导和咨询的意义初现。

13. 发展出基本的真实关系

成员可以具体感受到大家彼此间的亲密和高度共情。成员间的感情连接突破了具体团体情境的约束而趋向于实际生活中的真实关系。

14. 在团体内外做出行为改变

成员逐渐改变，他们变得体谅人，有同理心，对人接纳、温暖、诚挚且真实。具体来说，大家已踏上了自我实现之路。在打开自己内心，得到来自他人支持和帮助的同时，也对他人产生了积极影响，不仅个人问题得以解决，而且人际关系也得以改善，团体内相处和谐融洽。

（二）加伦、琼斯及哥朗尼的团体发展模式

加伦、琼斯、哥朗尼（Garland、Jones&Kolodny，1965）的五阶段说是众多团体发展阶段说中比较有权威的团体发展模式。

1. 组合前期

这一阶段的特色是接近与逃避。虽然这时成员开始接触并互相认识，但也不想太亲密，还要与其他成员保持距离以保护自己。

2. 权力与控制期

团体成员在此期间开始角逐团体内地位，会出现权力争斗现象，有时成员还会与团体领导者产生权力上的矛盾。这时，团体的完整性与个人关系亦产生矛盾，有些成员会因不能取得权力而要求退出团体，也会因不想受团体规范控制而表现出态度上的变化。

3. 亲密期

虽然此时成员在是否服从团体规范的状态下继续处于紧张状况，但成员间开始互相了解，互相依赖。成员间密切联系，有感情互转的倾向，并试图找寻团体的目的。

4. 分辨期

鉴于团体已达到整合，所以成员可以自由发表意见而无需担心得罪别人，互相支持现象增多。成员间的沟通已达到最佳融洽点，不再产生权力争斗，团体整体性凸显。

5. 分离期

在这个阶段团体已趋于成熟。团体目标大多已实现，成员参与团体主要是为了友谊联系，一旦熟悉到不用参加团体的活动也可以联系的友谊时，成员参加团体活动的态度便会变得散漫。但当提出结束团体时却会拒绝，不承认团体目标已达成，有些人甚至会表现出倒逼。成员在此阶段往往倾向于回味以往团体的一切。这时，领导者应组织一次评估总结，使成员做好团体结束的心理准备。

(三)雅各布斯的发展阶段说

无论团体有何差异，也无论一个团体会面多少次，所有团体都会经历三个阶段：开始阶段、中间阶段或者运作阶段、结束阶段。

1. 开始阶段

在这一阶段，团体成员会就一些问题进行讨论和介绍，比如团体目的、可能出现的事件、恐惧、基本原则、舒适水平、团体内容等。此时，成员评估自己和他人在团体中可以舒适地与他人交流个人经历的水平。例如，某些教育团体、讨论团体或任务团体，它们的主题和议程并没有事先决定，而是在开始阶段中决定团体关注点。

某些团体的成员要通过多次会面才可以建立团体的初步信任，在此之前，他们很少与他人交流自己表面以下的东西。这种现象多见于监狱、戒毒所或者社区治疗中心等地方的青少年团体。通常在与他们进行多次会面后，有益于团体辅导工作成果的良好氛围才得以形成。有时，社区机构中的团体在团体进行到运作阶段之前，要先行解决团体的“议程”问题。对于有较大文化背景差异的团体，通常也需要持续两次的会面，才会使得成员在他人面前谈论自己的私事时不会感到困窘或者不舒服。有的团体一开始就有明确的团体目的，团体信任和舒适水平也比较高。如果有些领导合理建构团体，使得成员进行有效沟通和交流的话，那么成员在几分钟之内便可以度过开始阶段。若领导不能提供任何团体结构的话，一个倾向于长期停留在开始阶段的团体就容易形成，一些本来可以避免的动力学问题也随之而来。另外，有些团体的领导过于迅速地进入运作阶段，导致成员形成负面情绪，比如不适感、愤怒等。

2. 运作阶段

此阶段，成员将注意力集中于团体目的，决定究竟要在多大的程度上参与团体交流。成员学习新资料，讨论各种题目，完成团体任务或者忙于个人的交流和治疗工作，成员们普遍从置身于团体这一体验中受益。运作阶段是团体过程的核心。由于成员们以多种不同的方式相互作用，所以此阶段会出现不同的动力学问题。此时，作为团体的领导者，应多注意这些相互作用的模式以及成员对于团体和领导者的态度。对于那些文化背景差异比较大的团体，领导者更要注意成员间相互作用和反作用的差异性，并做出及时而必要的解释，避免团体中其他成员的误解。

3. 结束阶段

此阶段是团体的结束时期，成员间相互交流，讨论学到了什么，自身又发生了怎样的改变，以及在接下来的时间中，他们将怎样具体应用自己学到的东西；最后，成员彼此道别。然而，不同的团体对于“结束”的体验是不一样的。对于有些团体而言，结束会是一个充满情感体验的经历；而对于另一些团体而言，结束仅仅意味着他们完成了团体本先计划要做的事情。结束阶段的长度依赖于团体的具体类型、团体的会面时间长度以及团体的发展状况。就大多数团体而言，此阶段只需一次会面即可完成。

4. 附加阶段

由于团体类型和领导者风格的不同，某些团体会经历更多的阶段。在表述团体过程多阶段的著作中，涉及附加阶段的团体大部分都是领导者应用人际间促进者模式的团体。其中一阶段被称为“风暴阶段”，当成员间的态度和领导者的能力导致团体内出现紧张状态的时候，“风暴阶段”就出现了。格拉丁(Gladding，1995)这样描述这一阶段：“风暴阶段是一段冲突和焦虑的时间……团体成员和领导者与那些结构、方向、控制、宣泄以及人际关系相关的问题进行抗争。”除了有些团体会经历“风暴阶段”外，有些阶段也会创造出“风暴阶段”。当领导者不作为，不实施积极的领导或领导工作能力不足时，团体会经历“风暴阶段”。此时，领导者应采取各种措施尽快缩短此事件的持续过程，在确保成员清晰理解团体目的的基础上，使会面与主题相关，充满趣味而又有意义，进而使得团体过程成为一种有价值的经验。然而，对于某些任务团体，“风暴阶段”是不可避免而又必要的，尤其是当成员具备强有力的人格或对于怎样处理事情持有不同意见时，“风暴阶段”更是必需的。

此外，柯瑞(Corey，1995)讨论了“过渡阶段”，并把这一阶段从运作阶段中单独区分了出来。据他的观点，“过渡时期”指的是当开始阶段已经结束，但成员们尚未准备好就高度私人化的问题与他人进行交流的这个时期。此时，尽管成员投入精力并相互作用，但他们仍然对所发生的一切进行检验。许多医疗、支持和成长团体可能会经历过渡阶段。当出现这一阶段时，领导者应及时发现，并避免太快推动团体前进，以防成员产生不适感。

二、团体心理辅导的过程及其特征

对于心理辅导阶段的划分，国内外学者各抒己见。有的分为三个阶段，有的分为四个阶段，也有学者将整个过程分为六个阶段。尽管分法不同，但是它们都包括了团体心理辅导的基本工作内容。一般来说，一个完整的团体心理辅导大致都会经历五个阶段，即团体初期定向探索阶段、转换阶段、工作阶段、巩固与终结阶段和追踪与评价阶段。

(一)团体初期定向探索阶段

1. 团体初期定向探索阶段的特征

团体创始时，互不相识的人因参加团体辅导而走到一起，都想知道其他成员的背景、问题等相关个人信息。同时，对领导者产生兴趣，想知道他怎样指导团体以及他对每个成员的态度如何。通过采用一些语言与非语言的交流方式，成员开始互相交往、相识。但这种交往常常是谨慎而又充满试探性的，成员不会轻易暴露自己，而是尽量寻找与别人的相似之处及共同语言，以拉近自己与团体成员或者领导者的距离。实际上，此阶段是为了拉近人际距离而做出的探索性尝试。

这一阶段的核心问题是信任对不信任。具体来说，在这一阶段，团体所呈现的主要特点有：(1)领导者对团体气氛进行检查；(2)团体成员对团体规范进行了解，了解团体怎么发挥它的功能，了解团体目的，并学习怎样参与一个团体；(3)团体成员试探性地做出被社会所接受的行为，以“公众我”的形象出现；所谓的“公众我”是指个人在不够了解的社会情境中而表现出的符合社会期许的积极自我形象；(4)进一步地接触，团体成员可能表达出他们内心的真实想法，团体凝聚力和信任感将逐渐确立；成员脱下了“面具”而真诚地袒露自我，成员感受到这种真诚后，认为团体可信赖，成员间的信任得以建立，团体内的凝聚力也因此而得以提升；(5)团体成员开始确定自己在团体中的位置；成员对于自我位置的确定，来自于自我评价、其他成员评价以及领导者的评价和态度；(6)有的成员会故意表现出令人不快的言行，试试到底团体里气氛是否安全，考验团体能否接受他所有的行为和情绪，这些人往往特立独行；然而，一旦他们那些令人感到不快的言行得到团体成员的无条件接纳和理解，成员便会趋向于马上改变自己的态度和言行；(7)团体还可能会出现沉默、尴尬的气氛，这是成员在思索问题、寻找方向的表现，这点在任务团体中较为常见；此外，领导者的领导工作水平也会导致此类现象的发生；(8)团体成员开始学习尊重、同理、接受、关心等基本态度，这些态度可以帮助成员建立彼此间的信任。初期定向探索阶段就此完成。

2. 领导者的主要任务

这一阶段团体成员最重要的心理需求是获得安全感。领导者的主要任务是：(1)协助成员尽快达到相互间的熟悉，增进彼此了解；(2)澄清团体目标，告诉团体成员一些积极参与的一般指导原则和方法，以增加成员获得团体收益的机会；(3)订立团体基本规则和规范；(4)开诚布公地解决团体成员的担忧和问题，建立成员间的安全和信任关系；(5)提供一定程度的组织结构，它既不助长成员的依赖性，也不会造成他们不必要的停滞；(6)教给团体成员基本的人际交往技巧；(7)评价团体的需要，促进这些需要得到满足；(8)让成员明白他们对团体的发展方向和效果负有责任；(9)调动所有团体成员积极参与到团体活动中，避免有些成员感到被排斥。

3.团体成员的主要任务

这一阶段，团体成员的基本工作是建立团体的认同感和信任感。团体成员的主要任务有：(1)团体成员应该以一种积极的态度和行为在团体中制造一种信任的团体气氛；(2)学习表达个人的情感和思想；(3)使自己被团体的其他成员所了解；(4)积极参与团体规范的建立；(5)建立具体可行的个人目标；(6)了解团体历程，以及怎样参与到团体活动中。

(二)团体的转换阶段

1.团体转换阶段的特征

团体发展到转换阶段时，团体中会出现各种不同的抗拒心理，团体成员的焦虑程度和自我防御都很强，这是这一阶段的典型特征。此外，还有一些其他特征：(1)成员的矛盾心理比较普遍，一方面担心自己不被他人接纳，为想追求安全感而把自己包裹起来；另一方面又跃跃欲试，想冒险说出自己心中的话；(2)对于团体领导者，成员也会仔细审视是否值得信赖，甚至公开挑战，以试探领导者能否适当处理问题；(3)团体成员体验到某些争取控制权的努力，以及与其他成员或领导的矛盾冲突；(4)团体成员从领导者那里学习如何解决矛盾冲突；(5)团体成员学习如何表达自己，以使他人能够倾听自己的发言。

面对团体中的这些特征，团体领导者必须沉着冷静面对，主动、真诚而积极地关心每一位成员，协助他们了解自我防御的行为方式及处理冲突的情境，鼓励成员谈论与此时此地有关的事情，说出内心的话，促使成员接纳自己和他人，建立支持和接纳的气氛，协助他们成为团体中独立自主的一分子。

2.领导者的主要任务

成员的焦虑和其心理防御行为的不断增加是这一阶段中最值得领导者关注的焦点问题。这些负性情绪与行为将会被随后而来的真诚袒露和信任感的建立所替代。领导者要善于识别出成员的一些焦虑反应，并及时采取有效的措施对团体进行改善。

该阶段中，团体成员最重要的训练需求是被真正接纳和体验到归属感。领导者的主要任务是：(1)提供鼓励与挑战，使成员能坦然面对且有效地解决他们的冲突、消极情绪，以及因焦虑而产生的抗拒，使团体进步到彼此能有效建立成熟关系的阶段；(2)指出那些明显旨在争取控制团体的行为，告诉成员如何接受他们对团体的发展方向所要承担的责任；(3)坦率地处理任何针对个人和专业领导者的挑战，为团体成员提供一个榜样；(4)帮助团体成员处理任何可能影响他们获得自主能力的各种问题和现象。

3.团体成员的主要任务

团体成员在该阶段的核心任务是认识和处理各种形式的心理抗拒。除此之外，还包括以下具体任务：(1)认识表达各种负性情绪和情感；(2)尊重一个人的抗拒，但有信心解决它；(3)逐渐从依赖向独立发展；(4)学习怎样建设性地向别人提出问题以及建议；(5)对于团体中出现的问题或事件，成员不是采取回避的态度，而是乐于面对和解决。

(三)团体的工作阶段

1.团体工作阶段的特征

该阶段是团体辅导的关键时期。团体成员最主要的需求是利用团体解决自己的问题。团体发展到这个阶段，团体凝聚力和信任感都已达到很高的程度。成员充满了安全感、归属感，互相接纳，互诉衷肠，开放自我，表露出更多的个人信息资料及其生活中的问题，并愿意探索和解决问题，同时也表现出真诚关心他人的行为。

成员从自我的探索与他人的反馈中尝试改变自己的生活，并得到其他成员的支持与鼓励。该阶段的具体特征如下：(1)团体的信任感、凝聚力增强；(2)团体内沟通流畅自由，能够对正在体验的内容做出确切的表达；(3)团体领导者的功能往往由团体成员分担，成员自由而坦率地彼此交流；(4)团体成员愿意冒险暴露令人畏惧的内容，使自己被他人了解，将自己想要讨论和更想了解的个人问题带到团体之中；(5)团体成员之间认识彼此的矛盾冲突，并直接而有效地解决这些矛盾冲突；(6)成员自由地给予和接受反馈信息，心理防卫明显减弱或消失；(7)发起面质的成员避免给他人贴上批判性的标签；(8)团体成员感受到他人对自己尝试性改变的支持态度，愿意冒险尝试新的行为模式；(9)团体成员感到充满希望，感到如果愿意采取行动，就一定能改变自己，而不会感到自己处于无助状态。

2.领导者的主要任务

该阶段领导者主要是协助成员认识个人行为的主动权，体验和建立责任行为，鼓励成员彼此尊重，在团体中学习做求助者，也做助人者。具体任务如下：(1)对促进凝聚力和有效工作的团体行为进行系统的强化；(2)在团体成员的工作中寻找一些具有普遍性的共同主题；(3)继续为成员示范适宜的行为，特别是开心式的面质，表露对团体的当下感受；(4)对愿意冒险的团体成员提供支持，协助成员将在团体中所学的行为迁移到日常生活之中；(5)在恰当的时机解释行为模式的意义，使团体成员达到更深层次的自我探索，并考虑替代性行为；(6)注重将领悟转化为实际行动的重要性，鼓励成员实践新技术；(7)鼓励成员牢记并追求他们想从团体中获得的东西。

3. 团体成员的主要任务

这一阶段也称凝聚阶段，团体经过冲突后进入一种平稳的状态，这是工作阶段的重要基础。团体成员需要体察和确认个人行为是自己选择的结果，且个人也必须对团体过程负责。该阶段成员的主要任务有：(1)主动把自己的问题拿到团体中讨论；(2)能够为其他成员提供信息回馈，并开放性地接受来自他人的回馈；(3)成员发挥一定的领导功能，表达自己如何受到他人存在及团体中工作的影响；(4)在日常生活中实践新的技能和行为，在团体会面中报告自己实践的结果；(5)为其他团体成员提供挑战和支持，鼓励自我探索；(6)不断评价自己对团体的满意度，积极采取各种方法来改变对团体的参与程度。

(四)团体的巩固与终结阶段

1. 团体巩固与终结阶段的特征

在该阶段，由于分离在即，一些成员心中充满离愁，同时想利用最后的机会表露自己希望、害怕的情绪以及对别人的观感。有不少团体在结束时，成员已建立了深厚的感情，所以自发地商量结束后何时再聚会，以保持友谊，并继续相互支持，在生活中实行他们所做出的改变。这一阶段具体特征主要有：(1)成员可能对团体分离产生一定的焦虑和伤感；(2)预见到团体即将结束，成员往往表现出行为退缩，不再以高昂的热情参与团体；(3)团体成员正在决定他们可能采取什么样的行为方案应对分离；(4)团体成员既有某种程度上的分离恐惧，也担心能否在日常生活中运用他们在团体中所学习和体验到的感受与行为模式；(5)团体成员可能互相表达恐惧、希望和担忧等心理感受，互相诉说他们是怎样体验到的；(6)团体活动可用于训练团体成员学习如何更好地对待在日常生活中具有重要意义的人；(7)领导者可能谈论追踪观察会面或某些责任计划，鼓励成员去执行他们的计划，进一步促成成员改变。

2. 领导者的主要任务

领导者的主要任务是使成员能够坦然面对即将分离的事实，给予成员心理支持，并协助成员归纳整理在团体中学到的东西，肯定其成长，鼓舞其信心，促使成员将所学的东西应用于日常生活中，使其改变与成长得以继续。此外，领导还应把握好机会，安抚成员心中的离愁，并认真总结整个团体过程，协助成员做出个人评估。领导者也可以听听成员对团体辅导的意见、感受，以便总结经验。这种情况下，领导者常常采用“大团圆”“总结会”等形式结束团体辅导。

该阶段中领导者也必须开放自我，分享其他成员的感受，并设法使成员在团体进行过程中集中注意力，朝向团体目标和个人目标，做有益的改变。这一阶段团体领导者的主要任务是：(1)协助成员处理他们因结束团体而产生的任何可能情绪；(2)提供机会让团体成员表达和处理那些在团体中尚未解决的问题;(3)协助成员确定如何将他们的特殊技能运用于日常生活中并处理各种事情;(4)与团体共同努力建立起特定的契约和家庭作业;(5)再次强调在团体结束后保守团体秘密的重要性;(6)强化团体成员已经做出的改变,保证成员了解到能够使他们做出进一步变化的可使用资源。

3.团体成员的主要任务

该阶段团体成员的主要任务是:必须对自己的团体经验做出总结,并向团体告别。具体包括:(1)成员要处理自己因分离和结束团体而产生的情绪;(2)成员要准备将自己在团体中所学的内容扩展到日常生活情境中去;(3)成员要给他人一个比以前更好的形象;(4)评价团体的影响作用;(5)成员要针对自己想要做出的改变和如何实现这些改变做出选择和计划;(6)成员要完成任何尚未解决的问题,无论是自己带到团体中的问题,还是与团体其他成员间的问题。

(五)团体的追踪与评价阶段

1.团体成员的主要任务

该阶段成员的主要任务是将在团体中所学到的内容应用到日常实际生活或实际行动中。具体如下:(1)为了更好地继续发展,找到能够自我强化的方法;(2)记录团体辅导后自身所发生的改变,以及在这个过程中遇到的问题;(3)参加个别会谈,以讨论如何更好地实现自己的目标,也可以参加追踪观察活动,向团体成员说明自己将团体经验应用于日常生活中的情况。

2.领导者的主要任务

在团体结束后,团体辅导还并未结束,领导者还需对以往几个阶段的结果进行追踪并做出评价,为后面的团体辅导提供经验,这也是对参加团体辅导的成员负责的表现。该阶段团体领导的主要任务有:(1)为成员提供私下的个别咨询;(2)为了评价团体的后续影响作用,对团体活动或个别会谈进行追踪观察;(3)为想要或需要进一步辅导的团体成员寻找具体资源;(4)鼓励成员寻找可以继续支持和挑战的途径,方便团体结束后以此作为寻求自我了解的开始;(5)发展有组织的评价团体效果的方法;(6)协助团体成员记录相互联络的方式;(7)与协同领导者进行会晤,以评价该团体的整体效果。

综上所述,在团体辅导从开始阶段到转变阶段的发展过程里,团体领导者必须面对并处理的任务是:创造一个有利于建立信任感的环境;处理成员的焦虑与期待;了解团体的负面情绪和冲突;了解并帮助成员发现冲突的真实寓意;在接受成员挑战时树立不防卫性的行为榜样;减少成员对领导者的依赖;加强成员个人的责任感;引导成员直接而有效地面质,鼓励成员表达他们对团体的感情和反应;帮助成员更深一层地表达个人心理的反应;激励成员将团体的经验延伸到日常生活中,使其发挥作用。

家庭团体中的自我暴露

有研究发现，说出自己的创伤经历有利于之后的身体健康。南卫理公会大学(Southern Methodist University)的研究者，在让被试暴露自己创伤经历的同时，记录他们的皮肤电传导水平。皮肤电传导水平是人在一般状态下生理活动的基础值，而这种自愿地将自己的真实情况暴露给他人的行为即被称为“自我暴露”。被试的自我暴露水平越高，皮肤电传导水平就越低。14 个月后，研究者收集他们自我报告的健康水平。结果发现，除去之前疾病的影响，自我暴露水平越高，其长期的健康水平就越高。

不少人尝试压抑自己的想法，最后发现并不容易。压抑想法需要生理上的努力，非常耗费精力。人们在压抑自己时，其皮肤电传导水平会提高。短时间的自我压抑可以增加自律行为，但长期的自我压抑则会给身体带来压力，造成疾病。经常有这种情况：

在恋爱时，为了给女友/男友呈现一个几乎完美的自己，会隐瞒自己很多的缺点。走进婚姻的殿堂之后，没勇气把自己生活中的各种小缺点展现出来，尽管这些缺点没有道德上的瑕疵。总是怕这些缺点会让妻子/丈夫对自己的印象变坏，最终影响夫妻感情。这种长期掩饰，非常痛苦，而妻子/丈夫也渐渐对呈现的“完美”开始怀疑。那种想暴露自己又怕暴露自己的情绪，不仅深深折磨着自己，也影响到了家庭和睦。

在现实生活中，很多人也害怕把自己的弱点暴露出来，在与外界的正常交往之中小心谨慎，这可以理解。但对于相爱的人，却不需要这样。你担心一旦暴露真实的自我，配偶会因你不如想象的那样“完美”而反感，从而影响感情。其实，这正是缺少个性意识、不自信的反映。但是完美模式的人是不存在的，谁都有缺点。如果我们将真实自我掩饰起来，自身就很难达到进一步的发展，彼此之间的了解也不会达到通过自我暴露所能达到的水平。如果害怕配偶一下子承受不了所谓的“小缺点”，不妨一点点地展现，给配偶一个适应的过程。有时，一个不完美的配偶在另一半心目中可能会更可爱。当然，“自我暴露”不仅仅是暴露缺点，对于情感的暴露也是婚姻幸福所必要的。如果你被配偶的某一行为感动了，就必须把握机会，及时告诉对方。通过这种积极的自我暴露，会使你在感情生活的一些危机领域也能较为诚实、自如地表达出自己的真实情感。自我暴露除了对夫妻关系有好处外，对亲子关系也有利。自我暴露可以让我们自己更了解自己；可以让你感觉自己很坚强，很负责任，很自信；可以让孩子更了解你，免除孩子内心的紧张、不安和不确定感；可以让孩子了解你的需要，使孩子有机会选择满足你的需要，从而避免一些你与孩子间的冲突。另外，你的自我暴露还可以影响孩子也同样进行自我暴露，使得亲子关系处于透明健康的状态中。

在一个开放诚实的家庭里，紧张、愤怒、痛苦便无处滋长，这样的家庭团体才会健康、幸福。

复习巩固

1. 了解团体心理咨询的发展过程的目的是什么？
2. 罗杰斯的团体发展阶段说包括哪几个阶段？
3. 一个完整的团体心理辅导会经历哪几个阶段？
4. 关于团体心理咨询发展过程的学说有几种？分别是什么？
5. “风暴阶段”和“过渡阶段”分别指什么？通常在什么样的团体中发生？
6. 团体动力学和团体过程是指什么？他们有什么关系？

第二节　团体过程的实质

一、相互作用模式的动力学

一般情况下，团体都会有其既定的目的，团体活动也是围绕这一目的而开展的。然而，团体朝着既定目的前进的力量有赖于团体内部成员间的相互作用。因此，团体动力是相互作用的模式。这就意味着，不论成员表现出的行为是正向积极的还是负向消极的，都会对其他人产生影响，从而导致整个团体中动力学的变化。在某个团体中，往往会有一两个成员试图处于团体的主导地位，这种现象在诸多团体中普遍存在。因此，最为重要的团体动力学之一便是谁与谁谈话，以及每个成员说话的频率又如何。领导者通过打断或者引导的方式能有效地解决此类现象。只有团体成员向整个团体讲话时，团体凝聚力才得以形成。所以，当有成员形成只对某个成员或者只对领导讲话的习惯时，领导者应及时察觉并积极改变这种团体动力学状况。

在绝大多数的团体中，成员的广泛参与是团体辅导的理想状态。有时候，团体成员中个别人的沉默不言也许并不能对团体带来消极影响，即形成消极团体动力，但当某个成员几乎总是不说话时，其他的成员便很有可能对此感到不舒服，尤其是当此团体为一个咨询、治疗或者支持团体时，某个成员持续的沉默就会很容易导致消极的团体动力。而对于像如教育、谈论、任务等团体中，成员对于他人的沉默反应通常没有那么敏感时，此时个别成员的沉默便不会导致消极团体动力。

(一)团体相互作用模式影响团体过程

作为团体领导者，应时时刻刻留意可能影响团体动力变化的因素。比如，成员文化、成员性别，是否曾经参加过类似团体以及其他团体辅导等。其中，当某些成员曾经参加过某个团体时，那么团体动力可能会受到成员期望的影响，因为团体成员可能会期望现在的团体跟以前的团体是一样的。此外，领导者应当格外注意以下这种情况：在某个团体中，一个成员讲话，接着领导讲话，然后第二个成员讲话，领导再次讲话，第三个成员讲话，领导讲话……却不是成员间的讲话。这实际是无意间形成了领导者对每个成员讲话反应的模式，作为团体中的领导者应该努力避免这种现象的出现。

◆示例

甲："我喜欢我妈妈，她对我的照顾令我感到舒心。"

领导者："好，看来你的妈妈很好地满足了你多方面的需求。"

乙："我和我的妈妈经常吵架，我们很多观点并不能达成一致。"

领导者："你和妈妈进行和谐沟通并不是那么容易的事情。"

丙："我的妈妈比较偏心，有重男轻女的偏见。尽管我对妈妈很尊重，但是我对她并不是很满意。"

领导者："21 世纪了，家长们不应该重男轻女了，你妈妈的偏心多少已经伤害到你了。"

……

这位领导者犯了"对每个成员的讲话都做出反应"的错误。作为领导者，为了达到团体辅导的理想状态，应该充分调动大家的积极性，促进每个成员积极参与，然后再表达自己的观点，使团体成员成为讲话多的一方。

(二)领导者需要警惕的其他模式

领导者除了应避免对每个成员的发言做出反应外，还需注意以下模式：

(1)某些成员联合起来对付其他成员。在有的团体中，初步的信息沟通后，导致成员觉察到存在对峙的两种或多种观点，此时成员内部便容易形成两组或多组对立性的"帮派"，彼此攻击。

(2)成员彼此相互争吵。尤其是在任务团体中，成员各执己见，不愿妥协和让步，都想着说服对方时，便容易产生成员间的争吵。

(3)成员们不理会其他人的建议。有的成员在面对不同意见时，不争吵，也不企图说服别人，而是选择对他们不予理会。这便阻碍了团体动力的发展。

(4)某些人提出问题，而其他成员试图救助他。在教育、讨论群体中容易出现此类现象。尤其是当此人提出的问题是关乎团体辅导本身的问题，其他成员(大多数团体辅导的遵从者)试图说服他时，领导者要格外避免这类情况的发生。也就是说，团体的会面并不是为了提出建议。

◆示例

甲："我不知道是否应该给他打电话。"

乙："在我看来，你应该至少在未来一周内不给他打电话。"

丙："我不知道，但是我觉得你可以送他一张温馨的卡片，写上自己想对他说的话。"

丁："为什么不能送张幽默卡片？"

戊："我认为你应该考虑一下让他下一步怎么办，我可以给你讲一下我的一段类似经历"

……

在这个例子中，团体成员各抒己见，发表自己的看法，为问题的提出者提供帮助，但是他们都只是从自己的参照体系出发。因此，对于问题的提出者而言，这些成员的建议或忠告很可能不能起到有效的帮助。尽管有时候，成员的建议或者忠告是有益的，但是团体并不是一个提忠告和建议的场合。作为领导者，要多加注意，及时介入团体并改变团体讨论的方向，维持团体讨论沿着符合团体目的的方向发展。

二、不同类型团体的团体动力学

如前所述，由于团体类型和领导风格的不同，团体动力学也会相应地朝着不同的方向发展。若领导者没有有效地处理好团体辅导过程中的动力学问题，就很可能导致团体辅导的失败或者效果欠佳。因此，接下来我们将讨论下列团体独有的动力学状态，以及当这些团体动力学情况出现时，领导者可以采取的处理技巧。

(一)教育团体

在教育团体中，通常领导者都会准备一些对特定团体有价值的材料，而那些参加教育团体的成员则倾向于热切期望学到领导者所提供的材料，尽管成员间会有相互作用，有交谈，但成员关注更多的是来自领导者的信息。在某些并不是由于成员自愿参加而组成的团体中，或者自主成分不大的团体中，若领导者没有很好地计划安排或者领导者的精力不够充沛的话，相比较而言，此类团体较其他团体更易运作不良。

团体话题主题的不同也会导致不同的团体动力学问题。在这些团体中，成员们对于话题的理解接受度不同，有的对之反感，而有的成员则对之表现出极大的兴趣。此时，团体动力学就不易形成。比如，对于“性”主题的讨论，性教育团体的领导者必须注意到，成员们很可能对此持有不同的态度。有的更开放些，乐于谈及；有的则更保守些，谈及此类问题可能会让他感到不舒服或尴尬。极化现象在这些团体中会更明显一些。这时候对于领导者来说，很重要的一点便是，观察成员们怎样与提供的资料发生联系，要投入额外多的时间做好充分的心理准备，尤其是涉及文化问题时。

教育团体非常普遍，可见于各种学校中。此类团体中通常不会有持续时间太久的开始和结束阶段，看似很简单。但对于那些刚刚成为教育团体领导者的人来说，他们的计划对于团体过程的关注往往没有那么多。因此，领导者仍需对这些阶段做好准备。教育团体的中间阶段，通常包含内容的讲授和材料的讲解，以及成员间的相互讨论。在成员们之间相互熟悉后，成员能更轻松、更自然、更准确、更深刻地表达自己的观点，他们也更愿意就自己的情感和反应等诸多方面进行沟通和交流。教育团体的结束阶段往往包括讲授内容的总结，以及在讨论阶段中成员对于这些内容的问题和反应。

(二)讨论团体

讨论团体通常是和各种培训班结合在一起进行的，具有一次性，持续的时间也不会太长，一般十几分钟左右。在讨论团体中，领导者需考虑成员的舒适度问题，尤其要格外注意那些试图统治团体或者试图控制讨论方并指导团体的人，避免只有少数的几个人在发表自己的意见，要努力促成成员尽可能多地参与到讨论当中，这样才能达到讨论的目的。领导者应当设定一种积极开放、乐观向上的相互作用氛围。如果条件允许的话，最好尽快地让每个成员发表一次自己的看法，这样不仅使得每个成员都参与到了团体的讨论中，而且也可以便于领导者确认每个成员对于所讨论问题的感兴趣程度。讨论团体的结束过程往往是对所讨论问题的总结或者解答。

(三)任务团体

在任务团体中，监控成员间相互作用的方式是最重要的团体动力学内容。尤其是当领导者的任务是团队建设时，这一点格外重要。如果团体成员间不能很好地合作，那么团体任务也就无法顺利完成了。因此，对于任务团体而言，通常在任务还没进行之前，领导者就需要做好团体成员间的协调工作，做好成员间的冲突应对工作或者团队建设工作。当领导者意识到派系形成现象展露时，应对团体施与更大的权威性和控制力，以保证团体内的和谐一致。

任务团体的有效性可以从以下几个方面进行评估：

1. 目标完成

目标完成越快，完成质量越高，意味着团体有效性越高。

2. 对自身的维持

成员越能控制自己的言行，使其沿着团体任务的朝向发展，则该任务团体越有效。

3. 促进自身效能感的发展和变化

自身效能感是指成员认为自己有能力完成某项任务的信念和期望。当团体成员的自身效能感被激发时，成员便能感受到自己在任务团体中的价值感、存在感，从而促进团体任务的有效完成。约翰逊(Johnson，1997)对以上三方面进行了讨论，并指出："一个成功的团体中，成员间相互作用的质量和类型可以整合到这三项核心活动中。"团体的领导者若能切实观察到这些动力学内容就再好不过了。

任务团体的开始阶段往往用以澄清团体的任务，持续时间往往较短，而大部分的时间都会花费在团体的中间阶段。中间阶段正是成员对任务进行分析、思考和讨论，以得到问题解决方法的过程。任务团体的结束阶段有长有短，大部分会伴随着问题的解决而同时结束。

(四)成长和经验团体

由于成员间要彼此交流自己的思想、情感，因此，在此类以价值观澄清或者自我探索为目的的团体中，值得考察的最重要的动力学内容是成员们的个人感受。与此同时，成员们也可能产生负面情绪。比如，对团体其他成员的成长经历感到妒忌，或由于其他成员对于自身信息的了解而责怪领导者，甚至对领导者产生愤怒、埋怨等负面情绪。

此类团体相互间的差异往往比较大。在某些团体中，由于成员的期望和需求差别巨大，从而导致消极团体动力学的产生。若该现象已然发生，领导者应着眼于与绝大多数成员相关的问题和忧虑上，找出那些不容易适宜这个团体的成员与其进行沟通，这部分人员通常是团体辅导和咨询中最大的受益者。

对于领导权力的争夺通常发生在以团队建设或合作性相互作用的经验团体之中。成员间可能产生派系之分，形成抗治疗的消极团体动力。此时，领导者一般通过与成员进行私下交流促成问题的解决，有的也会在团体中谈及此事。领导者采取怎样的应对措施取决于团体动力学状况、团体目的和团体规模。因指导团体进行练习而导致活动中出现挫败情绪时，有的成员可能会激怒其他成员或者将矛头指向领导者。对此，领导者要及时察觉并根据实际情况决定采取私下交流，还是在团体中解决此事。

成长和经验团体中的开始阶段通常会进行一两次的会面。在会面中，领导者会要求成员参加一些活动以便拉近成员间的心理距离，为成员营造更加良好、舒适的沟通氛围，以促成运作阶段的尽快到来。此类团体的结束阶段持续时间也不会太长，通常一次会面便可以解决。在结束阶段，成员相互讨论交流自己得到了哪些收获和成长，受到了怎样的启迪。

(五)支持团体

领导者需创造一种安全的环境，使得成员在其中可以放心地交流自己的个人事件，并感受到与他们交流观念和忧虑的机会，同时，确保不会有某个人处于团体的主导地位。这类团体中值得考察的最重要的动力学内容是成员间的信任、承诺和彼此真诚的关怀。如果团体成员不能相互信任甚至还彼此争吵，则支持团体就不会有效。作为团体领导者，面对此类问题时应及时与成员进行私下沟通或者在团体会面开始之前就与之进行私下沟通。

此外，在这类团体中，缺乏共性是需要领导者特别警惕的。例如，在某些教育团体中，为了迎接新到来的成员，领导者会构建一个团体，绝大多数的同学会欢迎这种支持性的团体，但倘若新到来的学生是因为与原来学校的师生无法和谐相处而转到此校的，那么此新生就不太可能成为支持性团体的一员。再比如，新到来的成员原来是在某戒毒所或劳教所刚刚结束治疗的成员的话，其也不易融入到支持性团体中。在这两个例子中，新人与支持性团体共性不足，所以导致团体有效性下降。也就是说，支持团体中的成员间必须感受到共同的联结纽带，支持性团体的有效性才会提高。

支持性团体交流的信息没有那么大的私密性，其开始阶段持续大约1～3次会面。到了中间阶段，随着成员了解的增加，交流的内容进一步深入而广泛，彼此的关怀也更加有力。支持性团体的结束阶段是一个充满感情的过程。在有的团体中，随着这种团体情感支持系统的丧失，成员会感到恋恋不舍，有些成员甚至害怕团体的结束。因此，领导者在此类团体中应增加团体结束的会面次数，以此来缓和成员的情感释放。

(六)咨询和治疗团体

通常情况下，此类团体中成员的精神卫生水平差异较大，他们有的可能抱怨别人太活泼、太吵闹、太安静或者太不容易“合得来”，因此出现复杂动力学现象的可能性比一般性团体更高。

此时，领导者需要敏锐地觉察到成员对于他人以及对领导者的看法，并且保持一种“只要有可能便与参加团体辅导的成员进行个体面谈”的态度，以便筛除个别极端个例，确保团体辅导的正常运作。

在有些领导者领导的团体中，好像每个成员间都可以和谐舒适地相处一样，这可能引发团体成员对团体经历的无聊感和肤浅感。由于成员彼此间以及对领导者缺乏足够的信任，致使成员无法打开心扉与他人交流，成员的私人问题也无从谈起。当某个成员消极甚至怀有敌意地对待团体时，领导者最好私下进行某些工作以消除这个“情绪动作化”的过程，除非领导者认为团体解决之会更有价值。

鉴于成员处理的是个人问题，领导者要想有效地领导这个咨询或者治疗团体，就必须掌握相关的技巧和知识，同时要具备一定的勇气。因为，在此情况下被攻击是时有发生的事情。这就要求领导者最好不要去领导自己未曾接受过相关训练的团体。

在咨询和治疗团体的开始阶段，需要的会面次数不固定，进行的工作主要是咨询或治疗的初期工作讨论。此时他们的观念中可能还存在着“我正在进行的是与他人交流自己的事情”这种观念上的束缚。根据此类团体中成员的不同，咨询和治疗团体中会出现过渡阶段——成员开始交流，但是还没有完全打开自己，未达到讨论私人问题的程度。在运作阶段，当感到氛围不舒服时，成员会倾向于把团体的关注点引向其他成员，以减少别人对于自己的关注。领导需注意且避免有些成员因他人处理问题时触及到了自己的痛处而感到不适。

咨询和治疗团体的结束需要持续的时间可能会较长。领导者应特别注意团体结束时，成员对于这一事实的具体反应和感受，尤其是那些比较看重此咨询和治疗团体的成员。

（七）自助团体

对于自助团体中出现的多种动力性问题，若领导者不能及时而有效处理的话，团体的有效性就会大大降低，而且还可能对成员造成不良后果。多种动力学问题的出现与自助团体几乎没有什么关系。比如，团体内部小派系的形成甚至对峙，团体成员也许需要个体治疗与团体治疗一起进行，成员们也许互相攻击或者趋于接受整个团体。

一旦自助团体建立，通常会不断有新成员的加入或老成员的退出，团体会不断发展变化。在自助团体中，若领导者未受过专业训练，领导者最好参加最初一两次的会面，确保他们有个好的出发点。偶尔参加团体会使得领导者对于成员的观察更有效。一旦团体偏离最初的目的，领导者便可以及时纠正团体发展的方向，确保自助团体的有效性。

复习巩固

1. 团体过程是指什么？

2. 领导者除了应避免“对每个成员的讲话都做出反应”外，还需要警惕的其他团体相互作用模式有哪些？

3. 常见的心理辅导团体有哪些？

第三节　影响团体过程的因素分析

一、团体发展过程视角

心理咨询师陈若璋认为，整个团体辅导过程中的影响因素可以归纳为三类：

(一)前置因素

即在进入团体辅导的正轨之前所需要准备的东西。其中包括四项：第一，团体前的准备因素，包括甄选成员方式及适用的标准、团体开始前的教育准备工作、团体成员的组合等；第二，团体成员因素，即参加团体辅导的成员的基本情况，其中包括性别、年龄、受教育状况、社会经济地位、参加动机、对团体辅导的期望程度、人格特质、行为方式、症状等；第三，团体领导者因素，领导者的基本情况，包括性别、年龄、教育水平、人格特质、领导行为、理论技巧等；第四，团体处理因素，包括团体性质、咨询理论及治疗焦点、团体结构及活动设计、团体规模等。

(二)中介因素

中介因素包括两项：第一，团体过程因素包括角色地位、语言、非语言行为、自我表露、反馈等团体内沟通的形式；第二，团体发展阶段因素包括主题的改变、行为的改变、领导者行为的改变、成员与领导者行为互动方式的改变等。

(三)后效因素

后效因素指团体效果，包括成员行为改变效果评估等。

由此可见，团体辅导是一个非常复杂的、多因素共同作用的过程。其中成员、领导者、辅导模式及治疗情境的配合是近年来研究者们共同关心的问题。

二、团体动力系统视角

雅各布斯认为，影响团体动力学的因素也称为治疗性力量。对于团体动力学的讨论都必须将团体类型和领导风格考虑在内。若领导者未能担当好领导者这一角色，则团体成员就有可能替代他们；即使是很有组织领导能力的领导者，通常也会遇到有一两个成员与之争夺权力的情况。他们会对领导者的权威性和胜任性提出质疑。

埃利斯和费希尔(Ellis & Fisher，1994)提出影响团体动力系统的变量因素，主要有输入因素、过程因素、输出结果，这三项变量因素互相影响，交替循环，且在互动的过程中，随环境的不断变化而做出适当调整。

(一)输入因素

输入因素指那些所有能帮助建构团体的因素和条件，即资源(人格特质、使用技巧、处事态度、拥有的信息等)。

(二)过程因素

过程因素指团体动力过程中对团体产生影响的那些实际活动。这些实际的活动包括：沟通方式、团体凝聚力、工作与参与规范、团体决定程序、领导等。

(三)输出结果

输出结果指团体运作的产物和达到的成果。这些成果包括有形可见的书面报告、备忘录及各种不同类型的文件等；另外，也包括一些无形的、较不明显的成果，如成员满意度、个人生活上新技巧的获得等。

三、团体特征视角

潘正德在其所著的《团体动力学》一书中，将影响团体心理咨询的因素，归纳为团体领导者方面、团体成员方面和团体特征方面这三大类。

团体领导者方面：包括团体领导者人格特质、团体领导技术，以及团体工作专业技能。

团体成员方面：包括成员的年龄、智力水平、人格特质与求助动机。

团体特征方面：包括成员的人数、时程长短、内容性质与团体的同质性特征。

四、沟通障碍视角

团体辅导的过程就是沟通的过程，团体辅导的效果取决于团体内成员沟通的状况。良好的沟通有助于形成团体成员之间合作、接纳的气氛，不良的沟通常常会产生诸多误会和冲突，妨碍团体目标的实现。贝代尔(Bedeian，1986)从三个维度进行分析，对有效沟通的障碍因素做了详尽的说明。

(一)内在因素

1. 知觉筛选

人们都有意愿去看或听原先已设想好要去看或听的东西的倾向，即人们会反对或不正确地去接受那些与他们先前预期所不一样的信息。如果只寻求对自己有利的信息，而忽略自己不喜欢的信息，必然会导致知觉误差。

2. 沟通技巧上的个别差异

每个人在沟通技巧方面的能力不同。有的人虽不善于口头表达，但却能写出简洁明了的文字；有的人虽善于演讲，却不善于倾听。这些能力方面的差异会成为有效沟通的潜在障碍。

(二)人际因素

1. 气氛

如果团体的气氛是负面的，那就很容易导致有限的信息沟通量。因为成员会试图操控信息且散播不信任和敌意，其后果是对团体的有效性形成威胁。相反，如果团体气氛是正面的，则有助于成员之间拉近距离，消除隔阂。

2. 信任

沟通的过程对信息发出者和接收者来说，如同施与受的关系，信息的传送对双方产生互惠的关系，这种关系的特征是信任。无论对于个人还是团体的发展，信任感的建立绝对重要。如果团体成员与领导者或成员间不信任甚至持有怀疑，那么，其对团体带来的是防御的增加和公开表达次数的减少。

3. 确实性(可靠性)

沟通过程中，信息来源的真实确定性主要由诚实、胜任、热忱以及客观四个因素组成。当团体中信息的来源能满足这四个条件时，团体就倾向于具有更大的沟通开放度，更高的信息真实性，更高的团体内互动率，对问题的解决也更有效，团体成就感也更高。

4. 信息发出者与接收者的相似性

沟通双方在某些自身特征方面的相似性也会直接或间接地影响到彼此沟通的正确性。如年龄、性别、智力、种族、社会经济地位、态度、价值观、兴趣以及能力等因素的相似,会影响到彼此沟通的舒适度和开放度。当一方感觉到对方也具有同样特征时,会更愿意去接受对方的观点并表达自己的看法。

(三)团体结构的因素

1. 地位

这里的地位指个人在团体中身份的高低。有关个人身份的高低对团体沟通的影响的研究发现:人们往往比较喜欢与地位高者沟通来往;具有较高地位的人彼此间的往来和沟通比那些地位较低者彼此间的往来和沟通更频繁;地位差距越大,信息越容易从高往低走;当高地位者与低地位者沟通时,往往会掌控会谈的内容;低地位者常常会尝试用表示出尊敬、奉承或同意其观点等方式来赢得高地位者的恩惠。

2. 连续的传递

团体中,信息通过的层次越多,花费时间就越多,信息失真的可能性也就越大,进而导致对信息的曲解。经过连续传递的信息,对沟通效果的影响较大。

3. 浓缩作用

在沟通过程中,信息接收者常常会以浓缩或摘要的方式将信息反应给对方或传给第三者。而当以摘要的方式叙述时,内容会变得短少,且容易遗漏细节。此外,信息传经的人越多,信息将更加浓缩,其原始的意思会失真,从而构成沟通的障碍。

4. 终止现象

在沟通过程中,当信息模糊不清时,大部分接收者会做出一些自以为是的推论,以使这种不确定感尽量减少到可以接受的程度。

5. 期望心理

在信息交换过程中,个人都会带着各自独特的期望进行沟通。由于每个人的态度、价值观、兴趣及工作需要等有所不同,个人的期望也不同,所以信息接受者可能会按照自己的期望对收到的信息强加意义。

6. 联结作用

联结作用指当我们在沟通过程中,常常会将过去所发生的一些事件或结果联系起来。比如,某人曾经犯过错误,以后每当这种错误发生时,就会被牵扯进去。但这常常与事实不符,因此会造成沟通障碍。

7. 团体大小

团体规模过小,人数太少,团体活动的丰富性及成员交互作用的范围欠缺,成员会感到不满足、有压力，容易出现紧张、乏味、不舒畅的感觉。团体规模过大，人数太多，团体领导者难以关注每一个成员，成员之间沟通不易，参与和交往的机会受到限制，容易产生次团体，团体凝聚力难以建立，并且妨碍成员分享足够的交流时间，致使在探讨原因、解释问题、学习技能时流于草率、片面、表面，从而影响到团体活动的效果。

8. 场地空间的限制

沟通过程中，环境和场地也会成为影响团体效果的因素，团体工作有时需要考虑成员间的距离。一般而言，成员间身体的距离越近，互动就越频繁。

五、技术视角

(一)语言和意义

在沟通过程中，沟通的双方所使用的相同字句所代表的信息意义很少会完全相同。双方即使使用同样的句子，也必须根据不同的时间、场合、对象及当时说话的情境，才能看出语句的含义。

(二)非语言的线索

有研究表明，在面对面的沟通过程中，只有7%的内容是用言语表达，其余93%都是用非语言信息来表达的，其中声音的语调占38%，面部的表情占55%。可见，非语言的线索在沟通中占有相当重的分量。手势、姿态、表情、点头动作、肢体接触及视觉上的一些行为都是非语言的线索。

(三)媒介的有效性

沟通的媒体有三类：书面、口头以及多元媒介。书面的媒介，如图表、备忘录、公告、报纸等，主要在传递详细资料时有效。口头的媒介，如叙述、翻译、电话、讨论演讲等，适合于需要立即反馈或快速传递信息的场合，以及一些属于比较敏感的、私人的话题。多元媒介可以灵活运用书面及口头的方法来达成沟通的目的。三者各有所长，适用于不同的沟通场合。

(四)信息的过度负荷

每个人对信息的吸收量是有限的。当记忆达到饱和状态，而提供的信息又超过负荷时，就会产生一定程度的负面影响。例如，由于信息的过度负荷会导致疏忽、遗漏以及曲解，必须通过分类排列，分出轻重缓急，进而对信息加以过滤，才能达到快速有效沟通的目的。

六、团体过程中的治疗性力量

"治疗性力量"是指在团体辅导中发挥治疗作用的因素。亚隆(Yalom,1995)在讨论治疗性力量时引用了以下因素:利他主义(给予其他成员帮助)、宣泄(释放感情和情绪)、认同(依照其他成员和领导者塑造)、家庭角色扮演(感觉处在一个家庭之中,并从这种体验中学习)、希望的培植(感到对自己的生活充满希望)。这些因素在解释支持性团体、咨询和治疗团体中的治疗性力量时尤其有效。若在同一个团体中,这些因素同时出现,则对成员更有助益。

奥尔森等(Ohlsen,1988)描述了几乎存在于任何团体情境中的力量,成员们主要希望:感到被团体所接受?了解什么是被期望的?感到他们属于这个团体?感到安全。当这些力量都缺乏时,成员们倾向于变得消极、退缩、敌意或者冷漠。而其中消极的力量很可能会引起需要领导者特别注意的团体动力学状态。团体心理辅导可以通过考虑以下问题来转向团体动力学问题和治疗力量:

(1)每位成员对于身处这一团体中感受如何?

(2)看上去成员是否了解在这个团体中什么是被期待的?

(3)每个成员是否清楚自己为什么会在这个团体中?

(4)每个成员是怎样对待自己身处团体这一事件的?

(5)看上去成员是否喜欢他人?

(6)看上去成员是否对于与其他人相处感到舒适?

(7)成员是否对这一团体有归属感呢?

(8)成员是否对于与领导者相处感到舒适?

(9)是否有任何力量是在实施领导角色?

通过对这些问题的回答,领导者可以得出成员对于团体和领导者的感受如何,进而有助于团体心理辅导。

以下 16 种力量是团体心理辅导应当注意的,它包括正性的(对治疗有积极意义的)、中性的(不好不坏)以及负性的(对抗治疗的)力量。在那些不成功的团体中可能有一种或多种负性力量在发挥作用,而在那些成功的团体中,更多的则是正性力量在发挥作用。

(一)领导者和团体成员对于团体目的的澄清程度

领导者和成员首先要清楚地理解团体的目的,这是最重要的单一治疗性力量。不成功的团体中通常是因为成员不甚清楚团体的目的而感到比较迷惑,这使得团体辅导的有效性受到极大的影响。例如，在某个支持性团体中，领导者花费大量的时间针对某个人或者与大部分成员没什么关系的问题上，而成员却并不清楚这个团体的目的是什么。在团体中，只有领导者确认每个成员都清楚团体的目的后，团体辅导才是高效的。成员对于团体目的的清晰认识将更有利于领导者掌控团体的进程。

(二)团体目的和团体成员之间的相关性

如果成员对于领导者建立起来的团体兴趣并不是很大，或者这个团体与每个成员的关系并不是那么大的话，在团体中就容易形成抗治疗性力量。领导者必须担负起一个责任，即使成员认为团体与自身并无多大的关联，领导者也要向成员表明这个团体事实上是与他们有关系的，比如强制性团体等。建立团体与成员之间的相关性是团体领导者的职责。这实际上并不是件容易的事情。比如，对于那些由于在学校中有些想放弃学业的学生所组成的团体，领导者需努力使团体达到一种有趣的程度——此程度足以使团体成员发现它与自己的关系——而这实际上是一件相当有挑战性的工作。如果要领导这样的一个团体，那么领导者必须努力了解这个团体的需求，并尽量调整自己，使得团体中的这种对抗性力量转变为积极力量。

(三)团体的大小

团体的规模从团体的目的、每次会面的时间、可获得的设施条件和领导者的经验等多方面影响着团体。对于大多数的团体而言，5～8 个成员是理想状态。有特殊文化背景的团体最好控制在 5 个左右，成员会感到比较舒适。教育团体通常在 10～15 个成员。讨论团体、支持性团体、个人成长团体、咨询和治疗团体的理想状态一般是 5～8 个成员，至少 3 人，多则 12 人。团体成员太多的话，不仅会影响每次会面的时间长度，也会导致成员在团体运行阶段中的交流和沟通不足。有时候领导者因忽视了成员人数而不知不觉导致了团体中对抗性力量的产生。对于那些有着特殊成员或者有着特殊中心主题的团体，较少的成员人数会更好。比如，在诸如有自杀倾向或曾受过巨大精神刺激的团体中，领导者需要对成员倾注更多的情感和关注，因而较少的成员数更合宜。

(四)每次会面的时间长度

每次会面的时间过长或不足都对团体的效果造成消极团体动力。尤其是当团体会面时间不足时，团体不可能达到什么预定的效果。不同团体对于会面时间的要求是不同的。比如，在教育团体中，1～2 小时都可以，学校的咨询团体一般在 40～50 分钟，对于由孩子组成的团体，往往需要多次会面。不过有的团体会面也会达到 4～5 小时，比如企业中的临时培训团体。

（五）会面的频率

在可能影响团体会面频率的诸多因素中，团体目的和团体规模对其影响更显而易见。社区机构内的团体会面一般每周1～3次；支持性团体每月一般2～3次；门诊患者组成的团体通常每周一次或者每两周一次。会面频率太高容易导致团体成员感到乏味，太低容易使得成员感觉每次会面都如第一次见面一般的生疏。领导者要多方权衡，避免团体内消极动力学的产生。

（六）会面场地的适宜程度

尽管团体的组织者并不总是能控制会面场地，但是如果可以控制的话，一定要选择方便的会面场地，这有利于成员规律地参与到团体中。对于那些会面场地是在会议室的团体，领导者要确保场地尽量不被打扰。当不太适宜的会面场地出现时，易导致负性的抗治疗性力量，对于咨询和治疗性团体而言更是如此。这时，领导者要敏感地觉察此力量的产生，并要确保成员个人隐私的安全性。

此外，会面场地的舒适程度同样会影响团体的有效性。比如：场地墙面上装饰如何、场地的照明状况、使用的沙发或椅子的舒适度等。特别在是咨询与治疗团体中，这些因素都会影响团体治疗性力量。常被采用的最佳安排方式是把所有的椅子围成一个圈，让所有的成员都可以看到其他的成员，如果有某个成员的脸被其他成员遮挡的话，领导者可以进行干预，请挡住他人脸部的成员向后退一下，避免被挡的成员觉得自己被排除在外了。而且，围在一起的安排方式会制造一种亲密的感觉，更有利于成员之间的交流。

（七）会面的时间段

有时会面的时间段也会是一种负性的力量。比如，会面时间是在一天中较晚的时间，领导者和成员经历了一天的忙碌可能都比较疲惫了，这时团体的有效性就会受到影响。因此，在领导者建立一个团体时，应该考虑一个对于绝大多数成员来说都是比较合适的时间，否则，成员容易无精打采。

（八）领导者的态度

作为团体的主导者，领导者的感受当然会影响到团体的发展方向。持有正向积极态度的领导者更易为团体带来正向性的力量。而当领导者害怕团体时，对抗治疗的力量也容易产生。领导者在一定时间内被要求领导的团体数量要适宜，否则领导者的态度会受到影响。比如，一定时间内被要求领导的团体数量过多时，容易导致领导者的烦躁情绪。

（九）团体是封闭的还是开放的

封闭的团体是指一旦团体建立起来，就不再允许新成员的加入。大部分团体是封闭式团体，尤其是当建立起来的团体是以特定目标为导向的时候。开放的团体是指定期有新成员加入或者退出的团体。领导者一般会根据团体的目的或者团体要服务的人群性质来决定建立封闭式的或者开放性的团体。一般情况下，支持性团体是开放的，咨询治疗性团体是封闭的。由于团体中，成员间的交流需建立在一定的信任度和舒适度上，因此封闭式团体更常见；只有为了避免团体陈腐，没有新意的时候，才会允许新成员的加入或者退出。

值得注意的是，在医院或者社区的咨询和治疗团体中，团体成员的开放性结构组成往往是不得已的事情。为了避免产生消极性的力量，领导者必须明确这样一点，即：团体并不会由于成员对于团体的感受总是处于不同水平而发展经历各种不同的阶段。这种情况下，为了确保会面的正常进行，领导者需建立一种有效的新成员介入方式，并且尤其要注意不要在介绍新成员一事上花费过多的时间。

（十）参加成员是自愿还是被迫

如果所有的成员都是自愿参加团体，那是再好不过的事，然而对于诸如法庭、学校、教会或者社区治疗中心这一类的团体而言，成员被迫参加团体的情况是时有发生的。此时，团体中便容易产生消极力量。亚隆和柯瑞（1995）指出，当领导者具备使得成员为团体活动做好准备的能力时，被迫人员的这种消极态度便可以被领导者所改变。为了使得团体前几次的会面顺利进行，领导者制订团体计划时必须考虑到非自愿成员带来的这种消极力量，将计划建立在负性态度这一假设基础上。当面对非自愿团体时，领导者可以参考以下示例来决定说些什么：

◆示例1

领导者："我知道在座的各位中大多数并不想来到这里，而且很可能在你们看来，来到这里是极大的时间浪费。我想说的是，你们至少给它一个机会，也算是给自己一种新的可能。我想我已经计划好了某些你们所有人都会感兴趣的活动。"

◆示例2

领导者："鉴于你们不是自愿参加这个团体的，所以我设想你们可能对来到这里而持有一种非常消极的情绪，你们有机会在几分钟之内表露你们的情感。但首先请允许我告诉你们，我们即将做些什么，没准你们会发现这次到来也没有想象的那么糟糕，并且可以收获以前未曾有过的某些帮助或者启发。"

◆示例3

领导者："每次当我领导这样的团体时，一开始总有成员表示反抗，甚至带有一些消极情绪，但是团体真的要结束时，他们都感谢我为他们提供了一个可以交流想法和情感的场所。我知道你们其中的有些人很可能正在为被迫参加这个团体而感到不满甚至是愤怒。然而，我想说的是，这个团体可以帮助一些人，如果你允许的话，它也会帮助你。如果你肯在接下来的一两周内给这个团体一个机会，那么我将竭尽全力使它成为一段美好的经历。”

在建立团体之前，领导者需要牢记在心且做好充分心理准备的是：对于一个含有非自愿成员的团体而言，因其非自愿成员而导致的消极团体力量将会存在于团体各个阶段，甚至在最初的会面中这种负性力量就存在。因此，设计出有趣且富有创造性的初期会面内容，对于领导者而言是非常必要的。对于那些无论领导者做出什么，他们依然表现出抗性治疗的成员，领导者应当认识到，并不是每个团体的建立都如预想的那么顺利。在条件允许的情况下，领导者可以试图将团体中的这部分成员与其他成员分开，让这部分成员做点其他的事情，比如静坐、阅读或者休息等。此外，领导者也开始进行一次全体成员的短暂会面，让那些持有消极态度的成员离开，而让那些真正感兴趣的成员留下来。

（十一）成员的合作意愿水平

合作意愿是指成员合作而不是对抗、破坏或者敌对的意愿。合作意愿通常会使成员产生较高的团体承诺。与那些无合作意愿的团体相比，这些团体更易被领导。没有合作意愿的成员往往包含三类：被迫参加团体的人、想要指导团体的人、希望成为关注中心的人，他们对于团体缺乏承诺。对成员进行观察是确定成员是否有合作意愿的最好评估方法。如果通过观察，领导并不能有效地判断成员合作意愿，可以提出问题，引发大家的讨论，以获得反馈信息。比如，提出问题：“对于身处这一团体，你感觉如何？”

（十二）成员的承诺水平

成员的承诺水平和成员合作意愿是紧密相连的。具有高承诺水平的团体，成员会对团体表现出较大的兴趣，积极参与团体，表现出良好的合作态度。在承诺水平低的团体中，各种消极团体动力学状况都有可能发生。作为领导者，如果其领导的团体缺乏承诺，那么领导者应该事先做好面对困难的必要准备。

（十三）成员间的信任程度

在某个团体中，如果成员有合作意向和承诺，那么团体会朝着正性方向发展，其团体成员间的信任程度也会随着时间的发展而逐步推进。如果团体成员之间有消极的人际关系，或者成员间持有差异性颇大的观点，或者成员彼此不喜欢，那么团体内就会出现信任问题。此时，领导者可以私下对相关成员会面进行调解，或者干脆要求一两个成员退出此团体。对于教育团体等这类鉴于管理当局规定不可以要求某些成员退出的团体，领导者只能做好迎接困难的准备了。

一般随着团体过程的推进，团体成员间的信任水平会随之发生变化，领导者要及时洞察这种变化。信任水平的高低往往取决于成员对于他人做出的反应方式。导致成员间信任水平低的原因中，较为常见的是成员们不相信某些成员会对他们所透露的信息内容保守秘密。

在咨询治疗团体或者成长团体中，在有些成员透露了自己的一些最隐秘的生活（比如性取向、被遗弃等）之后，其他成员可能会对其做出伤害性的评价。领导者应让整个团体的成员明白成员们不会因为与他们交流自己的一些观点，透露生活中的一些细节而受到不公平的待遇。在团体会面中，当领导者对这些评判性的评论进行讨论时，其所采取的方式应是对于自我表露的成员具有支持性的。同时也要做双面的考虑——考虑到那些持有批评意见的成员。

◆示例

甲："我不认为这种事情会发生在50多岁的人身上。在我看来，只有年轻人才会有私通。我的丈夫和我没有多少共同之处，而且我们的孩子也都已长大离家上大学去了，我感到很孤独。和我在同一单位工作的同事开始陪我一起吃饭，在近来的几个月内，我们交流了很多东西，一件事情导致另一件事请，最后的那一周，我们在一起度过了一个下午，现在的我感到困惑且有越来越大的负罪感。"

乙："真不敢相信你居然会对你的丈夫做出这样的事情！你不应该那么自私，而应当控制自己，为你的丈夫考虑考虑，我认为……"

领导者（以一种温和而坚定的语气）："乙，我希望继续关注甲，帮助她处理她的痛苦。我希望我们可以一起帮助她处理这个感情问题，而不是对她的行为进行评判，那并不是我们想要的。甲，请你再多谈一些情况，然后我们再听听其他人的看法。我知道许多人可以理解你的感受，包括某些现场在座的成员。"

成员中有些人点头，表示成员了解了。

示例中的这位领导者并没有做好对自我表露成员的保护支持性工作，他允许消极的评论继续并未加以澄清。因为有所透露者害怕被批评，因此，一旦受到他人批评就很可能导致她不再愿意透露太多的个人信息。领导者可以在团体中提出发言，并帮助做出评判性言论的成员，使之思想更为开放，批评减少。必要之时，领导者也可以转移关注点，不再过多关注处于痛苦之中的自我表露者，而是关注具有评判性的成员或者"不要再有评论性"这个话题。

（十四）成员对于领导者的信任程度

成员喜欢领导者吗？尊重信任他吗？相信领导者的团体领导技巧吗？这些都能反映出成员对于领导者持有的态度。有时候可能所有的成员对领导者都持有消极的看法，这很可能与领导风格和领导能力相关联。此时，领导者要对这种动力学状况加以自我检讨。

◆示例

领导者："我希望我们可以花一点时间讨论一下你们对于这个团体的感受。"

甲："为什么你总要求我们做这么无聊的事情？你们的工作是了解我们的感受，我们还是做点其他有趣的事情吧。"

此时，领导者可不必关注这个持有消极态度的成员，尤其是当他知道，成员这么做不过是为了"难倒"领导者的时候，更不必予以关注。领导者可以用一种温和而坚定的语气来改善这一负性力量。

领导者："甲，我认为其他大部分成员都会有不同的感受。"接着转向其他成员进行询问："你们怎么想？"

在示例中，尽管领导者改善了团体中的负性力量，但是领导者应该清楚地认识到，任何成员对于领导者的消极态度都会影响到团体内部的相互作用以及成员对于个人状况的自我表露。

（十五）领导者对于成员的态度

这一点经常被忽视，在团队领导技能培训班中经常可以听到领导者对于团体某些成员的厌恶。尤其当团体中某些成员并非自愿参加团体，甚至对团体持有一定敌意时，领导者若不想办法及时让这部分成员离开团体，那么，领导者可能会怨恨他们，甚至与之争吵起来，这就会使得团体大大地偏离团体目的。当领导者被要求去领导一个自己并不喜欢或者根本不擅长的团体类型时，一方面，领导者会感到力不从心；另一方面，领导者对团体的态度无疑也会影响团体的有效性。当领导者不能回避领导某一团体，而又不能改变对团体的感受时，有必要尝试再增加一位合作领导者。如果这不足以解决问题，那么领导者就要花费额外多的时间来计划会面，以期使得团体对于成员和领导者而言更有趣一些。在任何情况下，试着使得一切变得有趣些，无论对于成员还是领导者而言，都是大有裨益的。

（十六）领导者对团体心理辅导的准备以及应对团体的经验

团体的领导者都希望能加强治疗性力量的作用，但第一次担任团体领导的个体，可能在经验上有所不足。此时，领导者应对自己的状态有清楚的认识。比如，领导者面对团体时的紧张感，必要时可以跟团体成员进行说明。在咨询和治疗团体中，领导者丰富的个体咨询经验以及扎实的咨询理论知识，无疑将增加团体辅导治疗的有效性。

复习巩固

1. 陈若璋认为影响团体辅导过程的因素可归纳为三类，其具体内容有哪些？
2. 在影响团体因素中的技术视角是从哪几个方面来分析的？
3. 贝代尔对有效沟通的障碍因素是从哪几个维度来分析的？
4. “治疗性力量”指的是什么？奥尔森认为几乎存在于任何团体情境中的力量主要有哪四种？
5. 雅各布斯认为领导者应该注意的16种治疗性力量是什么？
6. 团体治疗辅导中怎样的座椅安排比较好？为什么？

第四节　团体凝聚力与团体气氛

一、团体凝聚力

团体心理辅导要想获得成功，团队凝聚力是一个不可或缺的关键性因素。团体凝聚力的强弱是团体发展水平的重要标志，是团体动力的重要影响因素。团体凝聚力越强，成员的安全感、归属感就越强，就越能充分发挥成员的积极性，从而使团体活动效率得到提高。

(一)团体凝聚力的内涵、作用及呈现指标

1. 团体凝聚力的内涵

团体凝聚力(group cohesiveness)是指团体成员与领导者共同努力，共同采取行动而形成团体整体感的结果，是团体目标与团体活动的心理结合。虽然在团体开始建立的初期便需发展团体凝聚力，但在工作阶段，凝聚力才成为团体过程中的关键要素。团体凝聚力的内涵非常丰富，包括团体吸引力，即团体对成员的吸引水平以及成员之间的吸引水平；满意度，即成员之间的爱、紧密的个人关系以及对团体的忠诚；团体成员的归属感，也即团体吸引力，它使成员喜欢参与到团体中，并在团体中自由表达；包容度，即成员之间彼此开放，自由分享，互相关照；团结感，即成员之间的关爱与承诺，以及能让成员留在团体内并维持他们与团体的关系所付出的一切行动力量。

2. 团体凝聚力的作用

团体凝聚力是团体心理辅导成功的前提，它为团体提供了向前发展的动力。贝德纳尔和考尔(Bednar&Kaul,1978)认为，团体凝聚力是团体中的一个基本的治疗性因素。在亚隆的研究中，凝聚力是团体取得建设性成果的决定性因素。注重现实问题的团体几乎总是很有活力和凝聚力的，而那些很少发展出强凝聚力的团体成员只是谈论与现实无关的问题。

一个高凝聚力的团体，不仅团体成员对团体认同感较强，有归属感、责任感、荣誉感、自豪感，而且团体中成员之间关系和谐融洽，有密切的情感联系，内部成员也能遵循团体的规范和目标，并有对团体做出贡献和履行义务的自我要求。团体凝聚力产生于成员坦诚相待并敢于冒险的时候，团体成员能真诚地表露自我深藏的个人体验和苦恼，成员们因在别人身上看到自己并认同别人而联结在一起。实际经验和相关研究说明，如果团体没有凝聚力，团体就会四分五裂，成员因无法从中获得充分的安全感而产生很强的防御心理，使得团体工作只能流于表面。

3. 团体凝聚力的特征及指标

有强凝聚力和成效的团体其所具有的特征有：(1)团体中团结力量的形成主要来源于团体内部，而不是迫于外部压力；(2)团体成员彼此间有强烈的认同感，对团体有强烈的归属感，即成员们集中于此时此地，直率地讨论在团体中的所感所为，成员们感到自己被包容在团体中，被接纳，被尊重；(3)团体成员都能明确团体目标且对团体目标及领导者持肯定支持的态度；(4)团体本身具有适应外部变化的能力和处理内部冲突的能力；成员愿意在团体之外工作和实践，以实现行为的改变，并会把实践中遇到的困难带到团体中讨论；(5)成员在团体中相互倾听，并共同从事有成效的工作；(6)成员承认团体的存在价值，不断评价他们对团体的满意程度，并采取积极的措施和步骤做出自我调整，表现出维护这个团体继续存在的意向；(7)团体成员没有分裂为相互敌对的小群体的倾向。

团体凝聚力的表现特征也可通过个人和团体两个方面的行为来衡量。个人方面包括：成员会努力实践对团体目标的承诺，更坚定地接受团体指定的工作和角色，更愿意遵守团体的规范，更施压或反对那些违反团体规范的人，忠于自己的团体，激发对团体的工作动机且使这一动机持续得更长久。团体方面包括：团体间的互动更友善，更民主，能更适当地互相影响以促进团体的决定；团体过程中，成员更愿意聆听和接纳别人的意见，为团体更能忍受痛苦和挫折，对来自团体外的批评和攻击会立即予以还击。

综上所述，衡量团体凝聚力的指标可以概括为：团体成员合作的程度，参与者表现的自发性程度，出勤率，守时、信任的程度，在互动中所表现出的支持、鼓励、关怀的程度。

(二)影响团体凝聚力的因素

1. 团体领导者的影响与权威

团体领导者的特点,如领导者的作风和领导方式,以及领导者个人的素质等,都会直接或间接地影响团体的凝聚力。

2. 团体的外部压力

团体所遇到的外部压力,也能够在一定程度上促进其凝聚力的提高。有关社会心理学研究证明,来自团体外部的压力,无论是积极的(如各种荣誉性竞赛、竞争、评优活动等)还是消极的(如领导者对团体的批评、处分或惩罚),都会较为显著地提高团体的凝聚力。

3. 团体活动的定向

团体活动既可以团体定向,也可以个体定向。一般来说,团体定向(团体成员所承担的任务相互联系,形成一个目标体系)有利于团体凝聚力的提高,而个体定向(团体成员所承担的任务联系不大或彼此孤立)则不利于团体凝聚力的提高。

4. 团体成员的集体意识

团体成员的集体意识,是指团体成员对团体的态度、接受和认同的程度,主要包括团体成员对团体的归属感、责任感、荣誉感,以及作为团体成员的成就感和满足程度等。

5. 其他因素

团体的规模、团体规范、团体的气氛、团体的形象和团体的社会地位,以及团体成员的个性特征、知识水平、对团体活动价值的认识和认同等,都会在不同程度上影响团体的凝聚力。

(三)增强团体凝聚力的方法

团体成员在刚加入团体时,彼此都尚且陌生,缺乏对团体的情况的了解,所以初期团体谈不上有凝聚力。只有随着团体活动的进行,成员从相识到相知,团体才可能从松散凝聚为整体。发展、维持和增强团体凝聚力需要采用以下几种方法:

1. 在团体初期阶段必须培养信任

团体领导者应协助成员发展彼此友好、互动的合作关系。提供机会让团体成员开放而主动地表达他们的顾虑,对成员的意见、情绪表示关心,这将有助于营造团体信任气氛。

2.鼓励团体成员将自己的生活与团体成员分享

领导者可以率先说出对于团体所发生的事情的个人反应,以此鼓励成员大胆发言。当成员表现出大胆的行为时,团体应给予鼓励及支持,这样才会增加他们与其他人的亲近,从而增强团体凝聚力。同时,应尽量去满足成员的个人需求。

3.明确团体的目标,强化团体规范

团体目标越清楚,个人目标越具体,成员就越能对团体产生希望,从而使团体凝聚力得以增强。当然,团体目标与个人目标应由成员及领导者共同决定。领导者应协助团体建立互相依存的团体目标,以使每位成员能学会如何为团体做贡献。既然团体本身是一种有机组织,强化团体的规范也十分重要。团体规范能有力地强化团体成员的团体意识,维护团体的凝聚力。因此,领导者应竭力提升正向的团体规范,如尊重成员的个人特质,鼓励成员自由地表达意见,成员之间应互相支持、彼此鼓励等。

4.领导功能交予所有成员分享,会增加团体凝聚力

在专制气氛的团体中,所有决定由领导者做出。而在一个合作团体中,会由成员自己决定所想讨论的主题,互动的模式是"成员一成员"。团体辅导中应鼓励所有成员积极主动地参与到整个互动过程中,并对其他人做出及时反应和相应反馈。

5.公开处理团体内冲突可增强凝聚力

在团体中冲突是不可避免的。当冲突发生时,领导者应察觉到冲突的来源,公开处理成员意见上的差异与分歧,使成员间真诚交换意见,从而增强团体凝聚力。

6.增加团体的吸引力可强化凝聚力

团体吸引力与凝聚力关系密切。团体对成员吸引力越大,则凝聚力越强。如果团体所讨论的事、所组织的活动使得成员感兴趣,积极参与其中,团体成员间相互尊重、互相支持,那么,此团体必然有吸引力。团体内部的合作不仅有助于增多团体成员间的沟通机会和提高成员间的心理相容度,而且有助于提高团体内部的一致性,有助于提高成员对团体的向心力,进而促进团体凝聚力的提高。

7.多组织团体活动

活动是团体存在的基本条件,也是增强团体凝聚力的杠杆。团体活动不仅可以促进成员间的交往与合作,还可以促使成员形成一致的认识和态度,增进团体成员间的相互了解,融洽团体成员间的关系,从而形成良好的人际关系。因此,多举办一些有意义的活动,如工作坊、研习会、联谊会等,使成员有更多机会探讨自己的问题、困难及创造一些属于该团体的经验。这不仅对增强团体凝聚力具有重要意义,而且对团体的巩固和发展也有重要作用。

8. 利用外部影响

外部的影响和压力，如来自其他团体的竞争等，可以有效地促进团体凝聚力的提高。适当而有效地利用外部压力，让团体感受一些来自团体外部的威胁，或设计一些善意的竞争场面可刺激和强化成员忠于自己团体的迫切感，增加团体的凝聚力。

二、团体过程中的团体气氛

团体气氛是指团体内情感的表现，这种情感流露在团体中被感觉出来就形成了一定的气氛。团体过程中的气氛是一个从强烈的自我防御到完全支援他人、接纳他人的连续变化的过程。防御的气氛是团体沟通的障碍，而接纳的气氛是团体辅导有效的保证。

团体气氛与团体凝聚力相关，两者互相影响。团体助人效能能否得以实现，关键取决于团体中是否形成了关怀、接纳、温暖的良好团体气氛。没有这样的团体气氛，团体成员便不可能安全开放自己，坦诚地探索自己，积极地改变自己。

当团体成员进入一个陌生团体，往往会感到焦虑、害怕或疑惑，甚至出现抗拒。他会担心自己能否被别人接纳，会不会被他人审判，会不会受到伤害，能不能真正得到帮助，别人怎么看我，等等。因此，自我防卫的心理很强，而接纳自己和接纳他人的心理较弱。当团体进展中相互信任的气氛产生后，成员的防御心理会逐渐减弱，接纳的气氛随之逐渐增强，团体成员也能真实地对待自己与他人。

团体内接纳、支持气氛的形成有赖于成员的行为，而一旦团体创造出接纳、支持的气氛后，这种气氛也反过来影响着成员的行为。例如，以坦诚、没有批评的态度去聆听别人，就会造成接纳、支持的气氛，这种和谐的气氛会促使成员进一步自我袒露。因此，团体开始时，领导者必须用自己的专业知识和领导技巧创造适当的气氛，从而引发成员积极的回应行为，逐渐减少防御气氛，增强团体接纳气氛。

三、团体过程中成员自我认识的变化

(一)个人在团体中的学习

团体辅导有助于成员自我成长与发展，个人的成长发展与其自我认识水平密切相关。在团体中，每位成员在信任、理解、关怀的气氛中逐渐减少自我防卫心理，开放自己，自由地表达自己的感受，诚恳地与他人交流思想、感情，通过与他人的反馈也进一步了解自己。当一个人建立起健康的自我形象后，他的适应力必然得以改善。

团体辅导过程是成员个体认识自我的过程。那么，个体的自我认识经由团体过程到底有了哪些改变呢？乔韩窗口理论为我们提供了一个清晰的解释。

(二)团体辅导前后成员个人自我认识的变化

团体成员自我认识是否清晰、自我评价是否客观关乎团体辅导的最终效果。团体辅导的目标之一就是促进成员的自我认识发生积极变化。乔韩窗口理论的提出者乔瑟夫·勒夫和哈里·英格拉姆(John Luft& Hany lngham)把自我划分为四个领域:公开的领域、盲目的领域、隐秘的领域和未知的领域。

1. 公开的领域

代表我们自己知道,也会让别人知道的领域,这一些我们不能隐藏,或者我们愿意公开。例如,我是大学教授,我自己清楚,别人也知道。

2. 盲目的领域

代表别人知道而自己却不知道的领域。我们自己没有意识到或无意识地在别人面前表现出来的部分。比如,生理或言语上的姿态、习惯动作等。例如,我说话很快,自己不觉得,但别人很清楚。

3. 隐秘的领域

代表我们自己知道,别人不知道的领域。我们不愿在别人面前显露出来,属于个人的隐私。例如,惭愧的往事、内心的痛楚等。

4. 未知的领域

代表我们自己不知道,别人也不知道的领域,属于无意识的部分,它们是基于某些原因而没有被意识到的动机,它能驱使我们去做某些事情,而我们自己却无法了解自己究竟受了哪些动机的指使。

乔韩窗口理论认为,每个人的自我都由这四部分构成,但每个人身上所表现出来的四部分的比例是不同的,而且这四部分的比例会随着个人成长及生活经历的增多而发生相应的变化。当一个人自我的公开领域扩大,则其生活变得更真实,不论与人交往还是自处,都会显得轻松、愉快而有效率。盲目领域变小,人对自我的认识就越清楚,个体越能在生活中扬长避短,发挥自己的潜力。团体辅导的主要目的之一就是通过适当反馈和自我开放扩大公开区,使其他区域变小。在团体辅导过程中,自我开放可使一部分隐秘区进入公开区;他人反馈可使一部分盲目区进入公开区。此外,通过团体辅导,敏感度增加,许多未知区的未知事物进入隐秘区或盲目区。在团体活动中,这些可以逐渐被自己或他人了解、认识。

团体使我们有机会了解自己的另外一面,即自己未曾察觉,同时也不易被自己接纳的一面。在团体活动中,别人把观察了解到的信息予以反馈,能提供给我们一个深入认识自己的机会。同时,利用团体内各种自我探索的机会,以及毫不伪装、真实表现自己的气氛,可使我们更全面而深刻地认识自己。只有深入探索内心世界才能更清楚地认识自己,才可能达到内心和谐,进而促成个人人际关系的发展和改善。

复习巩固

1. 什么是团体凝聚力？

2. 影响团体凝聚力的因素有哪些？

3. 增强团体凝聚力的方法有哪些？

第五节　团体过程中特殊成员及其应对

一、团体成员的角色类型

为了团体过程的顺利进行，领导者和被领导者都应清楚团体成员的一般角色及其角色表现和影响。

(一)团体成员的一般角色

一个团体中最有价值的资源是团体成员。团体心理辅导能否成功，有赖于团体成员在此时此地的团体中如何去面对其基本的问题。每个问题都是复杂的，每个成员都是独特的。团体成员角色极大地影响团体的有效性。因此，团体领导者非常有必要了解成员的角色及其行为。一般而言，成员在团体中共有的角色包括受助者、协助者、榜样和客观评价者。

1. 受助者

团体中每个成员都是因为某些需解决的个人问题而参加团体辅导的。当团体集中在某个成员时，他愿意接受帮助，愿意自我探讨和改变成长，那么该成员便是一位团体辅导的受助者。相反，若成员拒绝在团体中探讨个人问题，那不异于他放弃了成长和被帮助的机会。

2. 协助者

团体心理辅导中，每个成员既是受助者也是协助者。协助者的角色指成员对被帮助的成员提供反馈、分享、建议，或参与角色扮演等活动，促使受助者思考、领悟和改变。协助者自身无形中也增强了自信和自我价值感。协助者越自愿、积极、主动，团体过程的效能就越好。

3. 榜样

团体成员往往可以互相提供行为示范，每个成员都可以通过观察、模仿他人适应行为的方式改善自己的行为。如果领导者能够找出团体中每个成员可以为他人示范的行为，那么团体的有效性将更能被预期。

4. 客观评价者

客观评价者的角色是指每个团体成员都可以帮助别人客观评价他的某些想法、做法是否适当，包括选择可行的方案。当局者迷，旁观者清。团体是个小社会，每个成员的行为都可能被识别，被指出，这种客观反馈常常使当事人不得不面对和正视其行为的事实，并促使其在团体支持下去谋求自身改变。

(二)团体成员的角色表现及影响

在团体中总会有一些成员的行为令团体领导者感到棘手，如若处理不当，就会影响团体的进展和效能。团体成员的角色变化会影响团体动力状况，一旦团体中出现此类行为，领导者必须敏锐觉察并加以重视，同时做好及时应对的相关准备。

二、应对特殊成员和特殊情况的方法

团体心理辅导实施过程中，很可能会遇到一些较为特殊的团体成员，这是正常现象。一般来说，参加团体的成员或多或少都会有一些个人问题，并将这些问题带入团体，以谋求解决，这必然会对团体造成一定影响。领导者可以凭借其经验，引导他们参与到团体过程中，加深成员的自我认识，进而更妥善地处理成员个人问题，使他们得到成长、成熟。但是，也有一些自身问题就比较特殊、个性突出的成员，他们的言行会干扰团体过程，阻碍团体凝聚力的形成和发展，减弱了团体的治疗功能。对于这些人，团体领导者应有一定了解并做好相应准备。

(一)特殊的成员

1. 沉默的成员

有些团体成员虽然参加了团体，但并没有积极参与团体活动，少言寡语，常常处于沉默状态，像个旁观者。虽然沉默不语的人不一定就有问题，但是沉默减弱了他们与其他成员的交往，结果使他们很少能从团体中充分受益。沉默也会对其他成员的情绪造成不良影响，使他们感到不舒服，影响团体活动的进行。

多方面原因会导致沉默现象发生。首先，是成员的性格。性格比较内向、被动、迟疑的人在团体过程中比较少主动发言。其次，是成员的认知。有些成员缺乏自信，不认为自己的参与和意见对他人会有价值，或者怕在别人面前暴露内心世界，怕自己发言离题，别人不爱听，怕说错了话冒犯了别人。再次，是成员对团体的期望。有些性格开朗的人因对团体有不同的期望而变得较为沉默。比如，宁愿在团体中扮演沉默者，以便其他成员有更多的参与学习机会，也不愿发表自己的看法。最后，与团体发展状况有关。比如，沟通出现障碍，讨论引不起成员兴趣等也会造成成员沉默。

作为团体领导者，第一，要认识沉默现象并非都是消极的，破坏性的，有时也可能是正面的，是一种表示默许和支持的行为；第二，了解沉默的原因，判断是否需要加以处理；第三，选择处理及应付方法，对于性格内向的人可以多鼓励他们发言；对于认知有偏差的人可以通过个别会谈，帮助他们改变不合理的观念，引导团体其他成员关心他，鼓励他；如果是因团体过程沟通不畅而引起沉默，领导者要及时发现并以身作则，想方设法地排除障碍和干扰。

从文化的角度看，一般而言，中国人在团体中的参与需要一个过程，对个人意见也持有较多保留。所以，在他们的团体中出现沉默现象不足为怪。团体领导者要随时保持清醒的头脑，找到原因，因势利导。

2. 依赖的成员

有些团体成员在团体中表现出明显的依赖心理与依赖行为。事事征求别人意见，处处寻求别人的保护，没有主见，表现得很无助、怯懦。特别是以团体领导者的意见为行动指南，一切服从，遇到问题不是自己去想办法解决，而是依靠团体或领导者。依赖不仅妨碍了成员个人的成长，也会给其他成员带来不良影响，使人感到厌烦，难以忍受。

导致依赖行为产生的原因也是多方面的。首先，与成员个性有关。有的人对自己完全没信心，不敢做任何个人的表达、争取与决定，时时刻刻像个小孩般要人照顾。其次，与团体内相互作用的其他成员的行为有关。有的人习惯于扮演教师、权威、家长的角色，喜欢别人依赖他，他们在团体内的言行有意无意地促使了他人对自己的依赖。另外，团体领导者干预太多，事必躬亲，也可能助长成员的依赖行为。

团体领导者在团体进行过程中，应及时调整自己的角色，不必事事做主，多让成员承担责任，多发挥团体作用，提高成员的主动性、独立性、积极性。对出现依赖行为的成员要及时地提醒他，引导成员观察、学习别人独立成熟的处事方式，并协助他改变对自己的错误看法。对于那些乐于被别人依赖的成员，要协助他们探讨行为背后的原因，促进他们改变。

3.带有攻击性的成员

有的成员在团体过程中表现出攻击性的行为,如贬损、讽刺他人,否定他人的意见,对团体提过分的要求。无论他是出于有意还是无意,这样的行为都易引起其他成员的不满,甚至引起冲突或危机,破坏团体气氛,影响团体发展。

表现出攻击行为的原因是多方面的。有的人在生活中受过伤害,伤痕很深,从此对别人失去信心,看人看事都很消极,与人接触时心中充满敌意;有的人个性过强,过分自信,不善与人相处,不能控制自己的情绪,不善解人意,固执己见,批评他人也给人一种带有攻击性的感觉;有的人内心不情愿参加团体,但由于是老师推荐的所以不得不来,这也会致使成员在团体内发泄自己内心的不满,对团体领导者充满敌意。

当团体中出现这类成员时,领导者先要分辨清楚个别成员带有攻击性言行背后的原因,再考虑处理方法。有效的方法之一是进行个别咨询或者个别谈话,同时协调团体成员坦诚沟通。也有学者提出,当成员的行为干扰团体正常运作时,可以将有明确攻击对象的一方转到其他团体,避免争执不下的状况。

4.喜欢引人注意的成员

每个人或多或少都喜欢在团体中表现自己,引起他人重视,这无可厚非。但是,若这种情况过分时,就易引起他人的反感。在团体辅导中,有的人总是抢先发言;有的成员或滔滔不绝使别人没有机会表达自己,或炫耀自己,或不停地打断别人发言。他们的言行给团体带来极大的破坏,如果不及时处理,很可能会产生不良后果。轻者团体凝聚力减弱,重者使团体解体。

喜欢引人注意的成员可能与性格有关。例如,有的人以自我为中心,对他人的需要与权利感觉迟钝,以炫耀自己为荣,毫不察觉或根本不介意别人的不满与反感。有的成员内心充满不安全感、焦虑感,害怕沉寂,不能忍受片刻的沉默,因而总抢着发言。有的成员是为了赢得某些成员接纳而做出夸张的表现,如男性成员为吸引女性成员的注意。

团体领导者在分析原因的基础上可采取以下措施:采用机会均等的方式,自然选定先发言者,以控制先发制人者;创造条件使团体成员尊重、共情、真诚相待,在安全而温暖的人际关系中,可降低焦虑与防卫心理;对自我中心的人,可以适当增加与其个别接触和提醒;对那些怀有权力目标或特殊企图的人,要教会他们如何选择适当的方法与别人相处,从而得到别人的接纳。

5.不投入团体的成员

有的成员对团体活动不太投人,或者经常迟到早退,出席不稳定;或者讨论时随意性大、不切题，谈话内容过于表面化；或态度忽冷忽热，或旁观。这些不投入，不能与领导者或其他成员合作的行为常常是抗拒的表现。这不仅使不投入者自身无法从团体中得到帮助，而且也会破坏团体凝聚力，团体领导者不能对此掉以轻心。

不投入团体行为出现的原因有多种：第一，可能是成员性格所致，有些人的性格是对事物较少投入，或投入但不能持久，兴趣易变，朝三暮四，第二，成员可能是被迫参加团体，因非自愿所以抗拒；第三，成员以往不愉快的团体经历，使他触景生情，因回忆起过去而表现抗拒；第四，因成员对团体的运作过程不清楚，心中没底而出现抗拒；第五，某些成员出于内心的不安全感，往往自我认知偏低，自信不足，内心缺乏安全感，害怕敞开内心世界，防御心理过强，所以想方设法隐藏自己；第六，成员对团体的期望与实际有出入，不满导致不投入。

要想改善不投入成员的态度，首先也应该分析导致其不投入团体这一行为背后的原因。一般而言，领导者的友善与真诚能有效地化解成员的抗拒，改善成员的不投入行为。因此，领导者要与成员建立良好的关系，使他们感到被尊重、安全，从而放松自我防卫，勇于表达自己。团体领导者还可以通过加强团体本身的吸引力，比如组织有趣的活动，吸引成员积极参与，以改变其不投入的态度和行为。团体第一次聚会时要说明团体的运作、可能达到的目标，使成员对团体保持恰当的期望，避免过高的期望。

6. 支配者

支配者是指团体中意在支配或者控制团体的成员。支配者多见于日常社会生活和学校团体中，他们总想做一些事情来掌握团体的控制权。在教育、讨论、任务团体中，支配者也会出现。对于这些团体的支配者，领导者应经常进行私下会谈，就他们在团体中的所作所为做出讨论，有时候可以给他一个角色让他担当一定的责任，体会自身在团体中的价值感；也可以采取让他做某项事情助理的形式。这种方式多应用于学校教育团体中。比如，班级中有个调皮又不遵守班级纪律的学生，老师可以让他当纪律委员，“纪律委员”这一角色便会使他体会到一种责任感和自我存在的价值感，从而较好地约束自己的言行。但是若控制者顽固地不交出控制权，那只得将支配者请出团体。

7. 消极成员

在某些团体中，有些成员不停地发表自己的看法，总是不同意其他成员的意见，总是表达自己的消极抱怨情绪，这部分人员被称为消极成员。消极成员的言行和态度往往和团体领导者要营造的团体氛围以及要达到的团体目的相抵触，某个成员的消极抱怨会引发其他成员的类似言论和态度。结果团体内牢骚不断，团体任务也难以完成。对于消极成员可以采取以下三种策略：(1)试着弄清团体消极成员之所以消极的原因，并进行团体外的私人会面，甚至可以要求其他成员的协助合作，因为有些消极成员不过是为了唤起他人对自己的关注；(2)找出团体中的积极成员，并把问题和意见指向他们；引导他们多说话，从而促成团体整体上的积极气氛；(3)当询问团体问题时，避免与消极成员的眼光对视，免得引发他们的发言。

(二)特殊的情况

1.处理有关性的情感

有时候，团体成员会感到团体成员间的性吸引力，这点尤其多见于治疗团体、咨询团体、支持团体或成长团体中。在这些团体中，成员往往不可避免地谈及他们各自的隐私，这些由此引发的团体动力对团体的进步是有害的。然而，性吸引力是普遍存在的，作为领导者也不想扮演道德法官的角色。因此，通常情况下，领导者会设定一个底线——在团体之外成员不能相互联系。但事实上，这种策略并未带来多大的效果，更有效的办法是分析这件事是如何变成问题的，以后多加防范。成员间的亲密关系对于团体的影响有正面的，也有负面的。如果情况已然发生且妨碍了团体过程的正常运作，那么，领导者可找成员私下讨论解决之。若团体中产生了此种关系并被其他成员成功觉察到时，那么此种关系已在某种程度上扰乱到了该团体，这种情况就比较难处理。此时领导者不应对此采取忽视的态度，而最好是先让一位成员离开团体。

2.哭泣的处理

在某些团体中，领导者不惜花费大量时间来处理某个人的心理痛苦，这种做法极其不可取。当发现某个成员哭泣时，领导者可以试着转移团体的焦点，然后在团体结束之后再私下找其会面询问情况。可以这么说："张三，我看到你现在正经受着痛苦的煎熬，我们可以在会后好好谈谈。"领导者对痛苦成员的过度关注会对那些有不同期待水平的成员造成困扰。

3."急救"人员

"急救"是指团体中的某位成员试图安慰另一位成员而引起被安慰成员的消极情感体验的行为。比如，告诉对方："别担心，会越来越好的。"然而，这种安慰的语言非但没有好处，还会给人以居高临下的感觉，其消极作用就是妨碍痛苦成员解决问题。在团体中，只有让整个团体认识到同情是无济于事的，才能使得团体成员观察到团体中有治疗作用的模式，并从中受益。

扩展阅读

团体成员流失的原因

所谓团体成员流失，是指团体心理辅导进行中，成员临时退出。参加团体辅导并不必然带来正向的经验，团体成员的流失，很可能是由于受到负向经验的伤害。因此，对团体成员的流失问题不可视为平常而掉以轻心。更何况此问题的发生除了会使团体领导者感到挫折之外，更重要的是对团体的成员有不良的影响，使得辅导效果大打折扣，并造成了治疗的浪费，通常会被视为团体处理的无效和悲剧，可以说是团体心理辅导研究中值得仔细探讨的一个重要课题。

影响团体成员流失的因素很多，但就现有文献而言，造成团体成员流失的原因可归结为三个：

1. 领导者因素

Baekeland 和 Lundwall(1975)曾回顾近年来的文献并指出，领导者的态度和行为是影响团体成员的流失的一个重要原因。事实上团体领导者对于成员参与团体辅导结果的好坏本来就具有很大的影响力，而此影响力也可能带来负面的团体结果。权力过分扩张是要加以注意与避免的情形。此外，由于有些团体领导者对团体成员受到伤害并不知情，因此，对此过于采取鼓动情绪和放任。至于其他的不利因素则包括团体领导者的缺席等。除此之外，Baekland 和 Lundwall(1975)归纳出下列各项特质：(1)民族优越感，即种族歧视；(2)不关心当事人；(3)不喜欢当事人；(4)对当事人感到厌烦；(5)对医药治疗感到不舒服或者不情愿给予医药治疗等。凡具有以上特质的领导者，易造成团体成员流失的发生。

2. 成员因素

从针对流失成员的研究中发现，流失成员常是团体中的特异分子，至少在某一因素上是出于极端位置的，则可能成为流失的高危险型成员。团体中有太脆弱或特异分子的成员，团体凝聚力难以发展，易使团体产生流失。Woods 和 Melnick(1979)指出，团体中流失的成员在团体中的表现倾向于较少发言，较少做情绪性的陈述和较不注意人际关系。Licberman 等人则认为，流失成员具有的特质是：(1) 有不切实际的高期望；(2)相当低的自尊；(3)不愿与人交往；(4)感觉自己在人际适应上很低，而在人际敏感性上很高，并且很少有机会与同辈沟通；(5)感到有成长与改变的需要。

3. 环境因素

(1)团体外的环境因素。事实上,团体成员会受到其工作情境、家居生活和其他重要的环境情境的影响,包括:自然的理由,不能协调的时间冲突,外在的压力,成员遭遇生活中外在事件的干扰,而使得其无法再有心力去参加团体。

(2)团体内在环境因素。主要着眼于团体中的动力及情境因素,包括:有关亲密的冲突情绪,害怕受他人情绪感染,觉得无法分享治疗者,团体中早期激怒者,次级团体的干扰,不适当的团体定向。

复习巩固

1. 在团体辅导中,成员在团体中主要有哪些角色?
2. 在团体辅导中引起沉默现象的原因有哪些?
3. "急救"人员是什么意思? 遇到此种情况应该怎样处理?
4. 怎样对待"支配者"?

本章要点小结

团体辅导的过程

1. 罗杰斯将团体发展阶段分为自由活动,抗拒着个人的表达和探索,叙述以往的经验,表现消极的情感,表达和探索与个人有关的资料,表达与其他成员相处的即时感受,团体发展出治疗的能力,达到个人的自我接纳,打破伪装,提供与接受反馈,面质,将帮助延伸到团体之外,发展出基本的真实关系,在团体内外做出行为改变这14个阶段。

2. 加伦、琼斯及哥朗尼将团体发展分为:组合前期、权力与控制期、亲密期、分辨期、分离期。

3. 雅各布斯的发展阶段学说将团体发展分为四个阶段:开始阶段、运作阶段、结束阶段、附加阶段。

4. 完整的团体心理辅导会经历团体的创始阶段、过渡阶段、规范阶段、工作阶段和结束阶段,各阶段都有其独特特征。

影响团体过程的因素分析

1. 心理咨询师陈若璋认为，整个团体辅导过程中的影响因素可以归纳为三类七项。前置因素，包括四项：团体前的准备、团体成员、团体领导者及团体处理；中介因素，包括两项：团体过程及团体发展阶段因素；后效因素，指团体效果，包括成员行为改变效果评估等。

2. 埃利斯和费希尔(1994)提出影响团体动力系统的变量因素：输出因素、过程因素、输出结果。这三项变量因素互相影响，交替循环，且在互动的过程中，随环境的不断变化而做适当调整。

3. 潘正德认为，影响团体辅导过程的因素有团体领导者方面、团体成员方面和团体特征方面三大类。

4. 领导者需警惕的相互作用的模式有：对每个成员的讲话都做出反应，某些成员联合起来对付其他成员，成员彼此相互争吵，成员们不理会其他人的建议，某些人提出问题而其他成员试图救助他。

5. 不同类型团体的团体动力学：教育团体、讨论团体、任务团体、成长和经验团体、支持团体、咨询和治疗团体、自助团体。

团体凝聚力与团体气氛

1. 团体凝聚力是指团体对其成员的吸引水平以及成员之间的相互吸引水平。团体凝聚力包括：团体对参与者的吸引程度、团体成员的归属感、包容和团结。团体凝聚力是团体辅导与治疗成功的前提，它为团体提供了向前发展的动力。

2. 体现团体凝聚力的指标有：团体成员合作的程度，参与者表现的自发性程度，出勤率，守时、信任的程度，在互动中所表现的支持、鼓励、关怀的程度。

3. 影响团体凝聚力的因素有：团体领导者的影响与权威、团体的外部压力、团体活动的定向、团体成员的集体意识、其他因素。

4. 增强团体凝聚力的方法有：在团体初期阶段必须培养信任；鼓励团体成员将自己的生活经历与团体分享；明确团体的目标，强化团体规范；领导功能交由所有成员分享会增加团体凝聚力；公开处理团体内冲突也可增强团体凝聚力；增加团体的吸引力可强化团体凝聚力；多组织团体活动；利用外部影响。

团体过程中特殊成员及其应对

1. 团体中共有的角色包括：受助者、协助者、榜样和客观评价者。

2. 特殊成员主要有沉默的成员、依赖的成员、支配者、“急救”人员、带有攻击性的成员、消极成员、喜欢引人注意的成员、不投入团体的成员。在有关团体特殊情况的处理方面有:处理有关性的情感、哭泣的处理等。针对这些特殊成员和特殊情况,我们要用不同的方式对待,以期达到辅导的最佳效果。

关键术语

反馈　面质　前置因素　中介因素　后效因素　沟通媒介　团体凝聚力　榜样　乔韩窗口理论　受助者　协助者　特殊成员　客观评价者　团体动力学　支配者　“急救”者　治疗性力量

复习思考题

一、判断题

1. 罗杰斯将团体的发展过程分为15个阶段。（　）

2. 面质是一种消极的手段。（　）

3. 在加伦、琼斯及哥朗尼的团体发展模式中,亲密期是团体已经成熟的阶段。（　）

4. 团体凝聚力是指团体对其成员的吸引水平以及成员之间的吸引水平。（　）

二、选择题

1. 在加伦、琼斯及哥朗尼的团体发展模式中,团体成员开始角逐团体内地位的是哪个时期(　)

A. 组合前期　　B. 权力与控制期

C. 亲密期　　D. 分辨期

2. 三类七项中的三类是指(　)

A. 前置因素　　B. 中介因素

C. 结果因素　　D. 后效因素

3. 在沟通障碍视角中,贝代尔从哪几个向度来分析了影响团体过程的因素(　)

A. 内在因素　　B. 人际因素

C. 团体结构因素　　D. 社会因素

4. 沟通的媒体有(　)

A. 书面　　B. 口头

C. 身体语言　　D. 多元媒介

5. 代表自己知道,别人不知道的领域是哪个领域(　)

A. 公开的领域　　B. 盲目的领域

C. 隐秘的领域　　D. 未知的领域

第五章　团体心理辅导的方法和常用技术

在生活中，当遇到不顺心的事情时，有的人喜欢约几个朋友出去逛街或者旅游，有的人喜欢找朋友或者陌生人倾诉。当你遇到朋友不开心了找你去旅游或向你倾诉时，你会怎样对待呢？你知道多少心理学领域中关于处理这些问题的技巧和方法呢？本章我们就要学习在团体心理辅导中，领导者应该采用什么样的技术和方法去应对团体过程中随时出现的一些问题，即团体心理辅导的一般方法和常用的技术。

第一节　团体心理辅导的一般方法

一、团体讨论

(一)什么是团体讨论

团体心理辅导的一般方法包括团体讨论、角色扮演、心理剧、认知行为疗法、习作活动、演讲会、参观访问和影视欣赏等。团体讨论是指团体成员围绕一个共同的话题发表各自的意见,并听取他人的意见,及时修正自己原来的看法,共同进行合作、深入的探讨。团体讨论的目的不在于讨论之后的结论,而在于借助讨论过程促使成员充分地参与团体活动,沟通彼此意见,体验自由发表意见的机会,学习尊重的态度以及合作的方法。

(二)团体讨论的功能

团体讨论是团体辅导中比较常用的一种方法,其功能表现为:帮助成员清楚地认知自己与他人立场的差异点和共同点,培养尊重他人的态度与习惯;协助成员能够从多个角度理性地思考问题并做出有效选择;提高成员的自主性态度;给成员提供自我呈现机会;有利于培养成员的领导才能;有利于团体基调的建构;是促进团体统合过程的有效途径。

(三)团体讨论的类型

按照讨论方式与形式的不同,团体讨论通常可以分为:

第一,分组式讨论。领导者将团体成员分成几个小组,分别讨论同一个主题。在团体内,各组成员做内部交流和讨论,其他成员可以适时地补充,最后由团体领导者综合各小组的讨论结果。

第二,圆桌式讨论。团体成员围成一个圆桌而坐,各自发表自己对于同一主题的看法。

第三,陪席式讨论。先由团体领导者做引导性发言,然后团体成员针对领导者的发言各自发表见解。

第四,论坛式讨论。先由几位专家分别阐述他们各自不同的观点,然后团体成员互相讨论，探索适当的结果。

第五，辩论式讨论。将团体成员分成正方与反方两组，然后根据己方所在的立场与对方展开辩论。

第六，配对式讨论。针对某个团体主题进行2人一组的讨论，然后两组合并成4人小组进行第二次讨论，最后两组合并为8人小组继续进行第三次讨论。这种团体讨论法的优点在于经过三次讨论后，问题分析得比较充分，并保证了每个成员都有发表自己意见的机会。

为了实现团体讨论所带来的这些功能，保证讨论效果的获得，徐震、林万亿两位学者提出讨论过程中团体成员应保持两种基本的态度：

1. 对讨论主题持客观开放的态度

团体辅导十分看重团体气氛、团体动力对成员的影响，领导者要运用知识和技巧努力营造一种平等、宽松、民主的气氛，给予成员自信心，鼓励表达自我和互相支持。要达到最好的讨论效果首先需使团体成员对讨论的主题持客观开放态度。通常在团体进行到中后期时，领导者便会有意识地引导成员面对一些“问题”，促使成员深化认识，探索自我和他人。

成员要尽量做到：培养使自己表达意见尽量客观和公正的能力；仔细而有重点地聆听他人的意见；进一步思考意见的优劣；确实做到反应式的思考；努力开放自己，勇于修正自己的意见，接受他人的建议。

2. 对团体成员持客观善意的态度

通常，个人怀着各种各样的理由进入团体，不同的团体对个人也有其特殊的意义。人们进入团体是为了学习新经验，改善不良的认知和行为，发展正当合理的态度，形成正向、积极的习惯性反应，同时在真诚、接纳、关怀的团体关系中，激发个人潜力，促进成员的成长。

综上所述，领导者应带领成员共同营造良好的团体氛围，使每个成员在团体中学会客观地理解他人并对他人做出适当反应；尽量缩小权力差别的影响；通过讨论，建立起成员间良好的人际关系。

二、角色扮演

(一)什么是角色扮演

角色扮演是一种情景模拟活动。所谓情景模拟指的是根据被试可能担任的职务，编制一套与该职务实际依据相似的测试项目，将被试者安排在模拟的、逼真的工作环境中，要求被试者处理可能出现的各种问题，用多种方法来测评其心理素质、潜在能力的一系列方法。在情景模拟中，往往假设解决方法有一种以上。角色扮演是诸多情景模拟活动方法中应用较为广泛的一种方法，其测评主要是针对被试者明显的行为、实际操作以及两人以上时人与人之间的相互影响来进行的。

(二)角色扮演的功能

1. 测评功能

通过角色扮演法可以在情景模拟中，对受试者的行为进行评价，测评其心理素质以及各种潜在能力。可以测出受试者的性格、气质、兴趣爱好等心理素质，也可测出受试者的社会判断能力、决策能力、领导能力等各种潜在能力。

2. 培训功能

在日常工作中，每个人都有其特定工作角色，但是，从培养管理者的角度来看却需要员工的角色多样化，而这又不可能满足角色实践的要求。因此，在培训条件下，进行角色实践同样可以达到较好的效果。同时，通过角色培训还可以发现行为上存在的问题，及时有效地修正行为。

换句话说，角色扮演法是在培训情境下给予受训者角色实践的机会，使受训者在真实的模拟情景中，体验某种行为的具体实践，帮助他们了解自己，提高个体行为质量。通常，角色扮演法适用领导行为培训(管理行为、职位培训、工作绩效培训等)、会议成效培训(如何开会、会议讨论、会议主持等)、沟通、冲突、合作等。此外，还应用于培训某些可操作的能力素质，如推销员业务培训、谈判技巧培训等。

(三)角色扮演法的优缺点分析

1. 优点

角色扮演是一项参与性的活动，作为受试者，可以充分调动其参与的积极性。角色扮演具有高度的灵活性，从测评的角度看，角色扮演的形式和内容是丰富多样的；从培训的角度看，实施者可以根据培训要求来改变受训者的角色或者引导受训者做出相应的角色调整。角色扮演是在模拟状态下进行的，受试者或受训者在做出决策行为时，可以尽可能地遵从自己的意愿，并能获得及时、积极的反馈。角色扮演过程中，需要角色之间的配合、交流与沟通。因此，通过角色扮演可以增加角色之间的感情交流，培养人们的沟通与自我表达等社会交往能力。角色扮演培训为受训者提供了广泛地获取多种工作生活经验、锻炼能力的机会。

2. 缺点

角色扮演对主试者的能力要求比较高，不乐意接受角色扮演的受训者，可能会消极地参与，不能进入角色，导致无法测出受试者的真实情况。受试者在角色扮演培训中，可能会表现出与其自身特征不符的刻板模式化行为，可能存在受试者或参培者之间的交互作用，个别较为突出的个人，表现过于个性化，而影响到团队整体的合作性。

综上所述，要想达到理想的培训和测评效果就必须进行严格的情景模拟设计，同时，保证对角色扮演全过程的有效控制，以纠正随时可能产生的问题。

(四)角色扮演法的操作步骤

这里以人才选拔为例，说明角色扮演法在人事测评中的实施步骤。

1. 设计一个有效的角色扮演情境

(1)选择与定位角色。在角色扮演中，角色的选择一般根据需要选择人才的岗位而定，通常让被评价者扮演其应聘的工作岗位上的角色。因为角色扮演同时可以对多人进行测评，所以也可以让被评价者扮演与主要角色相对的角色，可以是主要角色的下属、同事、对手或其他人等。在角色确定之后，赋予人物性格、经历、处境、思想、道德、经济观念等，形成人物形象，然后对所选拔岗位进行工作分析。工作分析是角色扮演的基础，它是确定测评要素和职务要求的关键所在。工作分析就是通过一系列科学的方法，对职位的工作内容和职位对于员工的素质要求进行阐述，从而为角色扮演所要评价的指标要素以及角色行为提供素材。不同的工作岗位对任职者有不同的职责要求。人才素质测评不是目的，而仅仅是一种手段，其目的是使人事配置相适宜。人事管理中的素质测评，往往是因事择人，可通过招聘与录用来解决。这就要求在制订素质测评目标时，必须从工作本身的要求出发，进行工作分析。在进行人事测评时，我们首先要明确被测者的职务需求是什么，即哪些素质指标是胜任该职务所必需的。需要指出的是，素质测评标准体系制订中所进行的工作分析，并不一定要求最后形成职业说明书与职业规范，最关键的是指出从事某一职位工作的人需要具有哪些素质条件，履行职责与完成工作任务应以什么指标来评价等。进行工作分析比较常用的方法有访谈法、关键事件法、胜任力特征评价法、文献搜索法等。

(2)调查与采样角色行为。所要扮演的角色确定之后，就要对角色的行为进行调查。如在选拔一个市教育局的副局长时，需要对该职位的关键事件进行收集。与工作分析的目的有所不同，工作分析的目的是为了形成素质能力指标，而角色行为的调查更侧重于收集实际工作中选拔岗位所常常遇到的具体情境。使用的方法与工作分析类似，有访谈法、关键事件法等。在收集具体情境过程中，不仅收集所扮演角色遇到的一些人物及事件，还要对时间、地点等要素也加以关注。环境并不是无关紧要的，常常是将人物置于不同的环境之中，人物就会体现出不同的性格。时间、地点的不同会对人物提出不同的能力素质要求。可以说，在某种程度上，环境决定了人物的表现。

(3)情境主题的定位。在角色选择和角色行为调查的基础上，进行的是角色扮演中重要而又困难的一步：情境主题的设计。正如黑格尔所说："一般说来，发现情境是一件重点工作，对于艺术家也往往是一件难事。特别在现代，人们常听到一种抱怨说找适当的题材来组成背景和情境有多么困难。"在角色扮演中最好自行设计角色情境。此外，也可直接应用在角色行为调查中收集到的一些案例。规定情境是角色展开行动的依据和条件，它决定着角色行动的性质、样式和角色的心理活动。

(4)确定评价标准。根据不同情境和不同人物确定不同的评价标准也是情境设计中的重要部分，评价标准是指每一评定要素各个等级判分的参照标准模型，或者说是帮助评分者按规范化要求进行标准化记分的具体说明。常用的评分参照标准有两种形式：一种为简化参照标准，另一种为具体参照标准。简化参照标准缺乏详细的标准阐述，总体而言是一种主观上的模糊评定，受评分人员的影响较大，但它设计过程简单，成本低，评分人员仅需对评价要素的具体内涵和问题要点进行良好把握即可，有利于对评价标准进行透彻了解和准确把握。所以，简化评分标准在人事管理中被广泛采用。具体参照标准评分标准清晰、明确，易被评价者掌握和正确运用，总体而言更为客观和准确，有利于提高评定结果的可比性水平。但这种标准也有不少缺点：编制与检验难度大，成本高；每个等级上的行为特征的具体描述很难涵盖每一个人的具体情况；各等级描述较为模糊、笼统，无法做到标准的量化界定等。因此，它比较适用于作为大规模的人事评定或计划在较长时间连续使用的人事评定工具。

2. 角色扮演法的测评工作

(1)主试的选择培训。主试队伍最好能由性别、年龄、学科专业不完全相同且构成比例协调的人员组成。确定主试后，应对主试进行相应的培训。培训过程分为三步：第一步，对评分者进行角色扮演的总体讲解，使他们对角色形成一个完整的理性认识；第二步，对测评指标、评价标准、行为观察技术、权重及计分方式进行讲解，使其熟悉评分的具体标准及记分方法，从而使评分人员熟悉基本的角色情境，并掌握实际的评价技能；第三步，告知测评的程序以及其他注意事项，使得每个测评者都能清楚在测评现场中何时进行何种活动，自己在这些活动中应该扮演什么样的角色，需要完成什么样的任务等。此外，还需要提醒测评者一些细节处的注意事项，如与测评对象的交流方式、交流内容和语气等。

(2)安排场地及其他设施。场地的安排可以根据具体角色要求安排室内或是室外的不同场地。室内需要有个明亮而安静的房间，对房间的面积要求不高。测评者和测评对象之间需保持一定距离，这个距离既要能保证所有的测评者都能看清楚测评对象的面部表情，又要能保证测评对象不会因为和测评者距离太近而产生紧张情绪。若场所安排在室外，那么最主要的是要考虑能够让测评者进行有效的观察。此外，一些其他设施和资料，比如受评者需了解的角色背景资料、受评现场的指导语、所需要的工具等都要提前准备好，有必要提前发放给受评人员的要提前发放。

(3)通知受评人。通知的内容包括测试时间、地点、必须做的准备工作、注意事项等。若受评人距离测评地点较远，则要考虑到受评人在交通上所花费的时间，确保受评人能按时按地参加测评。一般在测评之前很可能需要对被评价者做一个简单的培训，要考虑到这个步骤所需要的时间。所以，最好通知受评人提前到达测评现场。

(4)实施和总结。一切准备工作就绪后开始进行测试，测评者的记分过程从受评人进入角色的那一刻就开始了。在整个角色扮演过程中，测评者需对照评分标准在评分表上进行打分，针对每一个测评指标，测评者可以在评分表的相关栏位内记录下测评对象的典型行为，并初步给予评分。当测评对象所有测评指标的最终分数都出来以后，这一个测评单元就结束了。测评对象交还所有的测评材料后可以离场。测评者对测评结果进行必要的数值统计和数据分析，撰写测评报告和提供反馈，并对这次测评工作进行总结；对测评的实施、测评工作中的优缺点等进行仔细回顾分析，撰写测评小结，并把测评小结作为一项重要的资料存档，为以后的测评工作提供信息。撰写测评小结的原则是要真实地反映测评的全过程，由测评主要负责人撰写，明确指出该次测评中的成功和失败之处。测评小结的主要内容包括测评计划、测评进程、测评结果、测评经费、测评评定及其他一些重要事项。

三、认知行为疗法

认知行为疗法是一组通过改变思维或信念和行为的方法来改变不良认知，达到消除不良情绪和行为的短程心理治疗方法。颇具代表性的有埃利斯的理性情绪疗法(REBT)，贝克和雷米(Beck&Raimy)的认知疗法(CT)和梅肯鲍姆(Meichenbaum)的认知行为矫正技术等。

由于文化、知识水平及周围环境背景差异，人们对问题往往有不同的理解和认知。认知疗法是用认知重建、心理应付、问题解决等技术进行心理辅导和治疗，其中认知重建最为关键之处在于如何重建人的认知结构，从而达到治疗的目的。认知疗法的大师们各自提出了自己的看法。埃利斯认为，经历某一事件的个体对此事件的解释与评价、认知与信念，是其产生情绪和行为的根源。因此，不合理的认知和信念会引起不良的情绪和行为反应，只有通过疏导、辩论来改变和重建不合理的认知与信念，才能达到治疗目的。

梅肯鲍姆认为，人的行为和情绪由自我指令性语言控制，而自我指令性语言在儿童时代就已经内化，虽在成人期意识不到，但仍在控制人类的行为和情绪。如果自我指令性语言在形成过程中有误，则会产生情绪障碍和适应不良行为。因此，治疗包括学习新的自我指令、使用想象技术来解决问题等。贝克也指出，心理困难和障碍的根源来自于异常或歪曲的思维方式，通过发现、挖掘这些思维方式，并对之加以分析、批判，再代之以合理、现实的思维方式，就可以解除患者的痛苦，使之更好地适应环境。

(一)埃利斯的理性情绪疗法

1. 理性情绪疗法的原理

合理情绪疗法(RET)也称为“理性情绪疗法”，是由美国心理学家阿尔伯特·埃利斯(Albert Ellis)于20世纪50年代创立的。这一理性情绪疗法的基本观点认为，激发事件A只是引发情绪和行为后果C的间接原因，而引起C的直接原因则是个体对激发事件A的认知和评价而产生的信念B，即人的消极情绪和行为障碍结果，不是由于某一激发事件直接引发的，而是由于经受这一事件的个体对它不正确的认知和评价所产生的错误信念所直接引起。错误信念也称为非理性信念。

A指事情的前因，C指事情的后果，有前因必有后果，但是有同样的前因A，产生了不一样的后果C_1和C_2。这是因为从前因到结果之间，一定会透过一座桥梁B，这座桥梁就是信念和我们对情境的评价与解释。又因为同一情境之下，不同的人的理念以及评价与解释不同，所以会得到不同结果。因此，事情发生的一切根源源于我们的信念、评价与解释。

埃利斯认为，正是由于我们常有的一些不合理的信念才使我们产生情绪困扰。如果这些不合理的信念得不到改善和矫正，久而久之，还会引起情绪障碍。情绪ABC理论中：A表示诱发性事件；B表示个体针对此诱发性事件产生的一些信念，即对这件事的一些看法、解释；C表示自己产生的情绪和行为的结果。

通常人们会认为诱发事件A直接导致了人的情绪和行为结果，发生了什么事就引起了什么情绪体验。然而，同样一件事对不同的人，会引起不同的情绪体验。比如，同样是报考英语六级，结果两个人都没过。一个人表现出无所谓的态度，而另一个人却失落难过，情绪反应激烈。之所以有这样的情绪反应差异，其原因在于诱发事件A

与情绪、行为结果C之间还有个对诱发事件A的看法、解释B在作怪。一个人可能认为:“这次考试只是试一试,考不过也没关系,下次可以再来。”另一个人可能说:“我精心准备了那么长时间,竟然没过。是不是我太笨了?我还有什么用啊!人家会怎么评价我呢?”于是,不同的B带来的C大相径庭。

2.不合理信念及其特征

在人们的日常生活中,不合理的信念随处可见,它们看似合理,但通常都经不起认真推敲。比如,人应该得到生活中所有对自己重要的人的喜爱和赞许;有价值的人应在各方面都比别人强;任何事物都应按自己的意愿发展,否则会很糟糕;一个人应该担心随时可能发生灾祸;情绪由外界控制,自己无能为力;已经定下的事是无法改变的;一个人碰到的种种问题,总应该都有一个正确、完满的答案,如果一个人无法找到它,便是不能容忍的事;对不好的人应该给予严厉的惩罚和制裁;逃避可能、挑战与责任要比正视它们容易得多;要有一个比自己强的人做后盾才行。

依据ABC理论,分析日常生活中的一些具体情况,我们不难发现人的不合理观念常常具有以下三个特征:

(1)绝对化的要求。绝对化的要求是指人们常常以自己的意愿为出发点,认为某事物必定发生或不发生的想法。它常常表现为将“希望”“想要”等绝对化为“必须”“应该”或“一定要”等。例如,“我必须成功”“别人必须对我好”。这种绝对化的要求之所以不合理,是因为每一客观事物都有其自身的发展规律,不可能依个人的意志为转移。对于某个人来说,他不可能在每一件事上都获得成功,他周围的人或事物的表现及发展也不会依他的意愿来改变。因此,当某些事物的发展与其对事物的绝对化要求相悖时,他就会感到难以接受和适应,从而极易陷入情绪困扰之中。

(2)过分概括化。这是一种以偏概全的不合理思维方式的表现,它常常把“有时”“某些”过分概括化为“总是”“所有”等。用埃利斯的话来说,这就好像凭一本书的封面来判定它的好坏一样。它具体体现在人们对自己或他人的不合理评价上,其典型特征是以某一件或某几件事来评价自身或他人的整体价值。例如,有些人遭受一些失败后,就会认为自己“一无是处,毫无价值”,这种片面的自我否定往往导致自暴自弃、自罪自责等不良情绪。而这种评价一旦指向他人,就会一味地指责别人,产生怨怼、敌意等消极情绪。我们应该认识到“金无足赤,人无完人”,每个人都有犯错误的可能。

(3)糟糕至极。这种观念认为如果一件不好的事情发生,那将非常可怕和糟糕。例如,“我没考上大学,一切都完了”“我没当上处长,不会有前途了”。这种想法是非理性的,因为对任何一件事情来说,都会有比之更坏的情况发生,所以没有一件事情可被定义为糟糕至极。但如果一个人坚持这种“糟糕”观，当他遇到他所谓的百分之百糟糕的事时，就会陷入不良的情绪体验之中，甚至一蹶不振。

由此可见，在日常生活和工作中遭遇各种失败和挫折时，要想避免情绪失调，就应多检查一下自己的大脑是否存在一些“绝对化要求”“过分概括化”和“糟糕至极”等不合理想法；如有，就应有意识地以合理观念取而代之。

3. 基于ABC理论的合理情绪疗法

合理情绪疗法是认知疗法的一种，因其采用了行为治疗的一些方法，故又被称为认知行为疗法。合理情绪疗法的基本理论主要是ABC理论，而这一理论又是建立在埃利斯对人的基本看法之上的。

埃利斯对人本性的看法可归纳为以下几点：(1)人既可以是有理性的，合理的，也可以是无理性的，不合理的；当人们按照理性去思维、行动时，他们就会很愉快，富有竞争精神及行动有成效；(2)情绪是伴随人们的思维而产生的，情绪上或心理上的困扰是由于不合理、不合逻辑的思维所造成的；(3)人具有一种生物学和社会学的倾向性，倾向于其在有理性时的合理思维和无理性时的不合理思维，即任何人都不可避免地具有或多或少的不合理思维与信念；(4)人是有语言的动物，思维借助于语言而进行，不断地用内化语言重复某种不合理的信念，这将致使人处于一种无法排解的情绪困扰之中。因此，埃利斯宣称：“人的情绪不是由某一诱发性事件的本身所引起的，而是由经历了这一事件的人对这一事件的解释和评价所引起的。”这就成了ABC理论的基本观点。

通常人们会认为，人的情绪和行为反应是直接由诱发性事件引起的，即A引起了C。但ABC理论则指出，诱发性事件只是引起情绪及相关行为反应的间接原因，而人们对诱发性事件所持的信念、看法、解释才是引起人的情绪及行为反应的更直接的原因。例如，两个人一起在街上闲逛，迎面碰到他们的领导，但对方没有与他们招呼，径直走过去了。这两个人中的一个对此是这样想的：他可能正在想别的事情，没有注意到我们。即使是看到我们而没理睬，也可能有什么特殊的原因。而另一个人却可能有不同的想法：是不是上次顶撞了他一句，他就故意不理我了，下一步可能就要故意找我的岔子了。

两种不同的想法会导致两种不同的情绪和行为反应。前者可能觉得无所谓，该干什么仍继续干自己的；而后者可能忧心忡忡，惶惶不安以致无法冷静下来干好自己的工作。从这个简单的例子中可以看出，人的情绪及行为反应与人们对事物的想法、看法有直接关系。在这些想法和看法背后，有着人们对一类事物的共同看法，这就是信念。这两个人的信念，前者在合理情绪疗法中称之为合理的信念，而后者则被称之为不合理的信念。合理的信念会引起人们对事物适当、适度的情绪和行为反应；而不合理的信念则相反，往往会导致不适当的情绪和行为反应。当人们坚持某些不合理的信念，长期处于不良的情绪状态之中时，最终很可能导致情绪障碍的产生。

(二)梅肯鲍姆的自我指导训练法

1. 自我指导训练法的基本假设

行为的改变是透过一系列的中介历程，包括内在语言的交互作用、认知结构、行为以及因行为而产生的结果而发生的。人们对自己所说的话会影响(决定)他们对其他事情所采取的行动。认知机能评定的目的就是指评定人们的内部对话是如何影响行为的，行为又如何受到其他事件或行为过程的影响的。

2. 自我指导训练法的实施

(1)第一阶段：自我观察。改变过程的第一步是引导当事人学习如何观察自己的行为。当他们开始治疗时，他们的内在对话就会经由负向的自我陈述和想象而形成。在治疗过程中，当事人需要一个新的认知结构，使他们能用新的观点看他们的问题。这种重组概念的历程是经过当事人和治疗者共同努力而达成的。

(2)第二阶段：开始一个新的内部自我对话。如果当事人希望改变，那么，他们对自己所说的话必须能引起一个新的行为链，一个与他们不适应行为不相容的锁链。当事人学习改变那些使他们进入治疗的内部对话，这样，他们的新内部对话便会引导出新的行为，这其实就是认知重建的结果。

(3)第三阶段：学习新技巧。教导当事人更有效地应用技巧，并帮助他们在现实生活情境中加以练习。认知重建可帮助当事人改变对失败的消极看法，因此能使他们更愿意参与到所期望的活动中。当事人不断告诉自己新的句子，并观察和评量其结果。当在情境中表现出不同时，他们可从他人处得到不同的反应。他们习得新技巧的稳定性取决于他们告诉了自己已经获取了哪些新行为及其结果。

(三)心理剧

心理剧是集体心理治疗中最早出现的一种治疗方式。心理剧是一种可以使患者的感情得以发泄从而达到治疗效果的戏剧。通过扮演某一角色，患者可以体会角色的情感与思想，从而改变自己以前的行为习惯。在心理剧中，患者可以扮演自己家中的一位成员、一个老相识、一个陌生人或者治疗专家。剧情可以是一般的内容(离婚、母子冲突、家庭纠纷等)，也可以是与患者的实际情况相近似的内容。在舞台上，患者所扮演的角色，其思想感情与平日的自己不同，他可以体验角色内心的酸甜苦辣，可以成为患者理想或幻觉的化身。专家可以在一旁指导，也可与患者一道表演。观众则为患者鼓掌助兴。

心理剧可以揭示深藏在参与者内心的症结。在导演的协助下，通过当事人目前的性格特征，揭示出其相关性格特征产生的根源，即因幼时曾受伤害而造成的“生存决断”。同时，让学员通过这些“个案”，普遍觉察到自己身上“看不见”的，但又无时无刻不在发挥作用的负面人格特质，从而起到修复心理创伤、提升心灵品质的效果。

心理剧可用于心理失常的儿童、青少年、老人，也可以用于弱智者、精神病患者和罪犯。它有助于提高个体自我解决现实问题的能力，有助于建立更加和谐的人际关系。

生活中的心理学

人格会影响你的健康吗

生活中总会有这样一类人：他们一心追求成功而不管有什么障碍，在较早的时候就被警告“很有可能在不到30岁时患上心脏病”。如我们所看到的，这些人急于控制生活，而有的人却不急不躁。于是，有人会问：“不同的人格是否真的会影响健康？”健康心理学的研究确切地表明，答案是肯定的。

20世纪50年代，弗里德曼等研究者报告了从古代就受到怀疑的问题：某一族群的人格特质与患病的可能性，特别是冠心病的可能性是否存在相关。研究者确定了两种行为模式：类型A和类型B。A型行为模式是一种包括极端好胜、富有攻击性、缺乏耐心、有时间紧迫感和怀有敌意的复杂行为和情绪模式。此类人通常对生活的某些核心方面感到不满，野心勃勃，极富竞争性，通常是一个孤独者。B型行为模式则恰好相反，他们有较少的竞争性和敌意，不急不躁，很有耐心。弗里德曼等人的研究显示，A型行为模式的人较一般人更易患冠心病。随后，大量研究将注意力投向了A型行为模式的人。研究已经发现，A型行为与心脏病及其他许多并发症有关。近期的焦点多是关注给人们带来最多危害的那些因素，而人格特质中表现出危害性最大的因素是敌意。敌意会导致应激反应长期的过度唤醒，促使带有敌意的个体养成不良的健康习惯，而且躲避社会支持。减少A型行为模式的行为治疗已经在许多情况中取得成果。如果认识到自己怀有敌意，出于对身体健康的考虑，也该去寻找一些干预方式。

最近，研究者提出了第三种行为族群，称作C型行为模式，可以预测哪些个体容易患上癌症或加速他们的癌症病程。C型行为多表现为善良、隐忍或自我牺牲，合作且愉快，不果断、耐心，服从外部权威，不将消极情绪外露，特别是“气愤情绪”。C型行为与有助于减慢癌症或其他严重疾病进程的“斗志”相矛盾。研究者已经发现了斗志的作用。比如说，对于那些被诊断患上了艾滋病的人，那些不愿意接受他们注定会死亡现实的个体通常要比那些认命了的个体生存的时间长。

总之，C型的被动性并不是面对疾病的最好办法。那些乐观的个体将失败进行外部归因，归于时间的不稳定和变动，这种应对风格对于乐观者的健康有很大影响。研究者已经证明，乐观主义对于免疫系统存在影响。乐观的人较少患有疾病的躯体症状，通常更加健康，寿命更长。积极的态度可以减少躯体体验到的慢性应激，并使人更有可能做出健康的行为。

复习巩固

1. 团体讨论的类型有哪些？
2. 角色扮演有哪些功能？
3. 自我指导训练法的实施阶段有哪些？

第二节　团体心理辅导中常用的技术

一、团体准备技术

(一)确定目标

团体心理辅导常因团体目标的不同、发展阶段的不同、参加的对象和规模不同而采取不同的方法和活动形式。从组织和实施的角度看，所有的团体心理辅导必须先确定团体的目标，而后才能设计团体活动的计划，确定规模，组成团体。

(二)明确团体的性质

按照团体心理辅导的计划程度可以分为结构式团体与非结构式团体,需要灵活地选择方法,以适应不同性质的团体。

(三)确定人数,甄选成员

1. 确定团体规模

团体的规模主要取决于团体辅导的目标。以治疗为目标的团体辅导人数不宜多,一般6～10人;以训练为目标的团体辅导人数居中,一般10～12人;以发展为目标的团体,参加者可适当多一些,一般12～20人;人数以6～8人为一组最恰当。

2. 明确服务对象

通常参加团体心理辅导的成员可以是背景、问题相似的人;团体成员须是自愿报名参加,同时也具备与他人进行交流的能力,能坚持参加团体活动的全过程,并遵守团体的各项规则。

3. 测验与筛查

可以通过宣传、邀请和强制要求募集团体成员,然后采用直接面谈、心理测验和书面报告等方式对其适当性进行筛查。

(四)确定时间与场所

明确团体辅导进行的场地和具体时间,并通知团体成员。

(五)设计团体方案

确定每次团体聚会的分目标、活动的内容及形式,以及所需时间、道具及材料等,并列出计划书。

二、团体启动技术

(一)热身活动

在团体开始之初,为克服陌生感,增进成员彼此间的了解,拉近彼此心理距离,可用一些热身活动,引发个人参与团体活动的热情。如,座位采取圆形方式,以产生团体动力,使每一成员都能面对面,平等交往。团体可以从唱唱跳跳等游戏开始，也可以从非语言的身体运动开始，如“微笑握手”“无家可归”“推气球”“寻找我的伙伴”等。在游戏中体会团体的作用，在活动中放下紧张、焦虑和不安的情绪，在不知不觉中融入团体。

(二)介绍活动

要使团体发挥功能，必须使成员尽快相识。传统的自我介绍法，常会使得介绍者感到不自然而在表达或者自我叙述时有所保留。这时，不如采取交互介绍方式，以便激发团体中个人对他人的认识与兴趣。

(三)澄清目标

团体开始时，由领导者做简短的开场白，说明团体的性质和目标、进行方式等，使成员清晰地了解团体的方向，以及可能给自己带来的成长，并调整自我的期望，积极投入团体。领导者的角色要从“此时此地”出发，以解除参加者的心理困惑。

(四)订立团体契约

为保证团体顺利进行，需要成员共同遵守一些规则。团体开始时，可以要求成员自己讨论团体契约，便于自觉遵守和互相提醒。也可以由领导者提出，得到成员的复议，如准时参加、集中注意、坦诚相待、保守秘密、全心投入等。

三、团体过程技术

吴武典将团体过程技术概括为三类共 21 项。

(一)反应技术

1. 关注

团体领导者对成员无条件地接纳与关怀，尊重成员的人格，以爱心、耐心和诚恳、亲切的态度与成员建立良好的信任关系。

2. 积极倾听

是指领导者要关注团体成员说话的内容、声音，理解成员通过肢体语言而透露出的信息，更要让谈话者感受到自己的话正在被领导者所关注。倾听是最基本的反应技术，是每个团体领导者的基本功。倾听不仅仅是用耳朵听，更重要的是用心去听，去设身处地地感受团体成员。倾听技术需要通过训练才能真正掌握，它包含两种类型。第一种是支持性倾听，这种倾听是以正强化理论为基础，重在鼓励对方表达内心的真实感受，其反应方式有三种：开放式问题、“嗯哼”回应和内容反映。第二种是记忆性倾听，这是一种保存和评估信息的聆听。

3. 重复

指领导者以重复的方式来传递对团体成员说话内容和情绪体验的了解。重复的目的在于，协助发言成员对自己所表达的想法和感受有更深入的觉察，同时让发言成员感觉到领导者愿意了解的态度和能够理解其感受的能力。

4. 同理心

同理心要求团体领导者将心比心，设身处地对成员进行移情性理解，并把这种理解恰如其分地表达出来，让成员知道。同理心是表达了解、促进关系和自我探索的最好方法。这将加深成员对被接纳的感受和对团体的吸引力，有助于他们继续自我探索。在运用同理心技术时，领导者可以通过简述语意和情绪反应两种方式来表达同理心。简述语意是指领导者将当事人说话的内容简要地向对方叙述一次，以表达领导者对当事人语意的了解，并借此确定双方了解的一致性。情绪反应是指当说话内容包含情绪时，领导者将自己在当事人身上所体验到的情绪和感受反映给当事人，让当事人觉得领导者和他一样感同身受。

5. 澄清

澄清是指领导者协助成员搞清楚自己的叙述。在个别成员表达思想时，会出现不清楚、不具体的情况，这就容易造成沟通障碍。这时，团体领导者可借助于提问与复述以及运用其他成员等方式协助成员更具体、更明确地提供信息或表达意见。澄清在团体辅导当中具有重要的意义。它可以帮助成员清楚地觉察自己所表达的目标所在；可以使其他成员积极参与团体讨论，对团体产生兴趣和活力；有利于确定团体内的有效沟通；对避免团体产生挫折和团体能量枯竭具有重要作用。

反应技术的目的是促进信任、和谐关系的建立，鼓励成员开放、表达，以促进他们的自我探索。

（二）互动技术

1. 建立关系

建立关系是互动技术的基础。团体领导者必须具备无条件积极关注、真诚、共情、尊重等基本态度，使成员感到温暖、安全，从而在团体中开放自己，形成良好的团体气氛，形成尊重、接纳、关怀的人际关系，互相信任。

2. 解释

解释指团体领导者对团体成员语言行为或非语言行为陈述给予意义的过程，目的在于帮助成员自我了解并引导成员改变自我的行为。当成员对其行为有所曲解时，解释是必要的。但解释不是说服而是提供思考，解释必须采用清晰、准确、简洁的语言才能使成员领悟。

3. 联结

领导者将成员间所表达的观念、行为或情绪相似之处予以衔接、产生关联，或把成员尚未觉察到的一些相关联的片断资料予以串联，以帮助成员了解彼此的异同之处，增加彼此的认同感，提供重新检视个人资料的机会，并使之领悟，且引导其走向改变行为的积极方向。或者更进一步找出团体中产生的主题，予以联结，以促进团体讨论共同关心的问题，提升团体效能与凝聚力。

4. 催化

协助团体成员增加有意义的互动的技术，也是贯穿团体辅导整个过程的技术。团体领导者采取行动促使团体成员参与，如热身、破冰，或介绍重要的资料给团体的一种技术。

5. 阻止

团体领导者为防止团体或部分成员的不适当行为或有害行为所采取的措施。阻止的焦点既非针对个人，也不应针对某一个人身上的特别行为，还应避免贴标签。例如，攻击未出席的成员、讨论某成员的闲话、穷追不舍地逼问等。当出现这类情况时，领导者需要用坚定但温和的语气加以制止。

6. 保护

为了确保团体成员在团体中免于不必要的心理冒险，或者不必要的身心伤害而采取的必要性、安全性反应。因为在多人参加的团体中，难免会出现冲突或其他负向行为，领导者要及时觉察，并安全疏导。在使用这个技巧时，团体领导者应该注意把握好保护的度，不能不保护，也不能过度保护。不保护容易造成团体成员受到不良团体经验的伤害，而过度保护又容易使得团体成员自由实践和学习的机会受到限制。

7. 支持

团体领导者给予成员鼓励，增强其信心，也有助于提高团体凝聚力。团体成员在开始面对自己的心理困扰时，往往会表现出抗拒或不愿意坦率地表达。团体领导者要多鼓励，多支持，肯定成员的优点，表扬其已有的进步，让他们感到安全、有信心。

8. 反馈

反馈，是指领导者以重复方式来传递对团体成员说话内容和情绪体验的了解。是基于对成员行为过程的了解，表达对成员具体及必要的反应，以利于成员利用这些信息改变自己的行为。反馈的时机要适宜，尽量用非判断性的语言，反馈也可以是成员之间自发地给予，也可以由领导者邀请成员给予。在带领一个团体时，领导者可以针对个别成员、几个成员或整个团体成员来使用反馈技术。

反馈的主要目的有两个：第一，协助谈话成员对自己所表达的想法和观点有更深入的觉察；第二，让谈话成员感觉到领导者愿意了解的态度和能够了解其感受的能力。

反馈可分为内容反馈和情感反馈。内容反馈是指领导者对成员谈论的主要内容、思想加以整理，再反馈给当事人，从而深化谈话的内容。而情感反馈则是指领导者对谈话者的语言和非语言行为中所包含的情绪情感内容整理后反馈给当事人，以协助其觉察和接纳自己此时此刻的感受。反馈技术有助于良好咨询关系的建立和发展。

9. 自我表露

自我表露也称开放自我，指团体领导者在适当的时机有意义、建设性地分享个人类似的经验、感受和看法。领导者自我表露的内容必须与团体的主题有关，与此时此地成员关注的问题有关。自我表露有助于领导者与成员建立良好的关系，促进团体气氛，同时增强成员示范性学习的效果，刺激成员的思考。

10. 折中

领导者以客观公正的立场，邀请团体中的成员表达不同的看法，以确保所有的意见都有一个被听到的公平机会。

11. 聚焦

聚焦包括建立、维持或转移焦点的技术。团体领导者要有能力判断此时团体的焦点何在，以及了解此时此地最适当的焦点，才能适当地运用聚焦的技术。团体的焦点有时是个人，有时是一个主题或者活动。通常，领导者可以运用活动或练习来建立团体的焦点，灵活使用绕圈或配对的方法也可以使成员们有效聚焦。如团体中有太多过于活跃的成员，领导者就要有技术地引导其他成员参与，阻止其占用团体太多时间，巧妙地将焦点转移到其他成员身上或是转移到主题上。

(三)行为技术

行为技术的主要目的是促使成员积极思考并参与团体活动。

1. 起始

也叫做开启技术，是领导者用来在适当的时机介入团体，使成员进入活动状态的技术。一般在团体之初、团体动力停滞或者团体从一个方向转向另一个方向时使用。起始技术可以带出成员的参与感，使之转化为积极的团体动力。

2. 询问

询问的问题需与成员的自我资料有关，比如与成员目前的生活有关的内容、成员愿意努力并改变的内容、成员愿意冒险并承担责任的内容等。询问可以引导成员深入思考，帮助成员探索自己的内心世界，明确成员个人可以改变的领域。询问包括开放式和封闭式两种。在咨询过程中，领导者应该尽量使用开放式语句引导成员对自己的行为内涵及原因进行自我探索，从而增进自我了解。

3. 面质

面质也可以称作询问、对峙、正视现实。它是指领导者指出成员存在于各种态度、思想、行为之间的矛盾。面质时要善于使用实际资料，当发现成员在态度、思想以及行为上产生矛盾时，领导者应直接指出其存在的混淆，自相矛盾、实质各异的观点，态度或言行，并表现出接纳与认可的态度。面质的目的是为了促进成员自我思考，勇敢面对现实，有助于成员的成长，而不是告诉成员做错了什么，也不是领导者向成员表达自己不同观点的机会。

根据穆哥特伊德(S. Murgatroyd)的观点，可将面质分为三类：一是成员的现实自我与理想自我的差异；二是成员的思维、情感与实际行动之间的差异；三是成员自己的体验与领导者对其体验印象的差异。

领导者在有效使用建设性面质的过程中，必须遵循一些重要原则：(1)以正确理解的态度进行面质；(2)采取尝试性的态度而不是教条式的方式，要有意识地避免辩解；(3)通过描述特定的行为而做到具体化，避免对成员进行批判和分类；(4)只针对那些你所关心并愿意与其达成更深层次亲近的人面质；(5)只有当已经获得了这样做的资格时，才可以做面质；(6)面质是以对成员的尊重态度为前提的，要保护被面质者的尊严，其目的在于鞭策成员去考察自身尚未认识与探索的各种心理层面；(7)学习鉴别哪些可能是一种审判式的攻击，哪些是关心式的鞭策；(8)对自己的行为承担责任，而不是让其他人为你的行为负责。

4. 调停

当团体进行的方向与步调偏离了团体主题时所采取的干涉行为。比如，团体发展速度太快，成员不习惯或难以忍受团体气氛，或在团体讨论跑题的时候。领导者需采取调停行动的情况有：成员反应含有敌意，大部分成员的意见不正确，团体成员被迫接受团体的决定，团体制造过分的紧张或顺从的压力等。使用调停的目的是把团体辅导的焦点集中到与团体有关的内容上。

5. 示范

示范指通过电影、录像及治疗者、同龄人的适应行为，为团体成员提供仿效的榜样，以矫正成员的不适应行为。在团体辅导中，团体领导者无论愿意与否，他的言行都会对团体成员起到示范作用。

四、团体结束技术

团体结束时领导者的任务是回顾与总结团体经验，评价成员的成长与变化，并提出希望；协助成员对团体经历做出个人的评估，鼓励成员表达对团体结束的个人感受；对团体的效果做出评估，帮助成员把团体中的转变应用于实际生活中。常用团体结束的技术有结束预告、整理所得、角色扮演、修改行动计划、处理分离情绪、给予与接受反馈、追踪聚会、效能评估。如何使团体在愉快的气氛中结束需要运用一些技术，一般而言有四种方式：第一是结束之前，成员间互相赠送小礼物，道别祝福；第二是领导者在结束时，对团体辅导做一简要的回顾与总结；第三是团体成员检讨自己在团体中扮演的角色，谈谈是否达到期望，以及自己切身的感受；第四是展望未来，明确今后应该怎么做，如何巩固团体辅导效果。

（一）每次聚会结束的技术

每次团体聚会，领导者都需要留出至少十分钟时间，采用一些技术顺利结束团体。可以采用邀请成员总结、领导者总结，安排家庭作业，预告强调下一次聚会的时间和内容，安排结束的活动等方式。邀请成员个人总结时，就是鼓励成员说出此次聚会对他们的意义。可以问以下的问题：你能简短地说出对这次聚会的感受吗？在下一次聚会之间，你愿意采取什么具体方法使你的生活有所改变？这次聚会中，你经历到最重要的事情是什么？今天，别人的表现最令你感动的是什么？你从中学到了什么？

（二）预告结束的技术

领导者最好在结束前一两次团体活动时预先告知成员，让成员提早做心理准备，处理想解决但尚未完成的问题，也可先讨论分离的情绪，整理所得，制订或修改行动计划。

（三）采用活动的技术

通常领导者可直接告诉成员团体即将结束，或以一些活动，如真情告白、互送卡片、大团圆、化装舞会、茶话会等引发成员回顾所学，互相反馈与展望未来。若是自发性强的团体，可以由团体自行决定最恰当的结束方式。

（四）评估团体效果的技术

在团体结束后，采用追踪聚会、问卷或访问等方式评估团体的这一能力，也是领导者必须具备的。在评估团体效果时，须依据团体目标及成员个人成长等维度对团体活动做出适当的评估。

五、追踪技术

团体辅导的真正目的是希望团体成员将在团体中所学到的一切扩大到实际生活领域中，以便长久地发挥其积极影响。因此，衡量团体辅导的效果，不能只看团体结束时的问卷结果。追踪技术是指在团体结束后的一段时间内，对团体成员进行追踪，以便了解咨询效果所采用的方式与技术。采用什么方式才能准确地了解到成员的改变状况，这是一个非常复杂的问题，涉及许多影响因素，有待于从事团体辅导的人员深入地研究。

扩展阅读

音乐心理剧

音乐心理剧是将音乐即兴创作、音乐想象及其他音乐治疗技术与传统的心理剧相结合的一种综合治疗方法。对于音乐心理剧，莫雷诺(Moreno)认为："把即兴音乐、影像、音乐治疗等技术与传统行为心理剧相结合，其效果要超越单独使用的任何一种方法"。

音乐心理剧与心理剧的区别：音乐心理剧是把心理剧和音乐结合起来，其结果是一种混合形式，这与其本源截然不同。这一结合的产物是同时包含心理剧和音乐的不可分割的组合体。与单独实践的心理剧相比，这一组合体增加了内容。音乐心理剧无疑是心理剧的一种形式，因为它完整地保持了心理剧的所有传统因素，也是音乐治疗的一种形式。对于由音乐和心理剧相结合而形成的这一产物，其最合适的命名就是音乐心理剧。它可以被定义为：音乐心理剧是将音乐即兴创作、音乐想象及其他音乐治疗技术与传统的情节心理剧相结合的一种综合治疗方法，其效果优于单独运用其中任何一种治疗技术。

音乐心理剧与音乐治疗的区别：有交叉的地方，但音乐心理剧是心理剧的一种，是结合了音乐治疗等疗法的心理剧，其效果优于单独运用其中任何一种治疗技术。

音乐心理剧的治疗目的就是要通过生动的形式，让参与者在"此时此地"的真实体验中得到人格成长的机会，并最终通过泛化作用调整参与者实际生活中不良的行为模式。因此，莫雷诺教授认为："音乐心理剧真正的开始是离开治疗室以后。"尽管音乐心理剧需要音乐的参与，但实际上不懂音乐技巧的人往往更能快速地融入，收获更多。它适合所有的人群，除可用于健康人群外，还可用于对发展障碍、视觉听觉受损、物质依赖者等相关人士的治疗。这一治疗方法被广泛应用于个体治疗、团体治疗(例如校园及企业内部团体辅导)，治疗发展迟滞的儿童、身体残疾人士，应用于疼痛管理、临终关怀等。

莫雷诺先后在50多个国家举行过各种有关音乐治疗和心理剧的演讲和报告，他创造性的艺术治疗享誉国际。从20世纪80年代开始，他先后多次到中国进行专业培训，得到了大家的充分肯定和良好评价。更多知识可以参见专著《演出你内心的音乐——音乐治疗与心理剧》《Acting in Your Inner Music：Music Therapy and Psychodrama》。

本章要点小结

1.团体心理辅导的一般方法包括：团体讨论、角色扮演、心理剧、认知行为疗法、习作活动、演讲会、参观访问和影视欣赏等。

2.角色扮演具有测评和培训两大功能。角色扮演法的操作步骤：选择与定位角色；调查与采样角色行为；情境主题的定位；确定评价标准；主试的选择培训；安排场地及其他设施；通知受评人；实施和总结。

3.认知行为疗法主要有埃利斯的理性情绪治疗和梅肯鲍姆的认知行为矫正技术以及贝克和雷米的认知疗法。

4.心理剧是集体心理治疗中最早出现的一种治疗方式。心理剧是一种可以使患者的感情得以发泄，从而达到治疗效果的戏剧。

关键术语

团体讨论　角色扮演　认知行为疗法　理性情感治疗　情绪ABC理论　面质　自我指导训练法　心理剧　关注　积极倾听　重复　同理心　澄清　建立关系　解释　联结　保护　催化　阻止　支持　反馈　自我表露　折中　聚焦　起始　询问　调停　示范

复习思考题

一、判断题

1.演讲会不是团体心理辅导的一般方法。（　　）

2.陪席式讨论不属于团体讨论。（　　）

3.认知行为疗法是一组通过改变思维或信念和行为的方法来改变不良认知，达到消除不良情绪和行为的短程心理治疗方法。（　　）

4.在ABC理论中增加的D是指对非理性信念的干预和抵制。（　　）

5.心理剧是集体心理治疗中最早出现的一种治疗方式。（　　）

二、选择题

1. 在情绪 ABC 理论中，A 代表（　　）

A. 激发事件　　B. 因 A 所产生的信念

C. 情绪和行为后果　　D. 直接原因

2. 根据 ABC 理论，人的不合理观念常常具有哪些特征（　　）

A. 绝对化的要求　　B. 过分概括化

C. 糟糕至极　　D. 无法想象

3. 下列哪些属于反应技术（　　）

A. 积极倾听　　B. 重复

C. 解释　　D. 自我表露

4. 聚焦包括（　　）

A. 分散焦点　　B. 建立焦点

C. 维持（转移）焦点　　D. 结束焦点

5. 在团体辅导中，大部分成员的意见不正确时，应该采取哪种技术（　　）

A. 面质　　B. 反馈

C. 阻止　　D. 调停

第六章　结构式团体练习

团体辅导中，不管是什么团体类型，练习都是吸引团体成员积极投入和参与，促进其互动成长的重要手段。好的练习常常可以使团体辅导达到理想的成效。但是，练习只是一种手段，而不是最终目的。本章学习的目标就是弄清结构式团体的含义及内容，及其与非结构式团体的区别，什么是结构式团体练习，以及这些练习的类型与方法。

第一节　结构式团体练习

一、结构式团体的含义

根据团体辅导活动有无计划与目标，可以划分为结构式团体与非结构式团体。

结构式团体是指领导者根据团体的目标，事先充分计划及设计相应的活动和程序来引导成员积极参与，从而帮助其在团体中学习、成长。结构式团体目标明确，有团体焦点主题，活动安排具有程序化、计划性、系统性的特点，领导者与成员的角色明确，辅导过程中重视团体互动气氛。大学生生涯规划团体为结构式团体。

非结构式团体是指不刻意安排有程序的固定活动，强调成员自主性的团体。领导者对团体较少承担责任，其主要任务是促进成员的互动，对团体目标与方法很少介入，团体目标与团体辅导进程由成员在互动中自己探究。

二、结构式团体练习

团体练习也称习作、活动、技术、游戏、经验、实验、结构性团体练习。通过团体练习，可增进团体的活力与趣味性，并可达到引发团体成员情感与讨论的参与，降低心理防卫，提供领导者有用的资料，集中与变换焦点，鼓励成员在练习和体验中学习新行为，提供趣味与放松等作用。这种类型的团体优点在于：团体目标明确、活动安排程序化，领导者与成员的角色明确，重视团体互动气氛与改善成员的目标行为，有团体焦点主题等。比如，发展性辅导团体。

结构式练习是针对团体成员的需要或达成个人行为、建设性反馈、过程作用和心理的整合而设计的演练性活动，是一种经历性的感受体验，适用于特定团体的需要或达成某种训练目的。结构式练习的运用，意味着团体的过程有某些特定的次序，通过有秩序的练习，加速团体的互动及热身。结构式的练习方式包括语言、非语言、纸笔作业、画图、肢体动作、座位安排等。

结构式团体练习是许多团体领导者的重要资源，但会因为每个领导者的专业技术不同而改变。也就是说，使用结构式团体练习必须根据团体领导者本身的特性加以革新和变通。作为团体领导者，需要关心的不只是团体练习的多少，更重要的是运用结构式团体练习，使其对成员人际关系训练产生作用，从而使成员能毫无压力地整合自己的学习。

非结构式练习强调不预先设定练习内容，而是根据团体的发展状况以及成员互动的成熟程度，由成员自发性提出要探讨的主题、内容，领导者不主动带领，只适时地介入、引导和促进。非结构式练习的特点是强调成员的自主性，在一种比较自然、主动的互动气氛中寻找自己所需要的团体目标。非结构式团体进程更多依靠成员之间相互激发的自发动力，团体此时此刻发生的讨论素材更加自然和现实，但程序不固定，可控性差，容易给初建的团体成员带来不确定感和焦虑。因此，非结构式的设计更适合运用在团体发展阶段，而在团体开始和结束阶段，结构式的练习较能发挥作用。

需要注意的是，活动只是团体的催化剂，是手段不是目的，练习的真正意义在于练习结束后的讨论与交流，互相的反馈才是最重要的。练习只是达成团体目标的手段之一，任何练习的选择，都需要结合团体目标、发展阶段、成员的身心状况与需要而选择，不能只是为了练习而练习。

三、结构式团体练习的功能

(一)提供人际交往机会

郑日昌(1994)认为，人际交往是人与人之间相互传递信息、沟通思想和交流感情的过程。人际交往是人成长发展的基本需要，按照奥尔德弗(Alderfer)提出的 ERG 理论(即生存、相互关系和生长理论)中“相互关系和谐的需要”这一概念所说:“人有愿与别人交往、维持重要的人际关系的需要”，这种需要只有在人际交往活动中才能得到满足。在团体训练过程中，团体成员可以通过团体练习来增加彼此语言或非语言的接触和交流。

(二)发挥导入作用

由于“社会顾虑倾向”“面子”等社会心理影响，团体成员在多个陌生人面前要开放自己是冒险的，不安全的，所以团体在发展过程中会遇到一些障碍。提供特殊安排的团体练习，使成员在比较轻松的状态下，不知不觉地进入平时难以启口的敏感性问题的讨论，敞开心扉，看到真实的自己和他人，有利于引领成员进入深入探讨的领域。

(三)进行行为预测

参加团体之前，团体成员中多数由于缺乏有效的社交技巧，而在生活中面临诸多困扰。团体提供了互信互赖的气氛，使成员的偏差行为得以识别，并可通过不同类型的团体练习得以矫治，成员很容易在练习中进入角色，尝试新的行为，学习适应的行为，改善不适应的行为，发展社会技巧，获得新的成长和改变。

(四)收集所需资料

在团体练习过程中,成员会直接或间接地表露出个人的性格、对事物的看法和对特定事件的态度等。这有助于团体领导者及成员获得成员个人的相关资料,促进成员对自己的了解,也使团体领导者更好地带领团体顺利达到共同目标。

有研究表明:接受结构式练习后的成员多感到团体辅导比较有效,而且认为该团体的领导者也比较负责。然而,随着团体辅导次数的增加,结构式团体成员间互动的有效性却逐渐降低了,因为过多地使用结构式练习会使成员产生过度依赖感;而非结构式团体则较少出现这种情况。

四、结构式团体练习应用原则

团体练习贯穿于整个团体辅导过程之中。一个成功的团体领导者不仅要知道如何灵活应用适当的团体练习,而且应该知道如何避免不适当的练习,从而促进团体发展,达到最终的团体目标。为此,领导者需要遵循下列应用原则:

(一)团体练习须遵循的一般原则

1.了解团体练习的预期效果

团体领导者在组织一个练习前,应该明确进行某个练习的目的、可能引起的后果、成员是否准备充分、成员对你是否有充分的信任等,充分考虑各种情况后再运用。

2.充分考虑团体特点

团体辅导开始前,领导者应充分考虑团体的目标、特点、时间、成员的特征,认真思考后,决定是否运用团体练习,明确运用团体练习的类型、次数及时长。一般中老年团体辅导多采用团体讨论,而较少用团体练习;而青少年团体较多使用练习。

3.运用自己熟悉的团体练习

在众多类型的团体练习中,领导者需要找到一种适合自己的练习进行运用。一般建议团体领导者自己先有机会实践,自己曾体验过的练习会更熟悉,也比较容易掌控。贸然使用自己不熟悉的团体练习,或对可能出现的问题缺乏准备,往往会适得其反,阻碍团体发展;如果配合自己的人格特点及自我模式选择练习,效果更好。

4.避免以练习代替辅导

会带团体练习不等于会做团体辅导。有些团体领导者一个练习接着一个练习不停地带,他们担心停下来会冷场;有的团体领导者缺乏带领团体的经验,只好依靠团体练习来协助团体运作,这样都会影响团体辅导的发展与效果。团体练习的真正意义在于练习结束后成员之间坦诚的交流和分享，这需要充分的时间讨论。因此，一个领导者必须考虑在什么样的场合才能带练习，带哪几项练习可以促进团体目标达成，练习之间的过渡如何有效运用，才能使之自然、顺畅。

(二)安排练习的具体原则

团体练习是达成团体目标的一种手段和方法，不是团体娱乐游戏，故不应只为有趣好玩，使人兴奋或产生高昂的情绪。因此，为配合团体的目的和预期的结果，选择练习须遵循一定的原则，包括：(1)练习的安排注意逻辑性、层次性与衔接性，考虑场地条件；(2)应考虑团体发展过程、团体动力、过程目标与任务目标；(3)练习必须符合成员身心发展特点、成熟度及发展任务与需要；(4)选择的练习应该让所有成员都有参与的机会；(5)学习性练习在初期，个人问题的解决安排在团体后期；(6)正向反馈放在初期，负向反馈放在后期；(7)练习应具有多样性和趣味性引发成员的参与兴趣，加深学习效果；(8)保持练习的弹性，注意安全性，尊重成员开放程度与身心安全；(9)应该是领导者亲自体验或带领过且熟悉的；(10)选择的练习最好是领导者可把控的，且能提供稳定与持续性；(11)非必要尽量少用身体接触的活动，非语言练习须配合语言的分享和讨论；(12)浅层自我表露安排在初期，深层自我表露安排在后期；(13)选择的练习要考虑到团体的时间是否足够，以免给成员带来遗憾或困惑；(14)适当安排家庭作业，鼓励成员练习。

(三)团体练习的伦理问题

由于不同团体在各个发展阶段具有不同特点和水平，在团体辅导过程中，领导者要了解有关的伦理原则，确保在团体练习中不伤害成员的利益，避免不当地使用技术。同时，也要注意团体本身的限制与缺点所造成的伤害。如，团体人数较多则易产生冲突，成员过度或不当的自我开放可能导致伤害，成员可能会过度依赖或在团体压力下有负面成长等。如何在事先或现场避免可能的负面影响，这也是领导者的责任。

复习巩固

1. 什么是结构式团体？
2. 结构式练习的功能有哪些？
3. 结构式团队练习应用的原则有哪些？

第二节 结构式团体练习的类型

一、结构式团体练习常见类型

结构式团体练习的类型方法很多,以下举几种常用的类型:

(一)接触练习

通过成员肢体上的接触来强化彼此的感受。比如,有些练习要求成员互相接触对方的手、脸或肩膀,通过肢体接触会给成员带来感觉上的刺激,也会增进彼此的沟通和信任,提升团体凝聚力。例如,常用的身体接触性练习有信任跌倒、瞎子走路、突围闯关、同舟共济等。但这类练习的运用要注意成员的感受,如果成员觉得不自在、不习惯或不愿意时,应尊重成员的反应。

(二)身体运动

身体运动可以用来作为热身,激活团体气氛,也可以增进团体成员的互动达到提升团体信任度的作用,更可以通过身体练习,改善成员不适感觉与行为,达到治疗的目的。如,轻柔体操、叩击穴位、肌肉放松法、呼吸放松法、冥想放松法、瑜伽放松法等多种方法。体操与运动也是心理生理治疗的一部分,体操可以协助成员对自己的身体更加敏感,对自己的存在有更实质的把握。进行身体练习时要求有足够大的空间,由领导者带领成员完成各种动作,领导者先带头做一个动作,要求大家一起模仿;无论什么动作都可以达到放松,减轻紧张气氛。身体运动在各类团体中都被经常使用,此类练习是通过肢体活动的方式来表达某些主题或思想的。

(三)纸笔练习

指成员对所要求的主题进行深入思考后,通过纸笔书写的方式来表达其观念和看法,然后分组,使其进行分享和讨论各自的观点。这不仅可以深化自己对主题的认识和思考,也可以通过分享进一步自我认识和了解他人,从而充实和改善自己。同时,此类练习有助于成员将注意力及讨论重点聚焦,也有助于引发成员的兴趣。纸笔练习种类很多,如我是谁、生命线、真我角色、走出圈外、价值观探索等。纸笔练习是团体辅导过程中使用最广泛、最便捷、最有效的团体练习之一,旨在通过纸和笔用书写的方式来表达成员的观念和想法。

(四)美术与工艺

绘画是一种表达内心世界和表达自我的好方法。美术作品能投射反映出个体的独特的人格特质和想法。通过绘画或工艺练习，借助线条、图案、颜色或象征，表现出我们的个性，有时可以比语言更有意义地反映绘画者的情感和想法。在运用绘画练习时，主题要选好，配合团体目标，绘画完成后，邀请团体成员分享自己作品的意义，其他成员可以通过询问等方式，促进绘画者思考和探索自己的作品，从而进一步了解自己，了解他人。例如，自画像、家庭树、T恤衫设计、绘画接力、突破困境等。

(五)阅读练习

由领导者提供某一主题的阅读资料，可以是图书、画报、报纸等，引导成员先看，然后围绕主题做较深入的讨论。阅读练习进行得是否顺畅主要在于资料是否合适，只要资料选择得当，一般都可以引出热烈的讨论。

(六)媒体应用

媒体的含义很广，可以指一些游戏的道具，也包括音频、视频等。媒体的应用可以吸引成员参与学习，协助成员做出自我表达，通过练习产生顿悟。在团体中成员难以用语言充分表达自己时，可以利用各种媒体，如出气棒、玩具、橡皮圈、色布、跳绳、棋子与彩笔等。尤其对于青少年团体，媒体应用更加有效，可以引发成员的兴趣、参与和投入。媒体的选择最好简单，容易获得，便于使用，新奇有吸引力。在团体中常常使用音乐、电影等作为引发和激励成员思考问题的媒介。

配合团体目标、单元主题，选择合适的媒介最好具备以下条件：第一，内容以故事性的方式呈现并有可观赏性，能引起观看的兴趣；第二，内容中最好有一个冲突的情境，以便作为讨论的焦点；第三，内容贴近成员的现实生活经验；第四，时间以15～20分钟为宜，方便在一次聚会中讨论完，如果内容太长而导致没有时间交流，则难以达到目的。

(七)心理剧

常用的有布偶剧与生活演练。布偶剧的运用如同角色扮演，角色扮演是指用表演方式来启发团体成员对人际关系及自我情况有所认识的一种方法，包括心理剧和社会剧两种表演方式。可事先拟定主题或剧情，再分配角色与演出。生活演练通常由团体成员扮演日常生活问题情境中的角色，使成员把平时压抑的情绪通过表演得以释放、解脱，并学习人际关系的技术及获得处理问题的灵感。

(八)人际沟通

为了促进团体成员之间的互动,增进了解,互助解难,常常可以使用一些沟通练习,如回旋沟通、优点轰炸、真情告白等。

(九)娱乐性练习

如乒乓球接力、技艺大赛、组歌比武、大合唱等,此类活动的目的是调动参与者的情绪,使团体气氛轻松愉快,同时增进成员之间的互动。

(十)团体外作业

团体外作业也称家庭作业,指每次团体聚会结束时,领导者特别布置给团体成员,在下一次聚会前需要做好的练习。这是因为在团体里,每次聚会时间有限,每个人练习的机会有限。家庭作业的目的有四个:第一,为了鼓励团体成员在真实的生活中尝试在团体中学到的东西;第二,为了让成员在没有治疗师,也无团体立即反馈的条件下能练习新的行为,减少对团体的依赖;第三,在没有团体和领导者支持时,迫使成员发展出自我控制的策略,以完成团体外的练习;第四,通过家庭作业为团体成员创造利用小团体彼此帮助的机会。家庭作业的类型多种多样,根据团体目标、对象和团体进展来选择,有行为练习、认知作业、观察作业等。

二、选择和预备团体练习

(一)团体目标

团体目标是团体练习的基础。一个好的目标将成为行动的导向,以引导每一个成员朝他所能做的进行,是融入个人的目标在内,能看见结果的。选择团体练习,必须针对团体目标,看练习是否促进或有助于团体目标的达成。

(二)团体规模

团体规模即团体的人数,这将影响团体练习的选择。领导者必须事先明确了解团体的大小、人数的多少、单数还是双数,这些都影响练习的选择。例如,盲行练习需要成员配对进行,如果是单数,就会有人不能参加和体验练习。

(三)练习时间

每个团体练习所需花费的时间长短不同。团体领导者要熟悉团体练习的时间,了解团体聚会的时间,以便选择适当的练习。例如,青少年团体聚会每次时间60~80分钟。一次聚会安排哪些练习，不仅要看团体发展阶段，而且要注意练习的时间，不宜安排太多或时间过长的练习。

(四)发展阶段

不同的练习用在团体不同的发展阶段。下面是一些团体不同阶段可以采用的练习：(1)在团体初期适合的练习有：滚雪球、拍打穴位、寻找我的那一半、对对碰、无家可归、解开千千结等；(2)有助于增进团体信任的练习有：盲行、信任跌倒、信任圈、睹物识人、同心协力等；(3)促进团体凝聚力练习有：图画完成、故事完成、突围闯关、组歌比武等；(4)催化成员自我探索的练习有：我是谁、生命线、自画像、盾型探索、生存选择、设计我的T恤衫、生活计划等；(5)加强成员互动沟通的练习有：循环沟通、金鱼钵、脑力激荡、热座、镜中人等；(6)适合团体后期结束的练习有：真情告白、心意卡、化装舞会、联欢会、大团圆、合唱等。

(五)所需材料

一些团体练习的实施需要道具配合，领导者应该熟悉每个练习需要使用的道具和器材，事先充分做好准备，最好选择一些方便得到、价格适中的道具。比如，“金字塔”练习需要准备胶带、胶水、剪刀、画报纸等物品，事先必须准备齐；“盲行”需要成员准备蒙眼的道具，如领带、纱巾、眼罩、毛巾等；“大团圆”需要准备音乐等；心理剧需要垫子、出气棒、色布、灯光、抱枕等道具。

(六)物理环境

团体练习需要有相应的空间和特殊场地。有关团体练习适合于室内还是室外，室内除了需要安静、隔音外，对湿度、温度、光照度是否有特殊要求，是坐凳子还是席地而坐，是否需要桌子等家具，是否需要布置成为某种特殊的生活场景等问题，每个团体练习都有相应的要求，领导者必须熟悉。例如，“突围闯关”要求场地很安全，没有任何障碍，因为成员在练习中可能会摔倒。

(七)参考资料

为了使团体成员通过练习获得更大的收获，团体领导者有时会准备一些与团体练习要达到的目标一致的讲义资料，或可供成员阅读的相关背景知识的材料，以避免成员为了记笔记而不能将注意力集中在团体过程中。例如，“减压二十六式”需要准备清单，以便成员在讨论时可以用上，边阅读边谈自己的看法和理解。

(八)评价练习的有效度

当结构式团体练习用来导向特定目标的气氛，引出成员的思考和问题。那么，评价团体练习是否恰当，是否有效，是否达到使用目的，则需要根据团体目标和阶段目标而定，同时需要观察成员的表现与态度。若团体练习使用不当，就可能达不到使用的目的，但其影响因素是多样的。例如，团体领导者是否熟悉操作过程，实施前准备是否充分，实施过程是否完整，团体成员以前是否有过类似的经历，练习结束后的分享是否有深度等。只要领导者精心准备，有技巧地掌握和使用，团体练习的作用可以达到理想的期望。

三、团体练习内容的安排程序

第一，先根据团体的目的与目标列出团体的整个计划；

第二，再根据活动计划制订欲达成的各项目标；

第三，详细列出可以利用的各种设备和资源以及最合适的时间；

第四，根据成员下列的因素列出相关的备用练习：兴趣和动机、年龄、技巧层面、身心状况、注意力的持久性；

第五，再根据下列因素，分列各种计划：

(1)练习的特征，如时间长短等；

(2)练习的生理性需求事项，如力量的大小等；

(3)练习的社会性需求事项，如互动、语言等；

(4)练习的心理性需求事项，如感受、动机的表达等；

(5)练习的认知性需求事项，如对地点、人员的了解；

(6)最后，选定最适合的且能达到团体既定目标的练习计划。

生活中的心理学

团体游戏增加生活乐趣

约3000年前，阿提斯(Atys)在小亚细亚的吕底亚为王。一年，全国范围出现了大饥荒。起初，人们毫无怨言地接受命运，希望丰年很快回来，然而局面并未好转。于是，吕底亚人发明了一种奇怪的补救办法来解决饥饿问题。计划是这样的：为了感觉不到对食物的渴求，他们先用一整天来玩游戏；接下来一天，他们吃东西，克制玩游戏。这一做法使他们熬过了18年，其间发明了筛子、抓子儿、球以及其他所有常见的游戏。

为什么有的游戏会让人感兴趣，有的游戏让人感到无聊，而现实又让人感到焦虑呢？对于这些问题，作者从积极心理学的角度进行了解答。积极心理学定义了一种名为"心流"的特殊幸福形式：创造性成就和能力的提高带来了满足感和愉悦感。我们的日常生活中是极度缺乏"心流"的，但是在游戏中却很容易找到。

游戏比现实生活产生更多的"心流"，所以玩游戏比在现实社会拼搏要更能让我们体会成就感、创造力，感受到幸福。当一个游戏结束时，其所带来的"心流"也就结束了。因此，当我们经历了一个团体游戏后，先是恍然大悟，随后是一种怅然若失的感觉。

回过头来看吕底亚人的18年游戏生活。他们在游戏中体验到了乐趣，得到了"心流"，体会到了幸福，所以他们可以暂时忘记饥饿。其实大家应该都有体会。为了一个喜欢的东西，省吃俭用几个月也值得；为了看一场比赛，熬夜什么的都不在话下。所以，套用现在的话说就是"与游戏能够提供的'心流'相比，吃饭什么的物质享受都弱爆了"。

游戏的对立面不是工作，而是抑郁。那怎样才能不抑郁呢？为了躲避现实世界的不如意，便把自己埋入虚拟世界中。其实，这只是游戏的初级阶段。团体游戏要做的就是：用游戏化的思维去改造现实世界，让它看起来更有趣；能提供更多的"心流"，使人们在这个过程当中去体会现实世界中所不能够体会到的，也让这些不存在于自己生活中的东西通过团体游戏出现在人们的生命里，为我们的生活带来更多更好的改变。

复习巩固

1. 常见的结构式团体练习有哪些？
2. 选择和预备团体练习需要哪些准备？
3. 团体练习内容的安排程序包括哪些？

第三节　结构式团体练习的应用举例

一、促进团体成员熟悉的练习

使用目的：团体形成初期，由于成员之间互不相识，多少会感到紧张、焦虑。因此，开展一些暖身活动练习能帮助成员在第一次聚会时有所认识，并促进团体凝聚力的形成，也有助于在以后的练习中互相配合、支持、协作。

◆示例 1. 我是谁

目的：让成员很快行动起来，在活跃的竞赛气氛中彼此认识和了解。

时间：大约 20 分钟。

准备：个人信息卡（信息可以根据团体目标和成员的不同而变换）、奖品。

操作：给成员每人一张信息卡，要求他们立即行动起来，在团体中找寻具有信息卡上特征的人是谁。成员拿着卡，走到一个人身边问他是否有信息卡上的特征；如果有请他告诉你他的名字，填写在卡上；如果没有，继续问下一个人，看谁先将信息卡填满。率先完成者读出卡上的内容，念到名字者站起来，前三名获奖。

“谁是谁”信息卡

信息特征	符合条件的成员姓名
来自四川	
喜欢吃火锅	
有一个妹妹	
每天坚持运动健身半小时以上	
有五双皮鞋	
喜欢上网聊天	
喜欢外出旅游	
喜欢交朋友	
对团体心中没底	

◆示例 2. 知你识我

目的：初步相识。

时间：约8分钟。

准备：足够的空间，可以挪动的椅子。

操作：领导者先让团体成员在房间里自由漫步，见到其他成员，微笑着握握手。给一定的时间让成员自然相遇，鼓励成员尽可能多地与其他人握手。当领导者说“停”，每个成员面对或正在握手的人就成了朋友，两人一组，席地而坐，或拿折叠椅面对面坐下，各自做自我介绍。介绍的内容包括：姓名、所属部门、身份、性格特点、个人兴趣爱好、家庭情况，以及个人愿意让对方了解的有关自我的资料。每人3分钟，然后漫谈几分钟。当对方自我介绍时，倾听者要全身心投入，通过语言与非语言的观察，尽可能多地了解对方。

◆示例3. 找朋友

目的：初步相识，并建立团体互动关系。

时间：约30分钟。

准备：足够的空间。

操作：领导者请成员闭上眼睛，想一想自己小的时候最喜欢唱的歌是什么，想到者举手示意。想到了，就请睁开眼睛，站起来，一边哼唱自己喜欢的歌，一边听别人唱什么。当听到与自己一样的歌时，聚到一起，成为小组，谈谈为什么喜欢这支歌，然后一起大声唱。接着，交流小时候喜欢玩的游戏，为什么喜欢，再一起试试，最后各组表演。在此过程中，找到了知音，回到了过去童年的生活。心情放松愉快，且交了朋友。

◆示例4. 循环沟通

目的：打开话匣子，沟通练习，尽快相识。

时间：约30分钟。

准备：椅子每人一把。

操作：成员报数，分成两组，里一圈，外一圈；里圈面朝外，外圈面朝内，一一对应，面对面而座。每次两至三分钟交流，各自自我介绍，然后领导者叫停，里圈不动，外圈站起来，向右挪一位，坐下继续与新的朋友交流，自我相互介绍。如此循环往复，一圈下来，认识了不少人。这种方法有点强制谈话，变化很大且快，成员常常很兴奋。有时一个劲地说，时间到了对方没有时间说了，所以，具有自我觉察能力者会立即自我反省，调整自我介绍的时间，让对方有机会讲。这种快速相识的练习新奇有趣。不过人数不宜太少或太多，太少不成圈，太多时间花费多，且不易记住，一圈10～15人为宜。

◆示例5. 关注练习

目的：通过问与答的形式，促使成员关注他人感觉，并达到相识。

时间：约20分钟。

操作：6个人一组，自由协商，确定组长，然后从其中1位成员开始，例如A，其他5人，每人向A提一个自己想知道的问题，A立即回答。除了政治问题、宗教问题，可以随便提问。A如果认为别人问的问题自己不想说，可以表达出来。为了不使自己的问题与他人重复，也为了更多地了解被询问者的有关信息，提问者会把注意力集中在小组内，回答者因被全组其他成员关注而增加信心。对A的提问结束后，可以围绕A再自由交谈几分钟。第一圈时，每人只有一次权利问一个问题，如果还有想问的留到自由交谈时再问。组长要掌握时间，把握方向。当A结束时就轮到向B提问，依次进行，一直到F。

二、建立相互信任与彼此接纳的练习

使用目的：人与人之间需要理解，需要沟通，建立相互信任的关系，彼此接纳。“分享的喜悦是加倍的，分担的痛苦是减半的。”进入团体内的成员在初步相识后，需要进一步地相互接触，相互了解，以逐渐建立信任的关系，相互接纳，减少防卫心理。以下的练习就是以此为目的，遵循人际交往由浅入深、由表及里的规律而设计的，通过练习可以增加成员之间的理解。此类练习所希望达到的目标有：(1)凝聚团体的共识，强化团体的向心力；(2)培训团体的默契，增进成员的互信基础；(3)强化成员在团体中的自我价值感；(4)促进成员的互动；(5)强调成员之间互助合作的精神；(6)通过练习的特殊设计可以激发成员的思考和创造力。

◆示例1.信任之旅

目的：通过助人与受助的体验，增加对他人的信任与接纳。

时间：约60分钟。

准备：领导者事先要选择好盲行路线，最好道路不是坦途，有阻碍，如上楼、下坡、拐弯，要室内室外结合。每人准备蒙眼睛用的毛巾或头巾。

操作：团体成员两人一组，一位做“盲人”，一位做引路人。“盲人”蒙上眼睛，原地转三圈，暂时失去方向感，然后在引路人的搀扶下，沿着领导者选定的路线，绕室内外练习。其间不能讲话，只能用手势、动作帮助“盲人”体验各种感觉。练习结束后两人坐下交流当“盲人”的感觉与帮助别人的感觉，并在团体内交流。然后互换角色，再来一遍，再互相交流。交流讨论集中在以下几个方面：对于“盲人”，你看不见后是什么感觉，使你想起什么？你对你的伙伴的帮助是否满意，为什么？你对自己或他人有什么新发现？对于助人者，你怎样理解你的伙伴？你是怎样想方设法帮助他的，这使你想起什么？

◆示例2.戴高帽子（也称红色轰炸或优点轰炸）

目的：学习发现和欣赏别人的优点，促进相互肯定与接纳。

时间：约50分钟。

操作：5～10人一组围圈坐。请一位成员坐或站在团体中央，其他人轮流说出他的优点及欣赏之处(如性格、相貌、处事等)。然后被称赞的成员说出哪些优点是自己以前察觉的,哪些是不知道的。每个成员到中央戴一次高帽,规则是必须说优点,态度要真诚,努力去发现他人的长处,不能毫无根据地吹捧,这样反而会伤害别人。参加者要注意体验被人称赞时的感受如何;怎样用心去发现他人的长处;怎样做一个乐于欣赏他人的人。练习结束时,大家心情愉快,相互接纳性增高。此练习一般适合比较熟悉的成员应用。

◆示例3.镜中人

目的:培养成员对他人的敏感性,相互沟通,相互接纳。

时间:约15分钟。

操作:团体成员两人一组,一人自由做动作,另一个人模仿。两分钟后互换角色,不可说话,用心体会对方用意。结束后互相交流,看看自己对他人的理解是否准确。然后仍然两人一组,一人说话,一人照原话重复叙述,两分钟后互换角色。结束后两人交流思想,全身心投入地观察理解他人,讨论今后生活中该如何应用各种感受。

◆示例4.信任考验

目的:增加成员间的相互信任。

时间:约50分钟(8~10人团体)。

准备:纸、笔。

操作:领导者让成员就下列事件选择其中一个并写在纸上:(1)最怕发生的事;(2)最不敢想的事;(3)最不容易忘记的事;(4)从未告诉过别人的事。等全体成员写完后,领导者请其中一位朗读自己所写的,然后问他能不能对外公开,如果不能,是否可以告诉某人,并说明原因。接着请其他组员发表意见,说说各自的看法。看一看个人与其他成员的选择有无区别,为什么?成员依次发言。最后讨论时重点放在对团体内成员间的信任有什么发现,团体内哪些行为阻挠彼此间的信任,为获得别人的信任有什么办法等方面。

◆示例5.信任跌倒

目的:建立团体信任感和培养团体融洽气氛。

时间:大约20分钟。

准备:每组8~12人,需要一定的空间可以活动。

操作:领导者邀请成员两两成对,一人倒,一人接。当领导者喊"倒",倒者身体垂直向后倒,脚跟垂直倒下,倒到一半时,接者平稳地接住,然后互换角色。做完后在小组内讨论。

◆示例6.信任圈

目的:增进彼此合作,建立信任感,培养团体气氛。

时间：大约25分钟。

准备：宽敞的场地，8～12人一组。

操作：每组围成一个圈，邀请一位成员到中间，其他成员手拉手围圈。练习开始时，圈内人闭上眼睛，自觉舒适地倒向任何一方，其他成员必须手挽手，形成保护圈给予保护。他往哪里倒，团体就往哪里去接住他，给予保护，将他推到中间的位置。如此倒下、接住，使中间的成员从紧张到很放松。可以换人到圈内去体验。

三、加强团队合作的练习

使用目的：通过团体成员之间的合作练习，促进成员积极互动，充分体验团体对个人的重要。团体合作需要主动，成员需要自觉根据任务找准自己的位置，互相配合。团体合作中会冒出一些领袖人物，指挥团体统一行动。如果群龙无首、意见分歧、各执己见、不合作，团体就不能完成任务。练习可以强化互助合作的意识。感受的团结力量大，体验合作就有效率，从而增强团队的凝聚力以及创造力。

◆示例1.突围闯关

目的：促进人际关系，培养团队合作精神。

时间：约50分钟。

准备：足够宽敞的活动空间，人数5～12人。

操作：突围时，有一位成员主动站在团体中间，作为突围者，其他成员用手臂互相勾结形成包围圈。突围者可以采用钻、跳、推、绕、拉、诱骗等方式，力求从圈子中突围出来，而包围圈的人尽力不让他出来。坚持一段时间，突围者不能成功时可以宣称放弃，换另外的成员体验，如果突围成功就结束。然后成员分享突围活动的感受。可以讨论：活动中你是否感觉到团体的重要？你们或你是怎样阻止或进入成功的？被团体拒之圈外是什么感受？你如何理解堡垒是从内部攻破的？团体在合作中有些什么问题，怎样改进？活动对你的生活有哪些启发？

◆示例2.同舟共济

目的：集思广益、团体合作、创新思维、努力尝试，靠团体力量，克服困难，达成目的。

时间：约50分钟。

准备：每组一张大报纸（或其他替代物），可视为大海中的一条船，每组8人。

操作：练习开始时，领导者要求将报纸铺在地上，代表汪洋大海中的一条船。现在，需要团体成员8人同时站在船上，一个也不能少，必须同生死共命运。随后让成员们想方设法，使全体成员同时登上船。行动之前，团体可以充分讨论，拿出最佳方案。成员常常会采用人拉人、人背人、叠罗汉等方法，体现了团体的合作。当成功地完成任务后，领导者可以要求将面积减半，继续实验。完成后可以继续将面积再减半，随着难度增加，成员的努力也会越来越加强，团队的凝聚力空前提高。练习的过程中成员会忽略性别、年龄等因素，全组一条心，练习的结果常常出乎成员们的想象，成员创造性地发挥全组智慧，也让成员充分体会团结合作的力量。

◆示例3. 无家可归

目的：让成员体会和感受个人与团体的关系，团体对个人的重要性，从而更愿意投入团体，增强团体的凝聚力。

时间：约20分钟。

准备：宽敞的场地。

操作：开始时，让全体成员围圈手拉手，充分体会大家在一起的感觉。然后，领导者说："变，4个人一组。"成员必须按照要求重新组成四人组，形成新的"家"。此刻，请那些没有找到家的人谈谈游离在团体之外的感受。大多数人会谈到孤独、孤单、被抛弃、没依靠、失落、担心……也可以请团体内的成员分享和大家在一起的感觉，大多会表达温暖、有力量、安全、踏实……领导者可以多次变换人数，让成员有机会去改变自己的行为，积极融入团体，让成员体验有家的感觉，体验团体的支持，从而更加愿意与团体在一起。

◆示例4. 解开千千结

目的：团体合作，靠集体的力量解决困难，体会团体支持对个人的意义和重要性。

时间：约30分钟。

准备：宽敞的空间，每组8人，可增加到十几人。

操作：领导者让每组成员手拉手成为一个圈，看清楚自己的左手和右手是谁，确认后松手，在圈内自由走动。领导者叫停，成员定格，位置不动，伸手拉左右手，从而形成许多结或扣，不能松手，但可以钻、跨、绕，要求成员设法解决难题，回复到起始状况。练习需要成员有耐心，互相配合，齐心协力。当排除困难、解决问题时，请成员分享活动的感受。成员常常会主动谈出对团体互助等感受，体会和确认团体合作的重要。

◆示例5. 图画接力赛

目的：培养成员合作的态度，训练思考、讨论和创造的能力，学习合作的行为，培养团队合作精神。

时间：约60分钟(画画45分钟，分享15分钟)。

准备：每组8人，一张零号图画纸、一套油画棒或水彩笔、奖品。

操作：领导者介绍活动规则，根据所规定的题材(如走进考场、我们的学校、未来的学习、成功的日子等)，各组成员在限定的时间内，通过充分讨论，发挥各自的想象力，轮流接力将图画完成。要求是成员每人都必须动手，图画必须是团体合作的结果。成员如果各执己见，不能充分讨论协商，会由于意见不集中而耽误了时间，无法顺利完成任务。如果成员协商充分，意见集中，作品不仅有创意，有特色，而且所花时间少。成员通过此练习，可以学习团体内如何沟通，促进合作。成员之间可以提供意见，但不可代画，每人限画5分钟，时间到就换人接着画，直到最后一位成员画完。张贴各组的作品，邀请每组派代表对图画进行解说。根据各组合作的程度、图画的新颖、解说的水平等进行评比，宣布评奖结果。

◆示例6.相亲相爱一家人

目的：温暖团体的气氛，增加团体的信任和凝聚力，体验成员之间亲密的感情。

时间：约10～20分钟(一般在团体聚会结束时用)。

准备：播放器、音乐、动作图片。

操作：全组围成圈，组长说明在团体中成员就像一家人，需要彼此支持、关怀与帮助，每个人的行为会对营造和谐的气氛产生作用，良好的气氛又会促进成员的自我开放和信任。然后，教授并讲解歌词的含义和手语操的动作，让成员跟着模仿。最后，跟着音乐，边唱边做边体会。所有的人都在做动作，团体气氛热烈亲密，增强了团体成员的信任感和亲密感。

四、促进成员自我探索的练习

使用目的：适应社会生活、建立良好的人际关系，其前提是必须先了解自己，接纳自己，进而认识别人，接纳别人。团体辅导中最主要的课题是，促进团体成员自我探索，深化自我认识，勇敢而开放地表达自己，以形成健康的自我形象，增强自觉的能力。无论哪类团体辅导，都会有这个过程。以下介绍几种常用的自我探索、自我认识的练习：

◆示例1.20个我是谁

目的：认识并接纳自我，认识并接纳独特的他人。

时间：约50分钟。

准备：白纸、笔。

操作：领导者可以先找出一个成员示范，连续让他回答“我是谁”。当他说出一些众所周知的特征时，如“我是男人”，领导者告诉大家，这种回答不能反映个人特征，应尽量选择一些能反映个人风格的语句。然后，领导者让大家开始边思考边回答“我是谁”这个问题，至少写出20个。当领导者看到最后一位放下笔时，请团体成员在小组(5～6人)内交流。任何人都抱着理解他人的心情，去认识团体内一个个独特的人。最后，领导者请每个小组代表发言，交流练习的感受。

◆示例2.走出圈外

目的：使成员能真诚地了解自己，学习自我开放，了解他人，关心他人，接纳他人。

时间：60分钟。

准备：练习开始前需要准备好练习用纸；成员6～8人一组。

操作：领导者先说明练习的目的，发给每人一张白纸，请成员画四个大小不同的同心圆。在最外圈写上自己常常感到愉快、喜悦、高兴，但很少对人说及的一件事；在次一圈写上自己常常感到不愉快、不舒服，但极少告诉别人的一件事；在次小圈写上自己希望做到的一件事；在内圈写上自己对自己的看法。写好后，每个成员轮流将自己的练习纸展示给其他成员看，并说出自己写的内容，成员对每一位分享者给予积极的反馈、理解。分享结束后小组讨论：当说出自己圈里的内容后有何感受，当自己听别人念的内容而给予反馈时有何感想等。

◆示例3.小小动物园

目的：促进成员自我了解并了解他人，学习接纳每个人的独特性。

时间：约40分钟。

准备：每人一支笔、一张彩色卡片，6～8人一组。

操作：领导者将纸笔发给每一个成员，然后要求成员想一想，如果用一种动物代表自己，会选择哪种动物，思考一会儿，在卡片上写上此种动物的名称。等所有成员写完后，同时出牌，先请每个成员看一看在这个小小动物园里都有哪些动物，哪些与自己相似，哪些不同，你在这个动物园中的感受如何(可能有的动物会缺乏安全感，产生焦虑不安等情绪)。然后，每个成员轮流介绍自己为什么会选出这个动物代表自己。有些成员选择的动物是因为像自己的特质，如老黄牛勤勤恳恳；有些成员选择的动物是自己期望成为的，如像狮子一样强壮不受欺负。当成员介绍自己时，其他人可以有不同的回应，以促使当事人进一步思考。该练习可以带出成员个人的许多生活体验，领导者可以视团体的状况决定是否深入探讨下去。

◆示例4.我的核桃

目的：提高观察能力，识别和接纳人和事物的独特性。

时间：50分钟。

准备：每组8～10人，每人1个核桃(也可以是柑橘、西红柿、柠檬等)。

操作：每人发1个核桃，让成员花10分钟认真观察自己的核桃，尽量调动一切感觉通道，如视觉、听觉、嗅觉、触觉等，先用眼睛观察，然后闭上眼睛，感觉核桃的触觉特征。10分钟后，将自己的核桃和别人的混在一起，看看每个人是否能找到自己的核桃。然后，再次将成员的核桃混合，每人闭眼去找自己的核桃。找到和找不到都要讲原因。最后，小组分享自己的核桃有哪些特点，你是怎样找到的？找到后的感觉如何？找核桃的练习给你哪些启发？领导者总结时，可以引导成员认识人和事物的独特性，学习接纳这种独特性，并学习比较的方法。

◆示例5.人生的最重要时刻或事件

目的：协助成员明确以往的经历对当前生活的影响，并对自己的情绪做出正确的处理。

时间:50～60分钟。

操作:领导者要求成员闭目保持安静,然后回忆自己人生中最快乐或最悲哀、最痛苦的时刻或事件。静思5分钟后,请大家睁开眼睛,讲述自己的经历,其他成员则协助讲述者具体界定他此时此刻的内心感受,并分析快乐或痛苦的原因,认清过去的经历对现在及生活的影响,并探索每个人目前不同的生活处境与问题。在这个过程中,成员往往会对自己有一些新的发现。由于练习可能触及成员内心深处的感受,所以要预备充分的时间,适当处理和协助成员解决情绪问题,避免任何负面的影响。

五、澄清价值观的练习

使用目的:训练成员更深入地觉察价值的形成过程;强化成员分析、批判事物的能力;提升成员从事“做决定”的能力;鼓励成员公开表达自己的思想、概念和看法;学习如何尊重和接纳别人的意见。

◆示例1.火光熊熊

目的:明确自己的价值观,理解他人的价值观。

时间:30～45分钟。

准备:纸、笔。

操作:领导者将团体分成5人左右的小组,然后告诉大家,现在你的宿舍正被烈火吞噬,情况危急,时间只够你冲进火海取出三样东西。你会选择哪三样?先后顺序是怎样的?为什么选择这三样?它们对你有什么价值?还有没有重要的物品不在抢救之列?为什么?然后给成员一定时间让他们想一想,并写在纸上。然后在小组内交流,告诉其他人你如此选择的原因。

◆示例2.临终遗命

目的:对个人的人生价值观做具体的探索并协助成员在生活中做明智的抉择。

时间:45～60分钟。

准备:纸、笔。

操作:领导者告诉团体成员,由于种种原因,你正面临着死亡。终期将至,时间只允许你再做最后10件事,你会做哪10件事,并排出先后次序,然后写下你的遗嘱(50字以内)。每个成员认真思索后写下你的决定和遗嘱,再向团体内其他成员说出,并解释原因。谈一谈你在写的时候有什么感受,这感受对你今后的生活有什么影响。通过练习,可以帮助团体成员对自己的人生观和价值观进行整理,也可以通过与他人的交流,启发自己。

◆示例3.人生的最后时刻

目的:探索个人的人生价值观。

时间:约30~40分钟。

操作:领导者告诉全体成员,由于某种原因,现在我们每个人只剩下最后一天的寿命,也就是我们只有24小时可利用。如果身体正常,可自由思考与行动,你会如何使用这仅剩的24小时。每个人认真思考后写下来,在小组内交流。通过自我的探索和与他人分享,使团体成员对自己的人生价值观有更深入的了解,并指导自己日常的生活。

◆示例4.姑娘与水手

目的:澄清个人价值观。

时间:约60~80分钟。

准备:事先印好的顺序选择表及小组统计表。

操作:领导者给全体成员讲一个故事。

一艘船遇上了暴风雨,不幸沉没了。船上的乘客中有5个人幸运地乘上了两艘救生艇。一艘救生艇上坐着水手、姑娘和一位老人;另一艘上坐着姑娘的未婚夫和他的亲戚。气候恶劣,波浪滔天,两只救生艇被打散了。

姑娘乘的艇漂到一个小岛上。与未婚夫分开的姑娘惦记着未婚夫,千方百计寻找,但找了很久,一点线索也没有。第二天,天气转好,姑娘仍不死心,继续寻找,可还是没找着。有一天,远远地发现了大海中的一个小岛,她就请求水手:"请修理一下救生艇,带我去那个岛上。"水手答应了姑娘,但提出了一个条件,必须和他睡一夜。陷入失望和困扰的姑娘找到老人商量:"我很为难,怎样做才好呢?请你告诉我一个好方法。"老人说:"怎么做正确,怎么做错误我实在不能说什么。你扪心自问,按你的心愿去做吧。"姑娘无奈,寻未婚夫心切,结果满足了水手的要求。第二天早上,水手修好了艇,带着姑娘去了那个小岛。远远的,她看到了岛上未婚夫的身影,不顾船未靠岸,从船上跳进水里,拼命往岸上跑,一把抱住了未婚夫的胳膊。在未婚夫温暖的怀抱里,姑娘想:要不要告诉他昨晚的事呢?思前想后,下决心说明情况。未婚夫一听,大怒,一把推开她,并吼道:"我再不想见到你了。"姑娘伤心地边哭边往海里走。见此情景,未婚夫的亲戚走到她的身边,用手拍着她的肩膀:"你们两人吵架我都看到了。有机会我再找他说说,在这之前,让我来照顾你吧。"

故事讲完后,领导者给每个成员发一张表,要求大家从刚才故事中出现的五个人物中,按自己的好感程度做出选择并排序,然后简单地写下原因。选择完后,在组内交流,每个人说明自己的想法,并统计全组的倾向性意见。

◆示例5.洞口余生

目的:认识自己的目标及自己将来对社会可能的贡献。

时间：约40分钟。

准备：折叠椅一人一把。

操作：把成员分成5～6人一组。每组围成圈坐下，相互距离较近，留出一个出口。为增强气氛可以拉上窗帘，关上灯，出口处最好靠近门或窗。然后领导者说明：有一群学生到郊外旅游，不巧遇到泥石流，全部被困在几米的地下，只有一个出口，只可以过一个人，而出口随时有坍塌的危险，谁先出去就有生的希望，请每个人依次说出自己求生的目的及将来可能对社会做出的贡献，然后大家协商，看谁可以最先逃出，排出次序。然后，全体一起讨论练习过程及自己的感受。领导者要引导大家把讨论的重点集中到自己能否说出将来生活的指向；听了别人意见后自己是否修正原有的想法；小组内以什么为标准决定逃生者的次序等方面。

六、集思广益互助解难的练习

使用目的：团体辅导的独特之处在于每个团体成员不仅可以得到团体领导者及其他成员的帮助，而且也可以成为助人的力量，为他人提供帮助。特别是当那些抱有共同的苦恼，有共同要解决的发展课题或心理问题的人聚在一起时，成员往往感情共鸣，认识相通，齐心协力，彼此支持，互相建议并善意地提出个人见解。“三个臭皮匠，顶个诸葛亮”，群策群力可以给人更多的信心和鼓励。

◆示例1. 目光炯炯

目的：学习自我肯定技巧。

时间：10～15分钟。

准备：安静舒适的空间。

操作：团体成员两人一组，互相注视对方眼睛50秒，不可以躲闪，目光注视表示自信及诚恳。然后，注视对方，肯定地做1分钟自我介绍。接着，肯定地表达自己的感受，如，“我对绘画最有把握”。大声说三遍，注意每遍的感受，交换角色。接着，请对方帮忙某件事或借东西，1分钟之内用各种方法要求他，但另一方看着对方重复说“不”，两人交换。最后，讨论刚才练习的感受和意义，以及如何应用到日常生活中去。

◆示例2. 热座

目的：通过相互提供意见，协助成员解决个人面临的困惑。

时间：约60分钟。

准备：每人1个信封，若干张纸条（比人数少一张）。若人数多，可分为6～10人小组。

操作：给每个成员发几张白纸条，1个信封，在信封上写上自己的姓名。然后，将自己目前最困扰、最想得到帮助的问题写在纸条上，每张纸条写同样的问题，并留有足够的回答问题的空间，每张纸条上写上姓名。例如，“你对我的印象如何？”“怎样才能找到意中人？”“怎样才能成为一个出色的咨询员？”“我怎样做才能获得真正的友谊？”“睡不着怎么办”……然后，把写好的纸条发给每一位小组成员，请他们回答。每位成员拿到他人的纸条时，认真思考，根据自己的经验及体会，怀着真诚助人的心情，以自己独特的方式回答，没有对与错之分，把自己对某一问题的真实看法写出来。信封放在小组中央地上或桌上，回答者不用署名，回答完毕，把每个人的问题放到他的信封上，装进信封内。每个成员取回自己的信封，抽出回条，一一阅读。最后，全组集中，每人谈谈自己阅读完他人意见后的感想。由于得到了多个人的帮助，丰富了个人有限的经验，因此常常使受益者感动不已。

◆**示例 3. 秘密大会串**

目的：帮助成员面对与处理当前的困扰。

时间：约 50 分钟。

准备：纸、笔。

操作：领导者请每位成员想一想目前最困扰自己的事情是什么，最想解决的问题是什么，然后写在纸上，不署名。写完折叠好，放在团体中央。全体写完后，领导者随机抽出一张，大声念纸上的内容，请团体成员共同思考，帮助提问题的人解决问题。因为匿名，可减少成员的担忧，大胆提出问题。全体共同出主意想办法，帮助别人也帮助自己，必要时可以通过角色扮演方法来表现具体情境。讨论完一张，再讨论另一张，直至所有纸条上的问题都逐一解决。最后，领导者引导成员思考怎样从他人经验中学习成长。

◆**示例 4. 金鱼钵**

目的：协助他人了解自己。

时间：约 40 分钟。

准备：折叠椅同人数。

操作：领导者先把团体分成 4～6 人小组。I 组围圈坐下，R 组坐外圈，I 组是讨论组，R 组是观察组。观察组成员坐在被观察者的对面，便于观察。R 组成员每人观察一位 I 组成员。领导者是总体观察者，流动观察。练习开始时，领导者让 I 组讨论一个问题，可以是参加团体后的感受，也可以是大家共同关心的问题。I 组成员可以自由地讨论，发表意见。观察者从倾听方式、说话方式、谈话内容、视线、声音等多方面去观察他。等 I 组讨论结束，R 组成员对自己观察的对象谈他的观察结果。因为任何人都有自己的盲点，即自己不了解的地方，别人不指出就不知道，不注意。对 I 组做整体观察时，注意讨论是否跑题，发言是否平等，互动沟通状况如何等。通过一一对应的交流和总体观察的评价，使被观察者了解自己更多，在今后的人际互动中有意识地改善。随后，I 组 R 组交换，I 组观察 R 组成员。

◆示例 5. 脑力激荡

目的：了解别人的意见，扩展自己的思考空间，培养团体合作精神，发挥集体力量找到多种解决问题的方法及途径。

时间：约 50 分钟。

准备：每个小组一张大白纸，粗水笔一支。

注意事项：暂缓批评，不立即做任何优缺点的评价；越多越好，办法多多益善；越奇越好，自由联想，不要怕跟别人不一样；联合与改进，鼓励巧妙地利用并改善他人的构想。

步骤：确定主题，说明规则；鼓励发言，记录所提出的意见；归并所提出的意见；共同决定评估标准，根据评估标准共同选取最好的意见。

操作：全体成员分成 6～12 人一组，每组在领导者给定的时间内就某个题目发表意见。应遵守三条规则：一是不评论他人意见正确与否；二是尽可能多地出主意；三是争取超过别的小组。练习本身带有竞赛性质。每个题目限时 15～20 分钟。题目可根据团体成员的特点或团体辅导的目标而定，要求具体、可操作。例如，"怎样减轻生活学习压力""愉快度过大学生活的方法""改善人际关系的方法""生活中的自信表现""紧张焦虑消解方法"等。当领导者宣布开始，每个小组派一人记录，其他人七嘴八舌出主意，相互启发，集思广益，列举各种可能的方法。当领导者说"停"，每个小组把自己的意见贴在墙上，选一位代表解释这些方法。全体成员一起评论，看哪个小组办法最多，可以获"优胜奖"；哪个方法最实用，最幽默，最有想象力，可以评出"实用奖""幽默奖""好主意奖"。通过评比，帮助成员选择在生活中最适合运用的方法，拓宽思路，群策群力，依靠集体的力量，获得解决问题的方法。

七、结束团体的练习

使用目的：有经验的团体领导者一般都很重视团体辅导结束阶段的练习安排，精心选择符合成员特点、有吸引力、有新鲜感的练习形式。若不安排结束练习或处理不当，会直接影响团体辅导的效果。在最后一次团体聚会时，练习的方式有多种。例如，团体领导者自己做总结，或请团体成员总结，逐一请他们发言，表达自己的感受。此外，也可以安排一些有趣的练习，使团体在轻松、温馨的气氛中结束。以下介绍几种练习：

◆示例 1. 我的收获

目的：成员在纸上写下有关团体的学习心得，并且与成员分享，回顾和总结自己的团体经验和收获。

时间：50 分钟。

准备：白纸每人一张，圆珠笔每人一支。

操作：领导者将纸笔发下，请成员在纸上写下有关团体的感受和体会。如，“在团体中我所学到的三四件事”“团体中对你最有帮助的经验是什么”“你的个人目标完成的状况如何”“怎样才能将团体中所学到的运用到日常生活中”等。写完后，成员分组交流，再到团体中分享。

◆示例 2. 把心留住

目的：结束团体，适当预估未来生活。

时间：60～70 分钟。

准备：笔、心形小卡片、播放设备、音乐。

操作：播放轻柔的音乐，领导者给每个成员发若干张心形卡片，请成员在每张卡片上写出自己所拥有的、所想要的好的特质或东西，一张卡片一样。这些卡片就是成员的一颗心，请成员衡量自己及其他人的需要，送给其他成员自己的一点心意。全部送完后，围圈坐下，请每个人谈谈送礼物的心情如何；为什么送这些“心”；接受礼物的心情如何；你认为送礼物的人的用意是什么；带着这么多成员送的“心”，离开团体后你打算怎样生活。心形卡代表成员的心愿与期盼，当一个团体成员捧着其他人的“心”时，更能体验到人间温情亲情。不过，领导者要注意把握团体气氛，不要过分依恋、伤感，而应该充满活力并尽兴。

◆示例 3. 笑迎未来

目的：了解成员在团体过程后的进步与改善，讨论成果，彼此反馈，结束团体。

时间：60～80 分钟。

准备：白纸、彩色笔。

操作：团体围圈而坐，由一位成员当主角，大家讨论他现在与刚参加团体时有何不同，参加团体后在哪些方面改变了。然后请他自己说说感受，接着再换另一位成员。以此类推，对每位成员反馈。结束时每人发一张纸，各成员在纸顶端写上对自己的祝福。然后向右传给每位成员；每人都写下自己对他人的祝福和建议，或用绘画形式表达。当转完一圈，每位成员细细阅读他人的祝福。对他人怀着深深的感谢握手道别。

◆示例 4. 真情告白

目的：处理离别情绪，给予彼此祝福。

时间：50 分钟。

准备：每人一张白纸，一枚大头针。

操作：每人在背后别上一张白纸，请小组内其他成员每人写一句祝福的话或建议。小组内写完，可以找其他自己认为重要的团体内成员，请他们写。写完后，坐下想一想成员会给自己写些什么，期待他们写什么，然后拿下仔细看，分享读后的感想，感谢成员的真诚。

◆示例 5. 大团圆

目的：通过身体接触带来温暖和力量，使成员在结束前更实在地肯定团体的团结，体验在一起的感受，获得支持与信心。

时间：约 30 分钟。

准备：空旷的房间、音乐。

操作：在团体最后一次练习结束时，领导者请大家站立，围成圆圈，将两手搭在两侧成员的肩上，聚拢静默 30 秒。然后轻轻地哼大家共同熟悉的歌曲，并随着歌曲旋律，自由摇摆。从儿童歌曲到乡村歌曲，尽量找大家都会的，促使其全部投入，一首接一首。使全体成员在一个充满温馨、甜蜜而有凝聚力的情境中告别团体，走向实际生活，留下一个永远美好又极有象征性的记忆。

◆示例 6. 团体结束常用歌曲

目的：处理离别情绪，励志鼓劲，彼此支持，圆满结束团体辅导，使成员对未来充满信心。

要求：根据不同的团体主题、团体阶段以及团体对象而精心选择相应的歌曲。

准备：播放设备、音乐、歌词、宽敞的场地。

操作：一般在每次团体聚会结束或整个团体结束时。全体成员围圈，手搭在别人肩上，随着音乐自由而有节奏地慢慢摇动，并跟着音乐一起唱，边唱边品味歌词内容。所用的歌词必须配合团体的内容。结束时常用的歌曲有：《明天会更美好》《友谊地久天长》《感恩的心》《真心英雄》《爱的奉献》《同一首歌》《祝福》《让世界充满爱》《难忘今宵》《永远是朋友》《明天我们还做伴》。

扩展阅读

安排团体练习的程序

1. 根据团体的目的与目标列出团体的整个计划。

2. 根据活动计划制订欲达成的各项目标。

3. 详细列出可以利用的各种设备和资源以及最合适的时间。

4. 根据成员下列因素列出相关的备用练习：兴趣和动机、年龄、技巧层面、身心状况、注意力的持久性。

5. 根据下列因素，分列各种计划：

(1)练习的特征，如时间长短等；

(2)练习的生理性需求事项，如力量的大小等；

(3)练习的社会性需求事项，如互动、语言等；

(4)练习的心理性需求事项，如感受、动机的表达；

(5)练习的认知性需求事项，如地点、人员等。

6. 选定最适合的且能达到团体既定目标的练习计划。

本章要点小结

1. 结构式团体是指为了帮助成员在团体中学习与成长，领导者事先做了充分的计划和准备，根据团体所要实现的目标来设计相应活动程序和引导成员积极参与。

2. 结构式练习的功能有：提供人际交往机会，收集所需资料，进行行为预测，发挥导入作用。

3. 结构式团队练习应用的原则有：充分考虑团体特点，了解团体练习的预期效果，运用自己熟悉的团体练习，避免以练习代替辅导。

4. 常见的团体练习有：纸笔练习、身体运动、接触练习、美术与工艺、阅读练习、媒体应用、心理剧、布偶剧与生活演练、人际沟通、娱乐性练习、团体外作业。

5. 选择和预备团体练习需要：确立团体目标和团体规模，安排好练习时间，在不同发展阶段采用不同的练习目标。准备好所需材料、物理环境、参考资料，评价练习的有效度。

6. 团体练习内容的安排程序包括：列出团体的整个计划；制订欲达成的各项目标；详细列出可以利用的各种设备和资源，以及最合适的时间；根据成员因素列出相关的备用练习；分列各种计划；选定最适合的且能达到团体既定目标的练习计划。

关键术语

结构式团体　非结构式团体　结构式团体练习　纸笔练习

复习思考题

一、判断题

1. 根据团体辅导活动有无计划与目标，可以划分为结构式团体与非结构式团体。（　　）

2. 团体练习是团体辅导的目的。（　　）

3. 在团体过程中使用团体练习不但具有媒介的效果，而且能产生治疗的功能。（　　）

4. 团体规模即团体的人数影响团体练习的选择。（　　）

5. 在练习时间中，每个团体练习所需花费的时间长短相同。（　　）

二、选择题

1. 团体辅导过程中使用最广泛、最便捷、最有效的团体练习是（　　）

A. 纸笔练习　　B. 身体运动

C. 接触练习　　　　　　　　　　D. 美术与工艺

2.(　　)是团体练习的基础

A. 团体规模　　　　　　　　　　B. 团体目标

C. 练习时间　　　　　　　　　　D. 发展的不同阶段

3. 评价团体练习是否恰当、有效,是否达到使用目的,需要根据(　　)而定

A. 团体目标　　　　　　　　　　B. 团体氛围

C. 阶段目标　　　　　　　　　　D. 团体成员态度

4.“瞎子走路”属于什么练习(　　)

A. 身体运动　　　　　　　　　　B. 阅读练习

C. 心理剧　　　　　　　　　　　D. 接触练习

第七章　团体心理辅导的设计与实施

塞缪尔(Samuel T. Gladding)说:“如果(咨询师)把自己可以胜任的工作仅局限于个别咨询的话,他也就限制了自己可以提供服务的范围。”

团体心理辅导的方案设计是心理辅导目标能否实现的基础,就好比盖楼的时候需要事先设计好楼房图纸一样。团体心理辅导要想取得理想的效果,也需要精心设计好“辅导蓝图”。好的辅导方案,是经过设计师深度思考、精心准备的。在设计过程中,需要考虑到辅导中可能发生的各种情况,并想出尽可能多的解决策略,实施团体心理辅导才能有的放矢、游刃有余,对突发事件也能较好地应付。本章主要对团体心理辅导的设计与实施进行阐述,通过学习,可以清楚地掌握团体心理辅导方案设计的原则、内容以及如何将方案设计应用到团体辅导当中去。同时,本章还对团体心理辅导效果评估做了介绍,以帮助团体领导者及团体成员了解团体心理辅导的成效,以发现问题、积累经验,提升团体心理辅导的工作水平。

第一节 团体心理辅导方案设计的原则与内容

一、团体心理辅导方案设计的概念

团体心理辅导方案设计，是指运用团体动力学和团体心理辅导等专业知识，有系统地对一连串的团体活动进行设计、组织和规划的过程。团体心理辅导方案设计是团体领导者的必备能力，恰当的团体方案是团体心理辅导顺利进行的有效保证。团体方案就像地图，引导团体达到目标。它是实现团体辅导功能和目标不可缺少的环节，其设计要求如下：

(1)方案设计要具有预见性，对团体辅导效果有评估作用。团体心理辅导正式运作之前，在方案设计里已拟定团体心理辅导的最终效果，并以此对比团体心理辅导的现行效果，及时找出差距并修正，以保证团体心理辅导的最终效果。

(2)方案设计要具有指导性，对团体心理辅导目标有定位作用。方案设计立足于团体心理辅导的性质而提供理论指导。对团体心理辅导的领导者而言，解决自我认识，为实施策略提供方法参考，对团体心理辅导的参与者可为其确定自我探索、人际互动等明确方向，方案的影响性以及成效评估能够指导方案要素的确定。

(3)方案设计要具有规范性，对团体心理辅导过程和结果有保障。由于方案设计对活动的可行性进行了考究并准备了应急方案，它最大限度进行了活动的规划，并明确制订了活动项目在功能、成效上的有序连接；还由于方案设计确定了活动执行的具体步骤，从而保证活动的顺利进行。因此，正确认识和把握方案设计，对实现团体心理辅导功能和目标意义重大。

二、团体心理辅导方案设计的原则

(一)系统化原则

指方案的设计要有一致性，前后连贯，在不同单元活动之间体现循序渐进性。从内容、形式等方面来看，一般要求由易到难，由浅而深，由人际表层互动到自我深层经验，由行为层次、情感层次到认知层次，渐进式引导成员融入团体。因此，领导者在团体心理辅导方案设计时既要将每一个看似孤立的活动与团体辅导的主题相统一，又要求领导者在方案设计的内容上做到完整性和统一性。具体可按照团体心理辅导四个阶段的任务特点进行设计。初始阶段——相识；过渡阶段——了解、信任；工作阶段——依赖、沟通、释疑、维系；结束阶段——告别。

（二）差异性原则

指方案的设计一方面要考虑成员的特性，如性别、年龄、表达能力、职业背景等因素，针对不同特性的团体，其方案设计的重点应有差异。例如，对年龄层次较高的团体倾向静态性活动设计，对较多内向性活动者的团体可设计催化性活动，对学历较高的团体倾向设计认知性活动。另一方面，针对团体内不同的发展阶段，在方案设计与活动选择上也有不同的考虑重点。例如，在团体的初始期，可以设计一些温馨的相互认识活动，如"心有千千结"。设计的自我分享活动宜偏重浅表层次和威胁性较少的主题活动，而在团体的转换期和工作期则可以设计一些如"同舟共济"等动态性、兼具感性分享和理性交流的活动来催化团体动力，也可根据领导者专长、成员需求、团体特殊事件来设计一些达到主题和功能的活动。但在团体结束期的设计重点则宜注重让成员有机会回溯整个团体经验，彼此给予和接受反馈，互相期许祝福与增强激励，如"你说我说""把心留下"。

（三）可行性原则

指领导者要了解自己的特质、能力、偏好及带领风格，了解自己与所要带领的团体及其对象的特质、目的，进一步评估自己与所要带领的团体之间的匹配性，充分考虑弹性和安全性。它要求团体心理辅导领导者必须选择、设计自己熟悉或有把握的活动，避免"错误移植"。一般来说，年龄偏低的成员适合较动态性的活动，年龄偏高的适合静态性活动设计；同性别团体偏向于肢体性活动，两性团体偏向于分享性活动；异质性团体活动设计尽量多元化，同质性团体倾向于情感性、支持性活动设计等。要求设计新活动时，领导者在带领前至少自己要操作一遍，认真准备好每一次团体计划和整个团体方案。

我国学者樊富珉教授还从团体领导者这一角度出发，对于团体心理辅导方案的设计原则进行了进一步的阐述。她认为，不同的领导者有不同的领导理念、个性、习惯、经验、技巧与专业训练，因此在团体方案设计时必须加以考虑。在进行方案设计时还应遵循下列原则：

（1）领导者要了解自己的特质、能力、偏好及带领风格。

（2）领导者要了解自己所要带领团体及其对象的特质和该团体辅导的目的。

（3）评估自己与所要带领团体之间的适配性。即领导者必须选择、设计自己熟悉或有把握带领的活动，避免带领不了解、不熟悉的团体活动。因此，设计新活动时，领导者在带领前至少自己要实际操作一遍，以积累实际经验。

（4）如有多个团体领导者，设计方案时应明确各自的分工，事先要充分沟通、讨论。

(5)设备设计,包括整个团体方案及每次团体计划。

(6)方案设计要实际、具体且可行,掌握团体的目标与性质。

(7)方案内各项活动的设计要有一致性,前后连贯。基本上是由易而难,由浅而深,由人际表层互动到自我深层经验,由行为层次、情感层次到认知层次,渐进式引导成员融入团体,使其积极参与团体活动。

(8)方案设计应考虑成员的特性,如性别、年龄、表达能力、职业背景等因素。一般而言,不同特性的团体,其方案设计的重点也有差异。

(9)方案设计要有弹性及安全性考虑,避免团体过程受阻或对成员造成身心伤害。特别是深层次、治疗性的团体,方案设计更应考虑领导者的能力经验及其危险性。

(10)方案设计时,活动选择的标准应根据成员的需求、团体的目的和预期的结果。活动不是团体娱乐,不应只为有趣好玩、使人兴奋或产生高昂的情绪。团体活动只是为了达成团体目标的一种手段和方法。

此外,方案的设计应与团体督导者、经验丰富的领导者及同行相互讨论,适时修正。任何一个团体心理辅导方案设计要达到完美无缺是非常困难的,即使是理想的方案在团体中实际运作时也可能产生问题。但是基于团体动力的运作,设计前周全的考虑、规划是必要的,团体形成后的方案评估与修正更是不可或缺。有效的领导者应善于学习、虚心求教、反省自我、敏锐观察,才能发挥团体辅导的功能,确保团体成员的权益。

三、团体心理辅导方案设计内容与要素

设计团体辅导活动方案指在团体辅导性质、目标与主题的基础上,确定如何开展团体辅导,以达到相应的工作效果。一般来说,团体辅导方案设计首先要遵循匹配性强、易于操作、安全性强的总原则。其次,要落实各项具体内容,具体来讲包括环节选择与设计、场地选择与道具储备、确定领导者。在方案设计完成后,还应进行讨论和修正,并事先开展预练,以达到最佳的辅导效果。

(一)环节选择与设计

一次团体心理辅导好比一项工程,由一系列环环相扣的环节组成,各环节既能充分表达主题,隐藏心理表征,营造积极团体情境,显现内在心理动机,转化心理冲突;又能相互之间承转自然,张弛适度,快慢缓急,铺设有序。这些都需要组织者事先研究,精心设计。一般来讲,具体环节包括热身与分组技巧、流程控制与转接、作业设计、材料使用、时间掌握等,每个环节都需要结合实际情况来设计,确保操作能够顺畅而富于技巧性的完成。另外,在环节选择与设计时,还要预备应急方案,以应对可能出现的成员不合作或不到场等情况。

（二）场地选择与道具储备

组织者要重视场地与道具在团体心理辅导中的促进作用。团体心理辅导场地与道具表面上看是物化的，但如果得到巧妙利用，就是促进团体动力的有利因素，甚至能发挥意想不到的效果。一般而言，场地要求宽阔、舒适、明亮，配备相应的硬件设施，能满足成员开展活动的要求。在可能的情况下，还要运用音乐、视频营造相应的工作环境。要善于整合或节约人力、物力、财力等资源，为活动创造条件，如充分利用室外资源，如操场、广场、画廊等。道具储备缺乏资金时，可以找相应替代品。

（三）确定领导者

总的来说，一个合格的团体心理辅导领导者必须具备良好的人格特质，对团体心理咨询理论有充分的理解，具备建立良好人际关系的能力，掌握基本的领导技能与专业技巧，有丰富的咨询经验并能严格遵守职业道德。在此基础上，在确定领导者时，要考虑到不同主题与层次的团体心理辅导需要不同层次的领导者，以满足不同层次、类型的团体成员需求。如大学新生适应团体，对领导者的专业技巧要求不是很高，领导者可以是二级学院心理辅导员或高年级学生骨干。但情绪管理团体，其中涉及较多的讨论环节，就需要由具备一定团体心理辅导工作经验的专职心理教师来带领完成。

（四）制订团体计划书

团体心理辅导都有事先安排、设计好的团体计划书和程序。团体计划书一方面可作为带领团体时的指引，另一方面也是向相关部门申报计划、申请经费以及对外宣传、招募成员的重要依据。一般来说，团体计划书应该包括以下要素：

1. 团体性质与活动名称

团体性质包括说明该团体是结构式、半结构式还是非结构式的；是发展性、训练性还是治疗性的；是开放式团体还是封闭式团体；是同质团体还是异质团体等。团体名称包括学术性名称及活泼化宣传用的副标题。团体名称设计要符合团体性质、团体目标以及对象的特征，力求新颖、生动，且具有吸引力，使人一目了然，易于接纳。切记避免“标签效应”。例如，为失恋者组织的团体心理咨询最好不要出现“失恋者”的词语，可以用隐喻、转意的词语，体现助人成长的含义，发挥创意，如“恋爱心曲”“再见温情”“在爱中成长”“你我同行”“在路上”等。

2. 活动地点与时间

合理确定活动地点与时间，如果是系列活动，要说明具体时间安排，包括团体时间的总体安排、何时进行、所需时间、次数、间隔时间、每周几次、每次多长等。总体来看，一个团体持续多久为好，多长时间聚会一次，每次多少时间，取决于团体的类型及成员。一般认为，8～15 人为宜，每周 1～2 次，每次 1.5～2 小时，持续 4～10 周左右。成长团体、训练团体、人际关系团体和会心团体可以次数少一些（8～10 次），而治疗性团体可多一些（10～15 次）。对于青少年团体而言，针对他们注意力不容易集中、兴趣易转移的特点，最好活动次数较多，每次时间较短，30 分钟左右为宜。如果成员是大学生和成年人，每周 1 次，每次 2 小时为宜。有些对象有职业的限制，如出租车司机，晚上更忙，上午 8～10 点也许更合适。

3. 参加对象与人数

团体计划书要明确团体招募成员的类型、来源、人数、招募与甄选方式。成员的类型包括性别、年龄、身份、问题性质等。而对象的确定是与团体目标密不可分的。例如，“青少年人际交往成长营”招募的对象是 12～17 岁青少年，男女不限，有强烈的学习和改善人际交往愿望的人。团体成员的来源，除了自由报名参加者外，也可由老师推荐、家长代为办理报名，或由咨询人员、社会工作者、医疗人员转介或建议而加入。

4. 设计动机与目标

团体目标包括整体目标、阶段目标和每次聚会的具体目标。具体而言，指经过团体辅导后，成员在认知、情绪和行为方面应达成哪些改变。团体辅导开始之前，最重要的一环就是确定团体辅导的目标。团体辅导的目标大致可以分成三大类。第一类是以开发心理潜能，促进人格成长，增进心理健康为目标的团体辅导；第二类是以敏感性训练为主的团体辅导；第三类是治疗性的团体辅导，比较重视潜意识方面的问题。

5. 活动资源

包括团体经费预算表、广告等宣传品、成员申请报名表、成员筛选工具、参与团体契约书、团体评估工具以及其他相关资料。比如，活动中要用到的图、表、文章等资料，播放设备等，均应准备充分，以备使用。

6. 确定领导者

团体计划书应明确团体领导者的基本资料。比如，领导者与协同领导者是谁，他们的基本经验与背景是否适合，受过何种团体训练，带领过哪些团体等。笔者在实际工作中发现，领导者对人的看法，对辅导理论的了解程度，甚至领导者个人的性格、风格及人际沟通模式，都会影响方案设计。此外，为保证团体的效能得以实现以及成员的利益不受损害，有条件的情况下最好能聘请具有心理辅导理论基础，有团体经验且曾受过督导训练的专家担任督导员，以随时为团体领导者提供专业性的指导。

7. 活动环节

包括团体流程设计、单元执行计划设计，乃至每次具体活动如何组织实施。团体计划书必须注明各次聚会的单元名称、单元目标、预定进行的活动名称，并且具体详述每次聚会的单元名称、目标、时间安排、预定活动内容、步骤、方式及所需器材等，以便提前做好准备。

8. 评估方案

团体心理辅导是否达到预期目标，团体成员的反应是否满意，团体领导者的工作方法与技巧使用是否恰当，团体内成员的合作是否充分，今后组织同类团体心理辅导可以做哪些改进，团体评估必不可缺。团体评估的方法因团体目标不同、层面不同、类型不同、对象不同而有所区别。一般而言，团体评估包括过程与结果评估、团体互动状况与个别成员评估、评估方法或工具及预定评估的时间等。

(五)团体聚会计划的案例

表 7-1 是一个自我成长和支持团体的第一次聚会，有 8 个成员，男女生人数各一半。

表 7-1 中学生两性交往支持团体的首次聚会计划

活动	时间
1. 开场 领导者自我介绍，说明本次聚会的目的、形式、目标及一些注意事项(如保密原则、准时出席、对其他团体成员友好等基本的规范)；让每个成员依次进行自我介绍(姓名、参加团体的动机和目标)	15 分钟
2. 破冰 游戏：心有千千结 活跃气氛，营造一个轻松的环境，使成员进一步了解	10 分钟
3. 讨论 讨论活动感受，说说成员间齐心协力克服困难的感受	8 分钟
4. 活动 (1)男生和女生成员两两配对，就《我欣赏的异性》话题进行头脑风暴并记录 (2)帮助成员了解不同性别的想法，以及所欣赏的异性的特点，增加对异性的了解	10 分钟

续表

活动	时间
5. 活动分享 (1)男女生对分别欣赏的男生和女生的看法存在差异 (2)每个人都同时具有男性和女性的特质 (3)学习那些有魅力的人格特质，做受欢迎的人	10 分钟
6. 总结 (1)讨论本次聚会的特殊体会、对团体的感受和一件他们计划尝试的新行为 (2)分发阅读资料 (3)提醒下次聚会时间	15 分钟

表 7-2 是一个为期六周的第二次自我肯定训练团体的聚会，由 14 名大学生组成，其中男女各半。

表 7-2　大学生自我肯定团体的第二次聚会

活动	时间
1. 介绍新成员 (1)请每个成员讲一下自己的名字，并谈谈他们记得的上次团体活动的内容 (2)领导者再简略强调团体和团体目标	5 分钟
2. 将成员分组，让成员写下他们交友的方法	8 分钟
3. 请成员报告小组讨论结果 (1)在黑板上列出这些方法 (2)讨论这些方法 (3)针对某些方法进行角色扮演 (4)请每个成员都练习这些方法	15 分钟
4. 请每个成员说说在这个星期中想要尝试做的事情	15 分钟
5. 总结 请成员完成语句：我今天学到的一件事是……	10 分钟

表 7-3 是一个企业员工合作支持团体的第三次聚会，有 12 个成员，包括公司同级各部门员工，由 5 位女性、7 位男性组成。

表 7-3　企业员工合作支持团体的第三次聚会

活动	时间
1. 报告进展、这周的观察并发问	10 分钟
2. 用本周的一些情境来做自我肯定的角色扮演	15 分钟
3. 分享刚才角色扮演的感受	5 分钟
4. 理论学习 (1)简单介绍埃里克森自我发展理论：如果一个人不能与他人分享快乐与痛苦，不能与他人进行思想情感的交流，不能相互关心与帮助，就会陷入孤独寂寞的苦恼情境之中 (2)简单介绍马斯洛需要层次理论：每个人都渴望被别人接受、尊重或欣赏。不过现实生活中如果想得到他人的接受、尊重和欣赏，必须从自我开始，从给予别人开始	6 分钟
5. 三人一组分享对埃里克森和马斯洛理论的看法	5 分钟
6. 热身活动：滚雪球 促进成员互相了解，帮助成员懂得在交往中要关注和尊重他人	10 分钟
7. 活动分享，绕圈发言	5 分钟
8. 主要活动：同舟共济 增强成员合作意识，提高合作能力	20 分钟
9. 活动小结 团体成员分享感受，由小组代表进行总结发言	5 分钟
10. 主题讨论 请成员讨论“在本周中我计划尝试哪些与自我肯定有关的行为”	5 分钟
11. 总结 (1)在此次聚会中，给你印象最深刻的东西 (2)对团体中其他成员的祝福	10 分钟

生活中的心理学

心理学有助于我谋求一份职业吗

如果你曾经拥有一份不喜欢的工作，你大概就会对缺乏动机的痛苦有感触。如果你很不喜欢汇报工作的做法，那么一分钟看起来就会像一小时那么长。拥有成功职业的一个重要方面就是找到一个适合你动机需要，能提供挑战和回报形式的工作环境。研究者已经研究了职业与人的性格、价值观和需要之间的匹配关系，对此你应该感到惊奇。

要保持职业成功的动机状态，你要有一份符合你兴趣的工作并能达到你认为值得付出的目标。测量职业兴趣广泛使用的测验就是斯特朗兴趣调查量表，它是1927年由心理学家斯特朗(Edward Strong)提出的。为了编制这个测验，斯特朗首先对不同职业的男性分组并要求他们回答有关他们喜欢的和不喜欢的工作项目。把那些在某个特定职业的成功男士所给出的回答与所有男士的回答做比较来产生一个表格。这个测验的最新版本，包括1994年的修订版，加入了有关妇女和新兴职业的内容(Harmon et al, 1994)。斯特朗量表非常成功地把人们的喜好和厌恶与适当的职业联系起来(Donnay & Borgen, 1996)。如果你要做这个测验，职业咨询顾问就会告诉你和你兴趣一样的人拥有的是什么类型的工作，因为这些是可能吸引你的工作。

假定你已经得到了这种关于从事何种职业的建议。那么你如何选择一个特定的公司加盟，并且那个公司又是如何选择你的？最近，人事心理学研究者把注意力主要放在了个人与组织协调关系的概念上，其目的是增强员工和雇佣他们的组织之间的协调性(Bormon et al, 2000)。有一个研究计划是关注个人性格与组织“文化”之间的匹配关系的。请考虑一个被称为宜人性的个性因素，它是指从“同情与友善”到“冷淡与争吵”的一个连续体。也请考虑这样一个组织文化连续体，它包括从支持他人并有团队导向的组织文化到那些容易攻击人并有结果导向的组织文化之间的连续变化。你明白这些衡量尺度是如何排列成一条直线的吗？研究指出，在宜人性因素上获得高分的人愿意选择具有支持他人文化和团队导向的组织(Judge & Cable, 1997)。这种类型的研究指出，对于职业成功来说为什么不仅仅是你的动机状态重要，你实现目标的选择与组织的选择之间的匹配程度也很重要。当你考虑一个可能一直激励你实现目标的工作时，还要考虑一个决定性的因素。正如生活中其他许多方面一样，职业兴趣似乎有遗传的成分。在一个研究中，研究者要求不同家庭养育的单受精卵双胞胎和双受精卵双胞胎完成两个职业兴趣调查，比如斯特朗兴趣调查量表(Moloney et al, 1991)。这两个调查中，单受精卵双胞胎的平均相关关系数分别是0.38和0.47，双受精卵双胞胎的相关系数只有0.05和0.06。记住，这些双胞胎并不是同一个家庭养育的。如果你决定沿着父母的职业道路前进，这可能并不仅仅是环境教化的结果。

因此，什么样的职业生涯道路能激励你取得成功？与许多生活中的两难选择一样，心理学家已经进行了能帮助你做出重要决定的研究。

复习巩固

1. 团体心理辅导方案设计的作用。
2. 团体心理辅导方案设计的原则。
3. 团体心理辅导方案设计的内容。

第二节　团体心理辅导方案设计的步骤与各阶段活动要点

一、团体心理辅导方案设计的步骤

团体心理辅导方案设计的步骤并无统一的规定和程序。根据樊富珉教授的经验，团体心理辅导方案设计的步骤一般有以下几个关键点：

(一)了解服务对象潜在需要

要举办团体心理辅导，必须先了解辅导对象(中小学生、大学生、企业员工、教师、公务员、神经症患者等)对团体的需求有哪些。辅导老师可以通过所接个案的困扰问题，或各类辅导对象常见的比较普遍的问题，看看团体辅导方式是否有组织的必要。例如，对那些人际关系欠佳的人通过团体辅导进行社交技巧训练，为他们提供更丰富的人际互动和模仿及演练的机会，较易获得显著的成果。

最有效的需求了解方式是直接对相关人群进行观察或评估。例如，中学生青春期面临哪些困扰，大学生新生环境适应有哪些课题，儿童是否经常出现某些不适应行为，企业员工工作压力过度会带来哪些身心症状等问题，通过观察、问卷调查、心理测验等方法，可以有效辨识出心理辅导的需求。还有一种需求了解的方法是通过服务对象相关人员间接的调查。例如，学校心理辅导人员在与教师和家长接触的过程中，企业心理辅导人员在与管理者接触的过程中，通过访谈或问卷调查的手段，也可以找出他们所关心的员工或学生的适应问题。此外，在短时间内重复听到多人对同一问题表达关切，就表示该问题值得进一步探讨，并且有较大的服务需求。这样组织团体心理辅导就能为更多的人提供帮助。

(二)确定团体的性质、主题与目标

针对服务对象，了解与评估他们的需要，然后再决定你所要设计的团体是针对什么人；他们的年龄、职业、性别以及存在哪些问题；要解决什么问题；希望达到什么目标；哪种类型的团体心理辅导适合你要帮助的对象；团体属于发展性的、训练性的还是治疗性的；同质团体有利还是异质团体有利。例如，当面对一群心理发育滞后的青少年时，可以决定建立一个教育团体，其教育的内容包括性、金钱以及怎样找工作；当成员是一群离异后的妇女时，则可以建立一个支持成长团体。

(三)搜集相关文献资料与方案

团体性质和目标确定后，辅导老师就要通过查找相关资料、阅读书籍和杂志，为团体设计提供理论支持。同时，也要了解和搜集同类团体是否有人带领过，有哪些可以借鉴的经验，有哪些需要注意避免的问题等。

(四)完成团体方案设计表

材料准备充分后，设计者就要思考和讨论解决问题所涉及的各类因素。例如，明确带领团体心理辅导的人员及其助手的要求及条件，领导者与助手如何分工；团体心理辅导以何种形式进行；什么时候组织团体心理辅导为宜；团体心理辅导进行的地点在哪里；环境条件如何；有无后备场地；团体成员招募采用哪些方法；是否实施甄选；采用什么方法进行团体心理辅导效果评估；所选测验量表是否容易获得；需要哪些花销；有无财政预算；团体活动各种道具是否具备。在此基础上，完成团体方案设计表。如表 7-4：

表 7-4　小学生团队合作团体心理辅导方案设计表(部分)

一、团体名称：有你相伴
二、团体性质：封闭式、结构式团体
三、团体目标
1. 培养成员初步的合作能力，增强成员的合作意识。
2. 帮助成员增强交往意识，掌握交往技巧，提高交往能力，构建和谐的人际关系。
四、团体对象：在校小学生
五、团体规模：30 人
六、成员招募方式：三(3)班全体学生
七、团体活动次数及时间
总共 4 次：2011 年 5 月 12 日、5 月 16 日、5 月 19 日、5 月 23 日下午 13 点 30 分至 14 点 10 分
八、团体活动地点：教学楼舞蹈教室

续表

九、领导者介绍 领导者学习过《心理咨询与辅导》《团体心理咨询》等课程，具有较扎实的心理学理论基础和开展团体心理辅导的经验；性格开朗，善于沟通，有较强的表达能力和组织能力。 十、理论依据 1. 埃里克森自我发展理论 根据埃里克森自我发展理论，如果一个人不能与他人分享快乐与痛苦，不能与他人进行思想情感的交流，不能相互关心与帮助，就会陷入孤独寂寞的苦恼情境之中。 2. 马斯洛需要层次理论 马斯洛需要层次理论揭示，每个人都渴望被别人接受、尊重或欣赏，不过现实生活中如果想得到他人的接受、尊重和欣赏，必须从自我开始，从给予别人开始。 十一、团体方案 ……

(五)规划团体整体框架及流程

通过完成团体过程设计表和团体活动单元计划表，编制出团体辅导详细过程计划，认真安排每次聚会活动，即进行方式及活动的设计。活动的设计是为了要引发成员在团体中经历学习的四个阶段，即个人的经验、个人回顾、个人归纳、自我了解，应用到团体之外的情境中，以达到预定的目标。

由于领导者的带领、成员的反应、活动引发及累积的效果均自然而然地影响团体的过程发展，所以同样的设计对不同团体实施时，可能会有不同的内容及结果出现。领导者需要准备一些备用的活动，根据团体发展的状况来有弹性地调整原先的计划。同时，还要准备每一次活动进行的大纲及必需的材料。

(六)设计招募广告

团体计划书完成后，就要开始设计团体成员招募广告。一般情况下，发展性、教育性、预防性的团体针对人格健全者，团体目标也是比较共性的，广告招募可行。例如，增强自信心、提高社交技巧、学习沟通方法、提升生活适应能力等团体，可以通过设计精美的广告(包括有吸引力的广告词、有视觉效果的画面等)以获得团体成员的来源。而对于治疗性的团体，除了广告外，可以通过专业人员的介绍、团体领导者的面试而招募。

(七)对团体方案进行讨论或修订

将设计好的团体方案在同行之间或先行组成的一次试验性小团体中试用一次，从而找出在过程中存在的问题，并与同行、督导者讨论、评估试用结果，再加以修改完善。尽量使该方案最大限度地帮助团体实现目标，保障成员的利益。

二、团体心理辅导各阶段设计的重点及注意事项

(一)关系建立阶段的设计重点

1.塑造温馨气氛以开始团体

针对成员在团体初始期的心态,领导者可设计一些团体成员的“课前”作业,以加强其进入团体前的心理准备。成员第一次到团体辅导进行地点时,领导者可以播放一些配合团体第一次活动性质的音乐,同时设计一些小物件,例如小卡片等,避免成员在尴尬情境下进行第一次团体活动。

2.设计无压力状态下的相互认识活动

团体初始,成员彼此不熟悉,基于团体的运作与动力的开展,团体初始期要设计相互认识的活动,且必须在轻松、温馨等情况下进行,例如“微笑握手”“牵手找伴”等活动。

3.澄清成员期待与团体导向

为了使团体有效运作并了解成员需求,同时作为修订方案的参考,团体初始期宜设计催化性活动来整合成员的参加动机,并使领导者有机会说明团体性质、功能、目标等,从而建立团体共识。

4.拟订团体契约,建立运作规范

团体初始期必须要建立团体规范,在活动设计上可采取较生动的方式。例如,让成员用句子完成法来制定规范,“在一个团体中,当……时,我觉得最舒服”“在团体中我不喜欢看到……”。

5.设计的活动不要导向深层次的分享

团体初始,成员大都互不认识,彼此的人格特质与人际互动模式缺乏了解,纵有一两位成员能立即表露自我,但领导者仍宜谨慎,避免成员开放程度不一,自我表露太多太深,以致产生受伤或泄密的后遗症。

6.设计的活动要符合团体对象的生理年龄与心理特点

成人团体破冰之时,切不可随意使用过于简单或儿童化的游戏;否则,有可能导致破冰失败,成员从一开始就失去对团体的信任。破冰一旦有失败的迹象,就要启用备用项目,重组团体氛围。

(二)主题实施阶段的设计重点

1. 设计分享性环节,引发成员中层次自我表露

基于解决不信任问题或凝聚团体向心力的需要,领导者应多设计一些在团体中分享感受的活动,并善于提问,既要充分使用技术引导成员投入讨论,又要处理好成员分享后的情绪与团体气氛。随后,领导者要适时运用并设计中层次分享活动,这样有助于成员认同团体,促发更多自我探讨、自我了解的机会。

2. 设计催化团体动力的活动

有时团体会面临动力发展迟缓,领导者能力有限,或者成员的心理防卫与身心状态不佳等问题,领导者可借助团体环境的布置、视听器材的运用、团体活动的设计来催化。音乐是很有效的团体催化工具,不论是团体进行前后、中场休息时间及团体进行过程中,都可选择适当的音乐来催化。还可以设计一些动态性的,兼具感性分享与理性交流的活动,例如"同舟共济""突围闯关"等。

3. 针对团体目标来设计活动

团体动力增强后,领导者要掌握"工作契机",将团体的进行架构重新引导回原先设定的团体目标上,针对团体原设定的主题、功能来设计活动。

4. 针对成员需求来设计活动

每位成员有其不同的行为动机,不同的行为动机来自不同的内在需求,因此领导者有必要在达成团体目标的同时,兼顾多数成员伴随团体互动过程中所发展出的"非预期性的需求",准备相应的设计活动。

5. 针对团体特殊事件来设计活动

团体在转换期或任何发展阶段可能会发生特殊事件,因此有效的领导者不应执著于原先的团体计划,应该适时地进行应变设计。例如,领导者带领自我探索成长团体时,当有成员情绪失控时,领导者可以考虑临时变更相应环节,抓住其情绪释放的突破口,帮助成员利用原有的较好的团体氛围实现认知上的改变。

6. 针对领导者专长来设计活动

团体进入工作期,成员开始有意识地探索个人的困扰,分担团体催化的责任。领导者不妨多配合个人的专业背景、训练导向、经验技术与个人专长来设计活动带领团体。

(三)巩固结束期的设计重点

1. 针对回顾与反省来设计活动

主要内容是让大家一起回想一起做了些什么,有哪些心得体会,有哪些意见。领导者也可以用提问的方式来引导成员对活动过程及结果进行反思,尽量以开放式的问题来展开团体间的讨论,并在最后做出点评。在此过程中要兼顾不同特点的成员,诱发互动性总结。例如,你们在活动中感触最深的一点是什么?你认为是什么原因导致你们最后的结果?你觉得你今后会如何去做到这一点?

2. 针对祝福与道别来设计活动

祝福与道别可以更多地用行为来表示,如可以自制一些小礼物,如在卡片上写一段话,或画一幅画互相赠送,也可以说一些鼓励与祝福的话,并辅之握手、拥抱等,维持并增进已建立的友谊。过程中可以播放一些符合主题的歌曲来烘托气氛,从而使团体成员间产生更多的情感共鸣。

3. 针对计划与展望来设计活动

计划与展望内容并非是每个团体结束期都要求实施的部分,而是依团体主题而定,主要内容是讨论今后的打算,应该定什么计划,对未来有什么展望等,鼓励成员寻找继续支持与挑战的途径。这当中可以设计一个小活动,如"真心话""漂流瓶"等,让团体成员表达出个人在本次团体辅导结束后的收获和对自己未来所设定的目标,从而达到这次团体心理活动的目的。

4. 针对评估与反馈来设计活动

评估与反馈应该事前设定,主要途径有标准化测验、问卷调查、电话反馈等。在必要的情况下,评估团体心理辅导成效后可以为个别成员提供个体辅导。

5. 在方案设计中加入追踪辅导或聚会等活动

读书会、谈心会、郊游,领导者借此来评估团体成效,同时也可鼓励及督促成员继续成长。总之,团体心理辅导因成员特性、问题性质、目标功能等不同而形成丰富复杂的团体动力,每一个团体发展阶段的活动设计皆应有特殊的考虑。同时,方案设计也必须与团体的整个目标功能紧密结合,相辅相成以发挥其效果。

(四)每次团体活动的设计步骤

团体心理辅导全过程可以分为四五个不同的发展阶段。而每一次团体聚会也可以分成开始、中间和结束三个部分。为此,每次团体聚会可以根据过程设计相应的活动。

1. 热身活动

目的是为团体开场打破僵局，促使成员进入团体，增加团体凝聚力，增进成员彼此互动。同时将成员进行分组，为主要活动做准备，如“微笑握手”“成长三部曲”“刮大风”“松鼠与大树”“无家可归”“解开千千结”“小时候的歌”“天气报告”等。热身活动切忌过多过长，一般 15～20 分钟。热身不足，团体难以有效启动；热身过度会本末倒置，影响团体活动正常进行。

2. 主要活动

主要活动是团体的核心活动，是关乎团体目标是否达成的关键，应按照团体内容目标而设计，因团体阶段、目标不同而不同。常用的活动类型有绘画、深入讨论、角色扮演等。

3. 结束活动

一般每次团体结束前 5～10 分钟，领导者对该次活动进行总结，通过让成员分享心得与巩固所学，预告下次的主题，并布置家庭作业使成员实践所学。

复习巩固

1. 团体心理辅导方案设计的步骤有哪些？
2. 团体心理辅导主要阶段有哪些？
3. 根据团体活动阶段的发展，每阶段主要有哪些团体聚会活动？

第三节 团体心理辅导方案的组织与实施

一、确定团体心理辅导的主题

主题是团体心理辅导的灵魂，团体的一切工作都必须围绕着主题来开展。一般而言，团体心理辅导涉及的主题主要包括人际交往（同学、师生、亲子）、异性交往、情绪管理、压力应对、认识自我、自信心提升、潜能开发、生涯发展、婚姻家庭、重大创伤等与个体心理成长相关的问题。确定团体心理辅导的主题首先要确定团体的性质和目标。

(一)团体的目标

目标是团体的航向，是对团体心理辅导整个过程的预期。团体目标必须清晰、具体、可操作，这是确保团体心理辅导成功的关键。另外，目标与团体成员的主观需求一致性越高，团体的凝聚力就越强，辅导的效果也就越明显。

在团体心理辅导过程中，团体目标具有四个功能：(1)导向性，团体目标引领着活动过程的方向，是领导者与成员经过共同努力要实现的状态；(2)聚焦性，团体目标可以协助成员将自己的注意力集中在团体主题上；(3)激励性，团体目标有助于调动成员积极性，努力克服暂时困难，而最终达成目标；(4)评估性，团体目标为领导者评价团体的效果，以及适时调整团体活动主题提供了一个参照标准。

(二)团体主题名称

团体心理辅导的主题要与个体的学习生活、成长发展密切相关，也就是说，要选择团体成员密切关注的主题。为了达到这一目标，在确定主题和名称前，可以与相关团体成员一起讨论。在给主题命名时，还要注意以下两点：

第一，名称要通俗易懂，并准确寻找心理需求切入点。一般来说，名称要符合团体成员的语言习惯和审美标准，晦涩难懂、教育命令式或“贴标签”的名称都会导致团体成员不敢或不愿参与。如高职高专学生普遍存在学习动力不足的心理特点，组织学习策略类团体心理辅导非常有必要，但如果将名称定为“学习集中营”，可能会没有人参加，但是把名称改为“那些逃课的岁月”，可能会吸引一部分成员。总之，主题及名称既要清晰、具体，又要通俗易懂，并迎合团体成员的心理需求，确保团体成员参与的兴趣。

第二，名称要与实际解决的核心问题紧密结合。大且不切实际的名称，会使团体成员失去对团体心理辅导的信任。有的组织者存在为了吸引更多的成员参加，可能会在前期宣传中夸大活动效果。如“革新未来”可能只是一个生涯探索团体，但名称里却包含了更广泛的内容，结果会造成成员的过大预期，不利于达成宣传教育效果。

二、甄选团体成员

针对高校心理教育部门提供的团体心理辅导服务，大学生的态度一般表现为两种趋势，一是不愿或不敢参与活动；二是过于依赖，没有选择性地参加。大学生自主独立意识强，既不能简单通过强制的方式要求他们参加，也不能没有筛选，违背心理教育原则，让所有有意愿的学生任意参加。在开展团体心理辅导前，组织者必须做好甄选团体成员的工作。

(一)成员招募

1. 宣传

通过海报、校园广播、校园网、校园电视台、校刊校报、学生 QQ 群、博客等各种校园媒介,让全体学生了解将要开展的团体心理辅导的主题和有关事项,招募团体成员。

2. 动员

包括三类:一是辅导员、班主任、任课教师在日常的教育教学中认为某个或某些学生有必要参与团体辅导,动员他们来参加;二是动员通过心理普查筛查出的有同质性心理成长问题的学生,让其参加团体心理辅导;三是心理专职教师在日常咨询接待时发现某些个案情况适合参加团体心理辅导,因而建议其参加。

(二)筛选成员

与成员构成问题密切相关的是关于筛选成员的决定。在团体心理辅导中成员的筛选是必要的,因为不是每个人都适合每一个团体。

1. 筛选原则

团体成员的选择应该具备三个条件:自愿报名参加,并有改变自我现状的强烈需要;愿意与他人交流,并具有与他交流的能力;能够坚持参加团体活动,并遵守团体的各项规则。该类成员组成团体,才能有利于参与交流,最大化促进团体动力形成。

2. 筛选方式

在报名结束后,要根据团体心理辅导的性质、目标、主题和报名者具体情况,如参与动机、心理状况以及成员与领导者的匹配情况等,确定哪些报名者可以参加相应的团体心理辅导活动。具体有以下几种方式:

第一,个体面试。领导者对意向成员进行面对面的交流,并向他们提问,如你为什么想要参加这个团体?你有什么问题需要帮助?你认为你会对此团体做出什么贡献?你曾经参加过类似的团体心理辅导吗?有什么收获?该方式的好处在于领导者能与候选成员进行直接的接触,从而更多地了解候选成员,但通常需要耗费大量时间。

第二,书面筛选。该方法则是让候选成员填写一张表格,内容涉及年龄、性别、婚姻状况、生活环境等一般性信息。同时也可以将个体面试列出的一些问题用作书面筛选表内容的一部分。当筛选仅仅是依据书面材料时,领导者必须尽可能地把所有相关问题包括在表格内。有效筛选的关键在于找到某种信息以选出一群可以共同交流和学习的人构成一个团体。

第三，推荐筛选。这种类型的筛选通常是通过学校教师、医院医师和其他从事心理研究工作的咨询师或治疗师等有关团体推荐而产生的。这些人通过推荐合适的，有可能被团体容纳的成员，从而也进行了筛选工作。当按照这种方法来对团体成员进行筛选时，领导者需要确保该推荐人完全理解团体的目的及所期望成员的类型。

第四，应用综合团体程序筛选。如果领导者在一个机构，如学校、医院、监狱或公司内指导多个团体，那么他可以通过将成员分派至某一组进行"筛选"。依据成员们的年龄、知识、阅历，或某些人格特征将其分入不同团体，也可以依据成员的相互作用风格或精神健康水平来区分成员，从而使团体对其成员发挥更大的价值。

第五，在团体组建开始后筛选。如果在事先不能进行筛选或者事先筛选不够彻底时，领导者可以在第一次会面时告诉团体成员，并计划与每位成员单独会面来讨论他以后是否继续参加。这种类型的筛选是一种筛除不适合这一团体成员的好方法。

三、开展团体心理辅导活动

团体心理辅导的各项准备工作就绪后，便进入到辅导活动开展阶段。无论是什么主题、目标、规模的团体心理辅导，或一个完整的团体心理辅导分为几次完成，每次的辅导活动都要经历以下四个过程，而且每个过程都是连续的，相互影响的。

（一）团体初创阶段

1. 阶段任务

在团体创始阶段，成员一般缺乏安全感，并有较多的依赖、陌生与困惑。因此，创始阶段的主要任务是营造安全、温暖的团体氛围，消除成员的疑问、困惑，帮助成员相互认识，强化团体规范，订好团体契约。

2. 实施要点

领导者要准确把握团体成员的心理特点，以有效掌控初创阶段。首先，可通过微型演讲，协助成员明确参与动机，同时缓解部分成员的焦虑或紧张。演讲风格要自然、温暖，而非假、大、空。其次，领导者可通过组织比较简单的游戏促进成员互相认识，这又称为热身运动、破冰运动。动态的游戏不仅能使成员紧张的情绪得以放松，而且还能拉进彼此的心理距离。当成员之间能比较舒适地沟通并愿意开放自己时，领导者便可以引导团体成员进入讨论阶段，通过自主讨论订团体契约。需要指出的是，破冰阶段虽然较好操作，但如果领导者的开场白不能说服成员，或语言内容过于简单，有可能导致部分成员不合作，从一开始失去对团体心理辅导的信任。

(二)团体转换阶段

1. 阶段任务

在团体转换阶段,团体成员心理行为表现是试图积极地融入团体中,在团体中找到自己的位置,但是担心自己不被接纳,而且对其他成员还缺乏信任,害怕受到攻击和伤害,团体中会有抗拒和焦虑的情绪。这一阶段的主要任务是增强团体凝聚力,促进团体成员建立合作互助的信任关系,鼓励成员表达和处理冲突。

2. 实施要点

面对这一阶段成员之间的心理与行为表现,领导者首先要创设宽松的心理环境,鼓励成员讨论团体中出现的问题,主动解决矛盾,使团体成员在互动中逐渐相互接纳,相互认同,相互信任。其次,要理性分析部分或个别成员想融入又担心被伤害的矛盾心理,谨慎、准确地选择恰当时机采取有效的介入措施,既给成员必要的支持,又施加适度的压力,帮助他们融入团体。第三,要及时处理成员的焦虑、抗拒等情绪。领导者觉察有团体成员冲突时,要给予积极解释,转化矛盾,将议题转换到带有积极象征的内容上来。第四,领导者要适当自我开放,真诚接纳成员,其行为对团体成员具有较强的示范作用。

(三)团体工作阶段

1. 阶段任务

团体工作阶段是团体心理辅导的关键阶段。这一阶段的任务是在积极、和谐的团体氛围中,通过成员个体的全身心投入,成员之间合作、学习并尝试新行为,达到认知重建的功效。

2. 实施要点

在这一阶段,领导者一是要调动成员的参与行为,促使成员充分谈论自己或他人的心理问题和成长经验,在获得他人的理解、支持的同时也获得指导。在此过程中,一要识别成员的伪认同,并及时提问,具体化讨论的议题,确保成员经历了真正思考与分析的过程;二要通过团体人际互动反应,帮助成员发现自己的优缺点,并把团体当成一个安全的实验场,练习、改善自己的心理行为,以期能扩展到现实生活中。这一阶段采取的团体活动形式和技能因辅导目的、类型、对象的不同而不同。有的团体采用讲座、讨论、写作会、写日记等形式;有的团体采用自由讨论;有的团体主要采用行为训练、角色扮演等方法。

(四)团体结束阶段

1. 阶段任务

在团体结束阶段,成员会出现失落的情绪,存在对未来面对冲突的担心,或出现行为的退缩,团体情境呈现松散现象。所以,此阶段的主要任务是巩固辅导成果,强化成员已经做出的改变，帮助他们将体验到的方式方法迁移到其他社会实践活动中，以积极的状态适应外界环境。

2. 实施要点

虽然团体辅导的团体是临时的，但领导者要在结束阶段鼓励成员保持联系，相互交流参加团体后的心得，以巩固团体心理辅导效果。因此，在此阶段要再次加强团体成员的联系点。一是协助团体成员回顾整个辅导过程，巩固成员获得的经验；成员在领导者的带领下反省自己的心路历程，表达个人感受并对自己的成长和变化进行评价；二是通过进行一些祝福与道别的活动，如互相赠送自制小礼物或说一些鼓励与祝福的话，可加深成员情感交流；三是引导成员商议大家已建立的团体关系，今后的打算，应该定什么计划，对未来有什么展望；四是领导者通过总结性演讲方式总结整个辅导过程和目标达成情况，尤其是鼓励团体成员把体验到的经验应用到现实生活中，并鼓励相互见证。

四、注意事项

(一)避免为活动而活动

任何一种方案或一项活动，都只是团体辅导的工具或手段，而不是目的。应尽量避免活动过多，而不注重交流分享的问题。为了发挥活动的功能，领导者必须能适当地运用领导效能及发展团体动力，有时更需要外在条件的配合，例如环境设备、成员参与、行政支持等。

(二)避免依葫芦画瓢

某些团体领导者在设计方案时，照葫芦画瓢，参考或抄袭他人的团体方案与活动，对于团体方案设计的概念及活动进行的操作方式并不清楚，且带领团体时缺乏弹性和灵活性，以致团体发展过程出现问题，成员权益受损，参与意愿不高。严谨的做法是事先找到同行组成一个团体，将所设计出的方案、不熟悉的团体活动，在团体中实际操作一遍，共同探讨实施过程的经验感受及问题焦点。

(三)避免不适当的活动

团体发展需要循序渐进，由表及里，由浅入深。团体成员的心态也需要有一个适应和转变调整的过程。如果领导者对各类活动的应用范围和功能了解不足，常常会设计或安排不适当的活动，如开始阶段安排负向的活动等，常常会阻碍团体发展。

（四）避免活动衔接不当

团体是一个不断发展的过程，团体中使用的各种活动不是孤立、分离的。活动之间应该有内在的逻辑联系，应配合团体目标，巧妙衔接，连贯流畅，一气呵成。如果活动衔接不当，会使成员有一种跳跃、不确定的感觉，影响团体效能。例如，使用“赠送礼物”的练习前，如果有“乐趣分享”活动铺垫，成员之间有了一定的了解，赠送的礼物就有针对性、个别化，能配合和满足不同成员的需要。

（五）接受督导与同行探讨

方案设计后应该先向有经验的领导者或督导者请教，认真思考究竟此团体方案或活动带给成员何种感受，何种经验，何种认知收获，对个人及团体有哪些益处，针对上述问题仔细思考，或者通过与同行探讨交流，激发思考。

扩展阅读

投射效应：以自我之心，度他人之腹

投射效应是指以己度人，认为自己具有某种特性，他人也一定会有与自己相同或者相似的特性，从而经常把自己的感情、意志、特性投射到他人身上，并认为对方也应该有同样的感受和认知。简单来说，这就是强加于人的一种认知障碍。

用你的喜好往往无法正确衡量别人！

俗话说：“物以类聚，人以群分。”生活中这不仅仅是一句俗语，更是人们心理活动的一种折射。在众人眼里，同一个群体的人总会具有某些共同的特征。所以，在影响人的过程中对于那些身份、地位、年龄、性格与自己相同或者相似的人，便会习惯性地用自己的喜好去认识、评价、判断、衡量，认为他们也应该有着和自己同样的想法、观念、处事原则等。但事实上，在这种心理的驱策下，人们的行为往往有失偏颇，进而不能更好地影响他人为自己做事情。对此，心理学家曾做过如下实验：

为了验证个人喜好的影响力，心理实验者曾在一家出版社的选题讨论中做过这样的实验。参与实验的研究者说：“为了更有效地影响受众关注我们出版社，你们策划出自己认为最重要并且最具影响力的一个选题。”但最终的结果却出现了这样有趣的现象：

正在攻读第二学位的编辑认为，现在是知识竞争的时代，每个人都在试图获得高等院校以及更高的学历证书，所以他的选题为《怎样写毕业论文》。

一个正准备将女儿送到幼儿园的女编辑认为，中国一向有“教育是先机，教育孩子应从娃娃抓起”的教育理念，所以她的选题是《学龄前儿童教育丛书》。

一个托朋友办事情的编辑认为，任何人做任何事情首先要获得他人的鼓励、支持、帮助才能成功，所以他的选题是《教你影响朋友的法则》。

一个忠实爱好围棋的编辑认为，现代人们的生活压力大，需要适当地放松紧张的情绪，所以他的选题是《聂卫平棋路分析》。

心理学上认为，这些编辑的选题都各有道理，但是通过他们的经历、喜好、观念和所做选题的关系，能够发现这样的规律——他们在做选题的时候，往往是参考了自身的需要，也就是说受到心理学中投射效应的影响。他们习惯性地认为，自己的喜好便是受众的喜好，自己目前需要的东西便是受众需要的东西。而事实上，受众为了缓解紧张的压力，真的只会选下围棋吗？不一定。他们多数会选择自己喜欢的放松压力的方式，如象棋、乒乓球、保龄球、高尔夫球等。一位六七十岁的老人，会更多地关心儿童教育吗？也不见得。多数情况下他们更关心的是自身的健康……从影响力的角度而言，这些选题若是真的实行后，显然不能够有效地影响受众关注自己的出版社，因为他们不知道多数受众真正需要的是什么。这些事无不向人们反映出这样的道理：用自己的喜好往往不能正确地衡量别人，也不能有效地向他人施加影响。

对此，刚从海军学院毕业的吉米·卡特曾有如下经历：

1964 年，刚从海军学院毕业的吉米·卡特，遇到了海军上将里·科弗将军。当将军让他谈谈自己的事情时，吉米·卡特为了获得将军的喜欢，自豪地提起自己在海军学院的成绩，他说自己在全校 820 名毕业生中，名列 58 名。他以为将军知道他的成绩后一定会对他刮目相看，没想到将军没有任何反应地问道：“你尽力了吗？为什么不是第一名？”这句话让吉米·卡特不知如何回答。他与里·科弗的这次对话给了他很大的启示。吉米·卡特不是别人，正是美国第 39 任总统。

心理学研究发现，在日常生活中，人们总会不自觉地把自己的心理特征，像经历、好恶、欲望、观念、情绪、个性等加在他人身上，认为自己这样想的，他人也应该有同样的想法，并试图通过自己的想法去影响他人，结果往往事与愿违。

特别当自己在某方面试图影响对方的时候，往往为了恭维或接近对方，向对方施加某种拉近距离的方法，但其方法往往会受到自我思维定势的影响，不是实事求是地根据自己观察所得到的信息去判断对方的喜好、性格、特征，而是想当然地把自己的特性投射到别人身上，这样必然不能达到有效影响他人的目的。

复习巩固

1.在确定团体心理辅导的主题前需要先确定什么?
2.团体目标功能是什么?
3.在甄选成员时,团体成员需要具备什么条件?
4.在团体活动中,应该注意什么?

本章要点小结

团体心理辅导方案设计的概念

1.团体心理辅导方案设计的作用有:评估作用、定位作用、保障作用。

2.团体心理辅导方案设计的原则有:系统化、差异性、可行性。

3.团体心理辅导方案设计的内容:环节设计与选择、场地选择与道具储备、确定领导者、制订团体计划书。

团体心理辅导方案设计的步骤与各阶段活动要点

1.团体心理辅导方案设计的步骤包括:了解服务对象潜在需要;确定团体的性质、主题与目标;搜集相关文献资料与方案;完成团体方案设计表;规划团体整体框架及流程;设计招募广告;对团体方案进行讨论或修订。

2.团体心理辅导各阶段主要有:关系建立阶段、主题实施阶段、巩固结束阶段。

团体心理辅导方案的组织与实施

1.确定团体心理辅导的主题首先要确定团体的性质和目标。

2.给主题命名时,要注意以下两点:名称要通俗易懂,并准确寻找心理需求切入点;名称要与实际解决的核心问题紧密结合。

3.甄选团体成员包括成员招募和甄选成员。其中成员招募包括宣传和动员。甄选成员时还要注意筛选原则和方式。

4.组织团体活动时应该注意:避免为活动而活动,避免照葫芦画瓢,避免不适当的活动,避免活动衔接不当,接受督导与同行探讨。

关键术语

方案设计　成员甄选　团体目标　发展性团体　治疗性团体　同质性团体　团体契约

复习思考题

一、判断题

1. 在团体辅导的关系建立期要以塑造温馨气氛开始。 （　　）

2. 在团体初始，设计的活动不要导向深层次的分享。 （　　）

3. 确定团体心理辅导的主题首先要确定团体的性质和目标。 （　　）

4. 任何时候当团体组建已经开始时就不能再将成员筛除了。 （　　）

二、选择题

1. 下列要素中，哪些属于团体计划书应该包括的（　　）

A. 团体性质　　B. 活动地点

C. 活动资源　　D. 活动时间

2. 团体心理辅导的写作一般分为哪三部分（　　）

A. 情况概述　　B. 体会或感受

C. 改进措施　　D. 人员情况

3. 团体成员的筛选方法中最耗时的是（　　）

A. 推荐筛选　　B. 应用综合团体筛选

C. 个体面试　　D. 书面筛选

E. 团体组建开始后筛选

第八章　团体心理辅导的评估

对团体的效能做评鉴是团体心理辅导工作中的重要环节。团体评估不单指每次团体结束后的自我评估，还包括整个团体结束后的评估。在团体心理辅导的一般环节结束后，我们需要对这次团体辅导做一个总结性的回顾，包括：此次团体心理辅导是否达到预期目标，团体领导者的工作方法与技巧运用是否恰当，团体成员对辅导效果是否满意，团体成员是否合作充分，在今后组织类似的团体辅导活动时能够做出哪些改进等。这些都是团体辅导结束后必须做的不可或缺的一项工作。本章就来学习团体评估的相关内容。

第一节　团体心理辅导评估的基本内容

一、评估的含义

其实，从团体心理辅导开始到结束，团体评估是同时进行的，只是在团体结束时，更需要做整体的评估。团体评估包含的内容相当广泛，评估目的不同、层次不同、类型不同、对象不同，评估的方法就会有区别。团体心理辅导的评估不是一个可有可无的环节，它对整个辅导过程非常重要，特别是对于领导者，了解和掌握评估方法是必备的领导技能。

在过去，美国的心理辅导人员不太重视对心理辅导工作的评估，主要有以下原因：第一，没有足够的时间来进行评估；第二，助人关系的成效不易评估；第三，对评估的理论知识了解不足；第四，对于评估结果会如何呈现个人效能感到焦虑。除以上原因，工作理论依据与实际方案落差太大，或欠缺良好理论依据的方案也是评估难以进行的理由。但 20 世纪 80 年代后，越来越多的心理辅导研究者和实践者开始关心并重视心理辅导的评估。

评估又可以被称作评鉴、评量，是一个动态的历程，具有长期性和系统性的特点。团体心理辅导中的评估是指通过不同的方法，搜集有关团体目标达成的程度、成员在团体内的表现、团体特征、成员对团体活动的满意程度等，帮助团体领导者及团体成员了解团体辅导的成效。由于不同的团体评估的重点不同，选取的评估方法也会有区别。例如，在治疗性团体评估中，领导者更关注成员思维和行为的改变；在互助和成长性团体评估中，领导者会更关心成员间的沟通状况，人际关系和相互支持网络的建立。因此，团体领导者进行团体评估时必须根据团体的目标来制订一套适合的评估步骤与方法。评估的重点是解释、考核、检视，所以它的标准需要有依据，没有标准是难以进行评估的。

大部分团体领导者是不会进行团体评估的，一是要花费额外的时间，二是进行评估会迫使他们面对他们专业工作的结果。尽管这样，定期的评估可以给他们提供有用的反馈信息，让他们了解他们与团体的关系以及最能满足成员需求的经验类型。在团体辅导进行的各个阶段都可以进行团体评估，但是每个阶段评估的重点不一样。比如说，在团体进行前的评估重点就是对团体目标的评估、成员特性以及起点行为的评估。而在团体辅导进行中的评估重点则是领导者对团体动力的觉察、团体目标与进度的掌握、成员参与行为的分析，甚至包括特殊事件的处理效果、成员观察等。在团体结束后的评估主要就是对团体成效的评估、领导效能的评估及对成员行为发展变化的评估。

二、评估的目的及作用

团体心理辅导评估的作用可以从三个方面来加以说明：

第一，成效评估。成效评估是最基本和普遍的功能，通过事前事后评估，衡量参加者在完成团体辅导后的转变。

第二，指引实务工作。让团体辅导领导者掌握组员的进度，反映团体辅导治疗策略的有效程度，从而立即改善介入手法和技巧，使团体辅导更能帮助组员达到个人目标。

第三，在此期间，领导者可以与团体成员建立相互信任的关系，寻找共同期望，让团体成员感到团体领导者明白他们的问题和需要，而团体辅导是对应他们的目标而设计的。有了这种互相信任的关系，就能够增强团体辅导的治疗性元素。

（一）评估的目的

樊富珉(2005)认为可以将团体心理辅导评估的目的分为四种：(1)能有效监控辅导方案的执行状况，辨明问题并及时修正；(2)能检验咨询目标达成状况；(3)能改进今后同类辅导方案的设计、训练策略；(4)协助团体领导者了解和改进领导技能，提升专业水平。

（二）评估的作用

特斯兰德和瓦利斯(Toseland&Rivas，1955)认为团体心理辅导评估的作用包括以下七个方面：(1)评估可以满足领导者对介入团体工作效果的好奇与专业上的关心；(2)通过评估获得的资料，可以帮助领导者改善领导技巧；(3)评估可以向机构、资助者或者社会显示和证明团体工作的有效性；(4)评估可以帮助领导者评价团体成员的进步状况，并从整体上了解是否达到团体预定的目标；(5)评估允许团体成员及其有关成员自由地表达他们对团体的满意和不满意；(6)评估可以协助领导者收集能与其他团体工作者一同分享具有类似团体目标和特点的相关知识和信息；(7)评估可以帮助团体领导者验证团体所做的假设。

三、评估的类型

团体心理辅导评估的内容具有广泛性特点，它是训练过程各要素、各环节和训练效果各方面的评估，是一种全程、全域评估。根据团体心理辅导的发展过程，我们将团体心理辅导评估分为预测性评估、过程性评估、总结性评估和追踪性评估。

(一)预测性评估

预测性评估是对团体心理辅导的目标、成员、内容、形式、方法、纪律等方面进行的前瞻性评估。以上各方面是保障团体心理辅导正常进行的前提基础,它们是否合理、实效,对团体心理辅导是十分重要的。在制订过程中,需要团体领导者、心理学专家对各项内容进行预测性评估。在训练活动开展前,一般要进行效度性评估,即评价团体心理辅导的目标是否合理,内容是否科学,形式是否丰富,方法是否得当,纪律是否有约束力,等等。根据评估情况,可以对其进行适当地修改,使团体在理论上达到最优化。团体心理辅导的目的是为了促进个人的发展,并协助个人面对及处理有关个人烦恼的问题。因此,应给与团体成员机会以确定和澄清在团体范围内个人的独特目标。因为一旦个人的目标得到澄清和建立,行为契约就可以成为评估方法。

(二)过程性评估

普遍认为评估只是对团体辅导活动的结果进行评估,但是对过程的评估同样非常重要。团体评估工作是一种连续性的工作,是贯穿于团体心理辅导的整个始末的,而不是团体心理辅导结束后的特定任务。过程性评估是指在团体心理辅导进行过程中所做的评估。过程性评估主要评估内容包括团体的关系、气氛、计划执行、团体时间处理、团体结束是否合理等方面。

团体进行过程中,领导者可以通过观察、提问、问卷等方式,了解成员在团体内的表现和团体的总体情况,以确定团体心理辅导下一步如何进展,是按计划进行,还是进行适当的改变,抑或是中止团体。在团体进行到三分之一或一半时,领导者可以根据活动的开展情况设计自我评估量表,了解团体成员的反应,以便有针对性地改进下一步的活动。以下的评估量表,就是过程评估所用的评估工具。

表 8-1　团体成员自我评估量表

利用下面的句子,以 1 到 5 的尺度等级估量你自己参加团体的状况。1 代表“我绝不是这样”,5 代表“我总是这样”。

题项	选项				
	1	2	3	4	5
1.在团体里,我是一个积极投入的成员					
2.我愿意完全地投入团体,并且与大家分享目前的生活问题					
3.我认为自己愿意在团体中尝试新行为					
4.我愿意尽力表达自己的感情,就像其他人一样					
5.在每次团体讨论之前,我总会花一些时间准备;结束后,我也会花一些时间反省自己的参与情况					

续表

题项	选项				
	1	2	3	4	5
6.我尽量以真诚的反应面对其他人					
7.在团体中,我总是不断地追求澄清我的目标					
8.我总是注意倾听别人在说什么,也会把我的感受直接地告诉他们					
9.我会与别人分享我的想法,将自己如何看他们,及如何受他们的影响告诉他们					
10.在团体中,我尽量使自己做别人的模范					
11.我愿意参加团体各种不同的活动					
12.我常想要参加团体的讲座					
13.不必等他人开口,我就会主动帮助他们					
14.在团体建立信任感的过程中,我是积极主动的角色					
15.我是在没有防卫心理下,坦诚地接受别人的反馈					
16.我尽量把团体里所学到的东西,应用到外面的生活中					
17.我会注意自己对主持人的反应,并说出他们是个怎样的人					
18.我会避免自己和团体其他的人					
19.我会避免询问别人问题和给予他们忠告					
20.我对自己在团体里的学习负责					

团体领导功能的评估是过程评估的重要内容,有助于领导者了解自己在团体过程中的领导类型、功能、角色,以便改善。

(三)总结评估

总结评估是在团体心理辅导结束后进行的评估,是整个团体心理辅导活动的有机组成部分之一。一般情况下,在团体心理辅导结束后,领导者组织成员填写事先设计好的评估表。评估表可以涉及团体的各个方面,包括团体成员对团体的满意程度、对团体活动的看法、对团体的感受、自己行为的变化、对领导者的评价等。领导者在统计分析的基础上进行总结,以便今后改进工作。领导者也可以根据自己的观察对团体进行分析,还可以组织成员写总结,谈感想,以此评价团体心理辅导的效果。

和过程性评估相比,总结性评估一般比较正式,多以文字的形式出现,也多半与研究产生关系,一般是在团体的最后一次聚会当中。如果是研究的情境,还得加上追踪评估的设计。总结性评估的重点是验收成果,即团体心理辅导活动所取得的成效,主体可以是团体,也可以是领导者或者是团体成员,但是多以成员为主体,评估成员在团体辅导中是否取得了进步或者改善。为了能够顺利完成任务，领导者往往需要事先设定团体工作的具体目标，选择恰当的评估工具，注意到评估所应了解的内外在效度等。

在国内外，大多数学者专家将团体评估分为以上类型，但是有的学者也将团体评估分为以下三种类型：对真正发生于成员生活中使之改变的评估；领导者进行的评估；由成员们进行的评估。这两种分法的大致内容是一致的，但是在方式上有一定的差别。上述的分类方式主要是以团体的进程来分，下面我们来了解一下以团体中不同主体来分的分类方法：

1. 对真正发生于成员生活中使之改变的评估

最为重要的一种评估可能就是团体经验对成员行为产生了怎样影响的评估。学生们在学校成绩是否有所提高？不良行为是否有所改善？夫妻们是否可以更为有效地沟通？那些不能很好在社会中生活的人在参加完此次团体辅导后，是否能够更好地应对生活？对于以上的问题，有的很容易回答，但是有的则难以回答。对于以结果为依据的评估的需求正在不断增长。各种社会团体、机构希望看到资料显示团体工作在引起行为的改变中是有效的。

有的团体非常容易进行以结果为依据的评估。但是对于另外一些团体，想要定量分析成员所发生的改变可能相当困难。这就要求领导者在团体活动进行当中，请团体成员们评价他们正在做出的改变。虽然这些反应不完全真实，但是至少领导者可以从这些数据资料中了解到团体对成员影响的一些信息。要评估成员行为是否改变，另一种更为客观的方法就是请和成员生活在一起的其他人给出评估。这些评估者可以是老师、父母、配偶、朋友等。

在对成员行为是否发生改变的评估中，为了收集资料测量结果，领导者需要做以下步骤的工作：

(1)收集团体开始前的资料。例如：一周逃课的次数、误工的次数、惊恐发作次数等。

(2)确定特定团体的目标。例如：学生减少逃课的天数、成绩提高，成员减少误工次数，惊恐次数减少或者消失。对于个别团体，领导者还需要对个体成员制订特定的目标。

(3)团体聚会时将注意力集中于期望获得的结果，允许成员们针对自己的目标加以努力。

(4)制订一张关于成员向既定目标前进情况的表格让成员们填写。需要注意的一点是这张表格应当包括有助于对团体结果进行测评的问题。

(5)确定除了团体成员以外，是否还有其他人可以介入到评估结果的工作中来。如果有，获得成员们的许可并与那些人联系。

(6)应用表格定期收集资料。

(7)在团体结束时应用表格收集资料。

(8)为资料的追踪收集制订计划。可以在一定的时间后，将表格寄给成员，或者是给成员们一些额外的表格请他们在指定时间将填完的表格送回来。分别在团体结束后的三个月、六个月和一年后收集资料最为恰当，可以依据成员们的持久变化来评估团体。

2. 领导者进行的评估

领导者一般在每次会面后都会进行自我评估，通常自我评估都简单而直截了当。领导者需要回忆那些似乎特别重要的动力学情况，并评估自己在团体中的角色。领导者可以问自己以下问题：(1)我是否严格遵循了我的计划？(2)当我偏离了我的计划时，是因为在那个时刻我想到了一个更为适宜的策略，还是因为我感到迷失了方向或者感到被团体压倒了？(3)我能在多大程度上满足成员们个体的需要？(4)团体中是否出现了我未曾计划或预期到的事情？(5)从这次聚会中我学到了哪些东西可以让我在下一次实施？(6)在量表上，我怎样评定对这次聚会的总体满意度？和上次相比，满意度是高了还是低了或者是相等？

领导者应当保留这些自我评估，并周期性地回顾它们以观察自己的进展。如果在某些领域内，领导者感到自己没有提高，他就要对它们特别加以注意或请求做团体领导者的同事或获取督导的帮助。

3. 由成员们进行的评估

让成员来评估团体对团体辅导的进展很有帮助。非正式的评估可以作为任何一次聚会结束阶段的一部分工作来完成。正式的评估可以在团体进展到三分之一或一半时进行。可以用一张检查表，其中所提问题是关于团体的过程、内容以及团体提供的帮助等方式。团体进行到一半时的评估使得领导者可以依据成员们的反馈做出适宜的改变。最后的书面评估对于领导者计划以后的团体非常有帮助。

在团体结束时可以应用的有效评估表格应当包括以下问题以及另外一些特定群体的特异问题：(1)你在参与这个团体的过程中获得的最重要的东西是什么？(2)哪项活动、讨论或话题让你印象深刻？(3)对这个团体，你最喜欢的和最不喜欢的分别是什么？(4)什么可以使这个团体对你更有价值？

在阅读成员们的评估表时，领导者应该谨慎。因为有些成员可能不喜欢领导者，从而给出不真实的反馈。有的成员可能还有些需求要满足，所以只给出积极的反馈。有些成员给出不诚实的反馈意见是因为他们感到受到威胁，或者他们为领导者担忧。例如，如果领导者在活动结束后不停地问这个团体对他是否有帮助，成员可能会认为领导者在"钓取"正性反馈，因而不愿意提出建设性的批评意见。寻求积极反馈是一种天性，所以这样的反馈信息会诱导领导者认为他们的团体棒极了，而实际上还存在着一些需要更正的问题。

评估团体的好处是怎么强调都不会过分的。应用前面提到的评估方法，你可以从评估中学到许多东西。

四、团体效果评估的不同层面

团体效果的评估主要包括以下四个层面：反应层面、学习层面、行为层面和结果层面。

（一）反应层面

反应层面是最基本、最普遍的评估方式。主要评估内容有：领导者、方法、材料、设施、场地、招募的程序等。反应层面的缺点显而易见，有：因为对领导者有好感而给高分，因为对某个因素不满而全盘否定。要解决上述弊端，需要做的就是尽量使评估公正客观，可以通过以下的方法实现：强调评价的目的，请求成员配合；鼓励成员写意见、建议；结合使用问卷、面谈、座谈等方式；要及时反馈，马上填问卷等。

（二）学习层面

主要的评估方法有：演示、讨论、角色扮演等。评估的优点是：对成员有压力，使他们更认真地投入团体学习；对领导者也有压力，使他们更负责，更精心地准备每一次聚会。采用合适的评估方式是应对这些问题的主要办法。具体可采用以下方式：对那些基于技能提升的训练团体可以采用考核的方式；可以直接观察成员的行为改变；在团体内展开讨论，或采用讲演、分享、角色扮演等方式，也可以观察到团体成员通过团体学习而产生的改变。

（三）行为层面

行为层面的评估主要是观察团体成员的行为表现，可以来自领导者的评价、督导的评价，也可以来自成员之间的评价、成员自我的评价等。这个层面评估的优点是可以直接通过成员的行为来反映辅导的效果，可以使机构、资助者直接看到辅导的效果，从而使他们更加支持团体工作。此层面的缺点是：评估要花很多时间、精力；问卷的设计非常重要但却比较难做；行为的表现多因多果；如何剔除其他非团体因素的影响，也有一定的困难。一般解决的方法有：注意选择合适的评估时间，即在团体结束多长时间后进行评估；注意选择适当的评估量表或方法。

（四）结果层面

结果层面的评估是将成员在团体结束后与参加团体前进行对照比较，主要是通过一些可测量的指标，如自信心、学习态度、学习成绩、工作业绩、家庭关系等，以反映团体辅导的效果。这种评估方式的优点是可以拿出详实的、令人信服的调查数据，证明团体的成效。这个层面的评估缺点是：需要时间长，在短期内是很难有结果的；对这个层面的评估还缺乏必要的技术、手段和经验;必须取得相关人员和部门的合作,否则你就无法得到相关的数据;必须分辨出哪些"果"与团体工作相关,在多大程度上相关。可以用一个其他条件相同,只是未参加团体的参照组来进行对照评估。

五、评估执行者

对团体心理辅导的过程和效果进行评估,就需要考虑由谁来评估。一般而言,可以由以下五种人来从不同角度评估团体的过程和效能,即团体督导、领导者、团体观察员、团体成员以及成员相关的重要他人(如教师、家长等)。但是由于不同的人看待团体的角度会有差别,所以评估的重点也有所差别。

(一)团体督导者

心理咨询督导是指在专业工作中由资深工作者对资浅工作者所提供的一种介入。此种介入关系的性质是评估性的,持续一段时间的,并具有提高受督导者专业水平的功能。团体督导者是团体领导者的老师,承担着观察、分析和帮助团体领导者提高专业水平,并对团体成员负责的责任。团体督导者可以通过现场过程、事后观看录像带,或阅读团体领导者的团体单元记录表等方法找出需要进一步讨论的内容和议题,与领导者进行讨论。

(二)团体领导者

团体领导者的评估可以分为两类:对自我的评估与对团体的评估。

领导者自评指领导者对自己的工作状况进行评估,主要是对领导过程的评估。如,评估自己的领导风格,所采用的技巧是否合适;发现和处理团体事件的能力与效果;维持团体气氛的功能如何;催化团体成员参与团体程度的状况等。团体领导者自我评估可以在每次团体聚会结束时进行,也可以在整个团体心理辅导结束时进行。一般常用评估题目有:我是否严格遵循团体心理辅导的计划?我对自己的领导行为满意程度有多大?我能在多大程度上满足成员个体的需要?团体心理辅导过程中是否出现未曾计划或预期的事情?团体心理辅导过程中有哪些地方可以改善?

对团体的评价主要是对领导内容的评估以及对团体成员的评估。包括团体目标是否达成,团体成员之间的关系如何,是否有效地协助成员改变等。因团体性质不同,评估重点也有一定区别。例如,在治疗性团体心理辅导评估中,团体领导者着重关注的是成员思维和行为的改变;在互助和成长性团体心理辅导评估中,团体领导者就会更关心成员间的沟通状况、人际关系和相互支持网络的建立。因此,团体领导者进行团体评估时必须根据团体的目标而制订一套适合的评估步骤与方法。

(三)团体观察员

团体观察员的角色可以更加客观地反映团体的状况。团体观察员通过现场过程观察记录,从团体成员的行为表现、团体领导者的领导技巧以及团体效能三个方面进行评估。在成员行为表现上,主要是对成员的协助性行为(倾听、自我表露、理解、尊重)以及阻碍性行为(防卫行为、破坏行为、阻断、独占)的观察、记录并分析其影响程度。对于团体领导者的领导技巧的评估主要是观察、记录和分析领导者在辅导过程中所运用的技巧(无条件积极关注、尊重、接纳、同理的反应等)是否及时并且有效。而对于团体效能的评估,主要是考察团体计划的可行性与有效性。有的团体同时采用其中两种或三种,从不同角度来做多元评估,然后再决定选择用什么样的方式或者工具来进行评估。通常团体会选择问卷或评估表,可以有选项选择、量表选择、描述回答等。有时也会用面谈的方式,由领导者或观察员以团体或个别的方式与成员面谈,进行了解、评鉴。除此之外,还有一种资料可以用作评估材料,即领导者的团体记录。记录的方式可以以文字(摘要记录、逐字记录)及视听方式(录音、录影)进行。通过这些资料,由观察人员、专家或者督导员来评鉴。还可以利用心理测试、量表或有关问卷进行参加团体后的比较,作为评鉴参考。

(四)团体成员

团体成员的评估即自评,是对自身行为表现等方面以及对团体效能的评估。其中,对团体效能的评估包括对团体过程、团体效能、领导者行为的评估。成员自评又分为两个方面:一是参加团体的目标、期望是否达成,也就是在团体心理辅导活动过程中收获、学了或者改善了什么;二是参加的过程如何,如自己是否积极参与到辅导活动中,是否去探索一些问题,有无挣扎或者防卫心理以及这些心理的程度如何。在对团体效能评估上也可以分为两个层面:一是团体内容是否有效、恰当,自己的目标是否达成;领导者的引领介入如何帮助自己实现期望;二是团体过程是否有意义,比如团体过程中发生了哪些印象深刻的事件;团体气氛如何,对团体领导者的满意程度等。团体成员评估所用的工具可以是量表、调查问卷、成员的日记、自我报告等。成员评估可以以个人前后测分数的差异情况来反应,也可通过文字或简短的量表来了解。有些团体领导者的做法是要求成员对每次聚会都进行记录,一段时间后收回整理。评估工具可以是开放式问题,也可以是量表等。

(五)团体成员相关的重要他人

团体成员参加团体心理辅导后,行为表现是否有改善,可以通过其相关的重要他人,如家长、家属、老师、朋友、同学等反映或报告来评估。评估方法可以是正式或非正式的。正式的方法包括设计一个简短的评估表，重点放在成员的特别问题上，定期请与团体成员关系密切的人填写，不仅可以获得成员在现实生活中的第一手资料，也可以使相关人员看到成员的努力与进步，并给予积极的反馈和建设性的期望。非正式的方法有面谈、电话、访问等，以了解成员的行为与表现。

复习巩固

1. 什么是团体评估？
2. 团体评估的目的是什么？
3. 团体评估的评估者主要有哪些？

第二节　团体心理辅导评估的理论模式

一、陆弗的评估模式

陆弗(Luft，1969)认为，观察团体互动过程中成员的沟通形态，有助于评估团体的发展结果与成效。一般而言，有效团体的成员应能增进对自己与其他成员的了解，愿意开放自我，表达正向与负向的各种感觉，提高个人的心理健康水平及改善人际关系。如果团体互动过程中，成员只是有选择性地分享个人感受与经验；或只做表层次分享，缺乏中、深层次的自我表露；或被动、拒绝给予其他成员反馈，自我防卫心重，则反映团体动力缺乏，团体凝聚力不强，团体信任感不足，团体的效果极其有限。乔韩窗口以“自我察觉程度”与“他人了解程度”两个方向来说明团体成员察觉自我的行为与感觉的程度，以及探讨对其成员对自己行为与感觉的了解程度。针对“个人是否觉察”与“他人是否觉察”两个方向，交互作用产生四种团体内人际互动的状况。这四种状况分别是：

公开区(I)：当事人了解自我并开放自我，使团体其他成员也能了解当事人的想法、感觉和行为。

盲目区(II)：当事人对自我缺乏了解，由其他成员对其所观察的想法、感觉和行为反馈予当事人，促发当事人的自我探索。

秘密区(III)：当事人有意识地隐藏自己内在真实的想法、感觉和行为，其他成员无法了解当事人，呈现表层次的人际互动。

未知区(IV):当事人无法了解自己的想法、感觉和行为,其他成员对当事人也缺乏了解。

基本上,团体内所有成员,包括领导者的人际沟通与互动关系可能出现在任何一区,团体动力与团体成效也可经由大多数成员沟通互动的所在属区来加以评估。有效的团体,其领导者与成员互动的属区较多呈现在开放区(I),或者是团体形成前,成员的开放度与互动性原来在未知区(IV)较多,经过团体运作后成员的状态发展至开放区(I)。由此显示,团体动力发展与团体运作的结果,有助于成员的自我了解与人际互动,促进成员建设性、开放性的身心发展与行为反应。

陆弗研究乔韩窗口察觉模式,是为了促进团体的运作及领导效能的发挥,使成员产生导向性的改变,并达成团体的目标与功能。陆弗特别提出以下几点说明:

(1)上述四区关系密切,任何一区的改变会引起其他三区的变化;

(2)团体的人际互动中,II、III、IV 三区的成员能量消耗较大;

(3)团体信任感增加有助成员 I 区的发展;

(4)领导者及成员企图以非理性的手段去强迫成员开放或察觉,成效有限;

(5)团体的人际互动与学习,有助于扩大成员 I 区的自我状态,缩小Ⅱ、III、IV 区;

(6)团体人性化活动有助于成员学习知识技能,获得信息,以达成团体目标;

(7)团体内倾向 I 区成员越少,团体沟通越困难;

(8)团体成员对 IV 区好奇虽是很普遍的现象,但它会受到成员不良的成长背景、不当的习惯反应、反社会化行为及各种负向(如恐惧)心理因素的影响而存在、扩大;

(9)II、III、IV 区很敏感,为了确保团体成员的隐私权,领导者有必要适当尊重该区域;

(10)团体过程的运作效果将影响成员各区的变化。有效的团体有助于成员扩大 I 区;

(11)当成员 IV 区较多且干扰到团体运动时,适度的面质有助于成员澄清个人价值观,开放自我。

可见,陆弗模式较注重过程评估,但由于影响团体发展的因素相当复杂,只以过程及成员互动观察作为团体评估的方法,将影响团体评估的完整性。

二、戴伊的评估模式

戴伊(Dye,1968)认为要评估团体效果或成员的个人成长,可采取多元化的方式,从人员、方向两个方面、四个部分来进行评估。

表 8-2 戴伊的评估模式

项目	团体内	团体外
自我报告	(1)行为检查、个人行为与反应评估、Q排列等 (2)团体经验的日记 (3)自我成长进步的报告	(1)辅导前后有关问题检查、人格测验 (2)自传 (3)职业及生涯决定 (4)个别向领导者、成员的咨询 (5)团体的评估、问卷调查
他人反馈	友伴、领导者、观察员 (1)团体成员行为、态度的评估 (2)团体行为的评估 (3)社会测量法 (4)分析录音带、录像带	教师、父母等 (1)评估及检查方法 (2)非正式、开放性报告 (3)亲友与教师的反馈 (4)出席率、成绩、操行及勤奋情形等

团体内自我报告:由团体成员通过各项书面检核资料及口头报告来做个人评估或团体评估。团体内他人反馈:由参加团体的领导者、观察员、督导者及其他成员通过书面检核资料及口头报告来做个人评估或团体评估。团体外自我报告:成员在参加团体之前或之后,通过书面检核资料及口头报告来做个人评估或团体评估。团体外他人反馈:成员在参加团体之前或之后,由成员的关系人(教师、父母、朋友等)通过书面检核材料及口头报告来做个人评估与团体评估。这四种评估各有其特色及优缺点。

“团体内自我报告”虽可用不同工具、形式及方法来获得成员直接具体的评估资料,但因涉及行为科学研究中“内省法”“自陈量表”的不足,故所得资料宜谨慎评估。“团体内他人反馈”的评估资料经常被运用在咨询研究与临床治疗效果的评估上。通常成员的自我报告可能会受个人评估态度及内在动机的影响而降低其真实性。团体内其他成员的反馈可避免此不足,由领导者、观察员、其他成员等人的综合性评估较为客观,也可由其他成员的心得报告、团体记录来加以分析。“团体外自我报告”较常用于实验研究的效果评估,通过对成员前后行为的测量资料,来探讨或验证影响效果,此评估方式涉及统计学问题,难度较高。“团体外他人反馈”是假设团体辅导对成员行为的影响必为其关系人所察觉,所以可由关系人对成员的反馈意见来评估团体效果。此模式经常用作评估团体的辅助方式,但前提是必须确认成员行为与团体目标有直接相关。

三、卡尔卡的评估模式

卡尔卡(Kolk,1985)认为从不同的层面收集资料,可以获得更多不同反应的资料,并运用于不同目的。

表 8-3 评估层面

个人

↓

人际(团体成员、团体领导者、重要他人)

↓

团体

↓

组织

↓

社区

在上面的模式中,个人层面包括个人的态度、自我概念、自尊、个人满意度、各种行为、价值观等。人际层面则包括三方面:一是成员之间一对一的关系,二是成员与领导者互动部分,三是各个成员在团体外与重要他人之间的人际关系。团体层面则指团体凝聚力、目的,团体大小、角色、规范、归属感等。组织层面指机构、学校等,团体通常在机构内成立或组成。社区层面则指一个市、镇或区,社区通常包括一些学校、机构或公司。学校的团体辅导计划有些会与社区其他机构有关。若从社区层面处理时,社区内的机构需有合作才能成功。如,学校有滥用药物的初级预防团体辅导方案及次级预防的高危群体咨询方案,而家庭教育服务中心可以提供使用药物的青少年父母支持团体,戒毒中心可提供药物用于少年戒毒治疗。因此,团体咨询与辅导方案评估,应视方案在这个系统中的位置而决定评估什么和如何评估。

评估如果放在个人层面,则目的在于了解个人参加团体辅导的获益或满意度。必须评估个人参加团体前、后的状况或行为。以参加团体前的状况作为一个基准线,这个基准线供个人参考,决定要不要做改变,改变的目标是什么。所以,一般用以评估个人的方法常采用量化的研究法,如:行为量化,即被试出现目标行为的次数,如表达情感情绪行为的次数、完成家庭作业的次数等;自我评估表;目标达成量表;心理评估工具,如标准化的人格测验。

评估如果放在人际层面,则目的在于了解团体对成员人际互动的影响。

评估如果重点放在团体层面,则目标在于了解团体方案对于团体情境的影响,或对于整个团体进行记录并收集资料。前者指实施方案后团体内改变状况,可以使用团体记录收集资料。团体记录可分三种:(1)过程记录,即记录团体过程最重要的一些事;(2)重要事件记录,为节省时间,只对团体聚会中一件领导者认为重要的事加以记录;(3)摘要记录,团体领导者就聚会中的主要事件简要描述。另外,团体领导者也常用“社交测量”方法了解团体结构改变状况。

四、斯塔夫莱比姆的评估模式

斯塔夫莱比姆(Shlfflebeam,1971)与其同事共同提出一种过程评估模式。这种模式包括四个阶段:背景评价(context evaluation)、输入评价(input evaluation)、过程评价(process evaluation)、结果评价(product evaluation)。它们共同构成了CIPP(context－input－prcess－product model)评价模式。CIPP模式的基本观点是:评价最重要的目的不在证明,而在改进。它主张评价是一项系统工具,为评价听取人提供有用信息,使得方案更具成效。在搞好评价活动中,评价设计大纲和实施流程是必要的。在这种模式中,前一阶段是后一阶段的基础,有因果影响关系;最后一阶段实施后宜再循环回到第一阶段,作为修改原始工作计划的参考依据。

(一)背景因素的评估

背景评价就是在特定的环境下评定其需要、问题、资源和机会。该阶段的评估内容主要是探讨与团体工作前后相关的一些重要决定因素,其中包括团体工作的计划决定,团体工作整体目标和个别目标的制订,设定团体工作计划的走向。

(二)输入变量的评估

输入评价是在背景评价的基础上,对达到目标所需的条件、资源以及各被选方案的相对优点所做的评价,其实质是对方案的可行性和效用性进行评价。这一阶段评估的内容是检视团体工作的输入变量,其中包括:团体工作计划决定的结构化,团体工作计划如何设计,了解所有可能会影响到团体工作的因素。

(三)过程变量的评估

过程评价是对方案实施过程中做连续不断的监督、检查和反馈。这一阶段的评估内容主要是检视团体过程中会影响到团体工作实施的各种因素。比如,有关团体工作的计划执行,找出团体工作计划的优缺点,团体工作过程中会碰到的一些问题和困难,确认团体过程中有哪些阻挠因素。

(四)实施结果的评估

结果评价是对目标达到程度所做的评价,包括:测量、判断、解释方案的成就,确证人们的需要满足的程度等。这一阶段的评估,一方面是了解团体工作计划实施后的结果,另一方面也可以为未来的团体工作计划提供改进的意见。其中包括:评析目标达成的状况;评估团体工作计划的效力、效率;可以对整个团体工作计划提供完整的成果讯息,以供继续、修正或剔除未来工作计划的参考;做成再循环的决定,以使未来工作计划更完善。

这四种类型的评价目的、方法与功效各不相同。在CIPP模式运用中,评价者可根据需要采用不同的评价策略。各种评价既可以在方案实施前使用,也可以在方案实施中使用。可以实施一种评价,也可以实施几种评价。这完全取决于评价听取人的需要,它是一种十分灵活的模式。

五、综合评估设计模式

布林克等(Brinkerhoff,1983)建议六种评估设计:

(一)固定式评估设计与涌现式评估设计

固定式评估设计(fixed evaluation design)是根据方案的目标产生具体的评估问题,将资料收集、资料来源、分析、统计均事先系统地规划好。由于属于正式的评估,因此采用测验、问卷、评估表、调查表等工具,并在研究方法、资料收集和结果的呈现上均采用量化研究方式。

涌现式评估设计(emergent evaluation design)不采取事前固定规划的评估方式,而是去与评估对象沟通,重点放在观察方案与对未来的探询上,根据评估对象的反应决定重要课题和设计。所以评估的对象是继续成长、改变、对情境反应,不断调整以配合不断改变的问题和方案活动。因此,在这种评估设计中通常使用个案研究法、观察法或观察团的报告等较欠缺客观而严谨的资料收集方式。资料收集结果通常采用质化研究方式。

(二)形成性评估与总结性评估

形成性评估(formative evaluation)主要用于收集效益和改进方案之用。评估者通常为方案工作人员之一,以便与方案实施人员密切合作。评估资料主要来自方案工作人员所辨识出来的需求和问题。任何资料收集方法都可以采用,重点在于将收集到的有效资料用于方案改进。形成性评估在设计方面,可以采用固定式设计或涌现式设计,最好与方案工作人员共同讨论后修改,以配合工作人员的需求。因此,评估者一定要与设计咨询师或设计小组以及实施该方案的团体领导者密切合作,才能进行评估。

总结性评估(summative evaluation),用于评估方案的成果,重点是在方案或决策者所重视的所谓“成功”的变量,作为认定该方案是否有价值的依据。所以,一个方案通常是既进行形成性评估，又进行总结性评估。前者在于改进方案，以便方案得以继续实施，后者主要用于决定一项方案是否值得继续实施，两者目标不相同。

(三)实验设计、准实验设计以及严谨的询问法

实验设计(experimental design)和准实验设计(quasi-experimental design)都是很典型的研究方法，被试必须经过随机抽样获得，然后施以方案训练，并评估方案对其影响。这类评估的目的在于判断方案的价值，看它是否有推广的价值。

严谨的询问法(unobtrusive inquiry)，在不能够加以实验的情境下多使用这种评估设计。或者是当方案已实施，然而却必须加以评估以便改进方案时，可采用严谨的询问法去观察并与方案有关人员交谈，以便收集评估资料。采取这种方法，评估者必须先阅读文献，分析已有研究，以便知道如何去观察。最好采取多重评估策略和多种资料收集来源，以增加资料的可靠性。

实验设计和准实验设计主要采取标准评估工具，为量化研究。而严谨的询问法则采取观察、个案研究、观察团报告等策略，所以常用质化研究。由于质化研究常常被支持量化的研究者质疑其客观性和可靠性，因此，过去心理咨询与辅导的评估很少使用质化研究。然而，因其可以对于所研究的现象提供描述，提供具有深度性、丰富性和精致性的资料，作为形成观念、发展假设和产生反应的参考，因此，近年来咨询与辅导方面使用质化研究有增加趋势。

生活中的心理学

认识自我的三条渠道

第一条，从我与人的关系认识自我：与他人比较，标准如何。

人在社会，人与人交往，他人就是反映自我的镜子。与他人交往，是个人获得自我认识的重要来源。

一般来说，当局者迷，旁观者清。认识自己有时候的确比较难。周围的人对我们的态度和评价能帮助我们认识自己，了解自己。我们要尊重他人的态度与评价，冷静地分析。对他人的态度与评价我们既不能盲从，也不能忽视。

有自知之明的人能从与人相处中用心向别人学习，获得足够的经验，然后按照自己的需要去规划自己的前途。但是通过和人比较，认识自己应该注意比较的参照系。

(1)跟别人比较是行动前的条件，还是行为后的结果？比如，大学生来大学学习，如果认为自己来自农村，条件不如别人，开始就置自己于次等地位，自然影响心态和情结，而大学毕业后看行动后的成绩才有意义。

(2)必须明白,跟人比较是看相对标准还是绝对标准?是可变的标准还是不可变的标准?经常有一些人,认为自己不如他人。其实,他们关注的可能是身材、家世等不能改变的条件,没有实际比较的意义。

(3)比较的对象是什么人?是与自己条件相类似的人,还是个人心目中的偶像或极不如自己的人?所以,确立一个合理的参照体系,明确一个合理的立足点,对于自我认识尤为重要。

第二条,从我与事的关系认识自我:成败经验。

(1)通过自己的成就经验了解自己。通过自己所取得的成果、成就,从做事的经验中了解自己,也是一种学习。不经一事,不长一智。成败得失,其经验的价值也因人而异。

(2)通过自己的失败经历认识自我。对聪明又善用智慧的人来说,成功与失败的经验都可以促他再成功,因为他们了解自己,有坚强的人格特征,善于学习,因而可以避免重蹈失败的覆辙。

(3)通过自己的成败经验获得自我意识。对于某些自我比较脆弱的人来说,失败的经验更使其失败。他们往往不能从失败中学到教训,改变策略,追求成功,而且挫败后形成怕败心理,不敢面对现实去应付困境或挑战,甚至失去许多良机;而对一些自我狂大的人而言,成功反可能成为失败之源。他们可能幸得成功便骄傲自大,以后做事便自不量力,往往遭失败的多;或由于成长过于顺利,又有家世、关系,而一旦失去"保护源",便一蹶不振,不能支撑起独立的自我。因此,一个能够通过自己成败经验获得自我意识的人,其由成败经验中所获得的自我意识也要细加分析和甄别,那么,他才有可能成功。

第三条,从我与己的关系中认识自我:自己眼中的我、自己心中的我(理想我)。

古人曰:"吾日三省吾身",即通过自我观察认识自己。要认识自己,我们必须要做一个有心人,经常反省自己在日常生活中的点滴表现,总结自己是一个什么样的人,找出自己的优缺点。自我观察是我们自己教育自己、自我提高的重要途径。

(1)自己眼中的我。个人实际观察到客观的我,包括身体、容貌、性别、年龄、职业、性格、气质、能力等。

(2)别人眼中的我。与别人交往时,由别人对你的态度、情感反映而觉知的我。不同关系的人对自己的反应和评价不同,它是个人从多数人对自己的反应中归纳出的。

(3)自己心中的我,也指自己对自己的期许,即理想我。我们还可以从实际的我、自觉别人眼中的我、自觉别人心中的我等多个角度来全面认识自己。

复习巩固

1. 简述乔韩窗口理论。
2. 简述 CIPP 模式的四个阶段。
3. 综合评估设计模式中有哪几种评估设计？

第三节　团体心理辅导的评估方法

一、评估前需要考虑的问题

豪斯(House,1987)曾提出“评估前的六问”,即:评估的目的何在？评估要回答的问题是什么？评估者愿意或能够做到的“众意假设”是什么？评估的对象是谁？完成此评估之最有效的方法为何？评估者是否已具备所要求的能力和技术？可见,在进行团体评估之前,需要认真思考一些问题,以便为评估的实施打下基础。

尼沃(Nevo,1983)认为,要设计出合适的评估计划,进行评估之前先做好下列考虑是必要的:

(1)怎样界定这个评估？其特征何在？与研究或测量有何不同？是为决策者提供资讯还是用以了解被评估者的状况或其他用途？

(2)为什么评估？这个评估本身的目的何在？这个评估所提供的功能是什么？是用来做决策,用来做职责的验证,还是用以改变或改进方案？或出于其他原因需要而做评估？

(3)评估的目标是什么？有什么应该或能够评估的？要评估学生、学校、机构本身还是其他？

(4)一个目标的哪些方面是评估应该要调查的？应问到哪些问题？应该收集哪类资料？目标的哪方面该被评估,是资源、结果的影响、过程或应用、工作人员、学生、目标、计划、利益、需求、机构及学校特征,还是其他事项？

(5)用什么标准来判断目标？你将如何解释发现？如何认定收集的资料的价值？你将如何决定目标是“好”或“坏”？应该使用的目标就是方案目标,还是你所看到的需求或理想的目标、社会的期望？

(6)评估为谁而做？谁要听取评估？谁要评估收集到的资料？是学校咨询师为领导而做或为学生、教师、方案工作人员、政府或其他人而做？

(7)用什么步骤和程序来进行评估？如何开始评估和如何进行？评估计划有哪些

主要阶段？有无更好的顺序来进行评估？

(8)应该用什么调查方法来进行评估？如何收集资料？什么的调查设计该用于这项评估？最好的方法是用测验、问卷、专家座谈、实验设计、调查法、个案研究，还是其他方法？

(9)该由谁来做这项评估？评估者应该具备哪些评估技术？评估者具有什么权威和责任？该由外来人士还是自己人评估？

(10)用什么标准来判断这项评估？你知道好的评估有何特征吗？如何评估一项评估？评估是否实用、可信、可靠、合法、合伦理、客观？

二、评估方式的选择

利维(Levy,1983)认为，评估主要有两种方式，即过程性评估与结果性评估。他认为过程性评估很重要。因为，如果团体领导者做出任何不适当的措施，通过过程性评估都可能得到重新思考或判断的机会，从而修正或改变计划、活动、领导方式等补救措施才有可能。而且团体的过程和团体的结果是息息相关的，要对团体成效加以评估，只做前后测的比较，很难找到团体有效或无效的因素，但若能将团体的过程和结果一起来评估分析，就可以获知更加详细的因果关联，对团体的成效有更多的洞察。

有关团体过程与结果的评估，可依评估的层次区分为团体层次与成员个别层次两种；也可依评估的方式区分为对团体过程与结果客观的评定及主观自陈两种。这样，按照以上分类，就有八种评估方式可供选择。

(一)对团体整体过程的客观评定

这是指对团体整体互动过程依其行为表现进行观察分析的评估方式。例如，将团体过程全程录像、录音，然后对于成员彼此互动形态包括沟通的次数、团体沟通的形式等进行归类、计数及类型的分析，或是对领导者的领导行为进行编码分析，以了解成员互动及领导者的领导风格是否影响了团体的成效。

(二)对个别成员在团体过程中的行为表现进行客观评定

例如，分析个别成员在团体中的发言次数、发言内容、扮演的角色类型，并累积各次聚会个别成员的行为表现之变化(如由不说话到开口说话，由参与到退缩等)。

(三)对团体辅导的整体成效进行客观评定

包括针对成员的困扰特质(如焦虑程度)改善的程度进行客观评估，以及对团体领导者的领导行为满意程度进行评估。

(四)对个别成员参加团体后的改变进行客观评估

包括个别成员实际困扰行为出现频率与程度是否减小,重要他人的观察评定结果等。

(五)对团体整体过程的主观自陈评估

是指针对团体成员对团体过程的主观感受加以评估。例如,在团体进行中让成员表达他对团体的信赖度,用十点量表评定团体的凝聚程度,或在每次团体聚会结束前进行满意度的测量,或对团体观感的分享反馈等。

(六)对个别成员在团体过程中的主观自陈评估

收集成员参与团体聚会的心得日志加以分析,或是每次团体聚会中要求成员对自己的参与程度进行评定等。

(七)对团体辅导的成效进行主观自陈评估

例如,成员对整体团体满意度的测量及对参与团体的整体心得观感加以分析。

(八)对个别成员参加团体后主观自陈的成效加以评估

例如,成员于参加团体后对其个人心得感想的陈述及对个人在团体中表现的评估等。团体成效的评估是一个重要而复杂的课题,领导者在设计团体时应针对团体对象的特质及团体目标,设计好系统化的团体过程与结果评估的框架,并选用方便有效的评估工具或评估方法,收集相关资料,以做好科学化的团体成效评估计划。领导者若能认真对团体历程做完整详尽的记录,并收集完整的过程与结果评估资料,除了可以不断改进自己的团体领导技巧之外,所整理出来的团体报告也将对团体理论与实务的发展有重大贡献。

三、团体心理辅导的评估方法

开展团体心理辅导的效果评估,要遵循操作性强、实用性突出的原则。其具体内容主要包括:预期目标是否达到,辅导效果是否明显,辅导方法是否得当,团体成员是否满意等;评估目的是帮助团体领导者及成员了解辅导的成效,为以后的工作提供参考;评估时间可放在辅导过程的不同阶段或在辅导结束时进行。常用评估方法如下:

(一)行为量化法

由领导者设计一份观察表,要求团体成员自己观察某些行为出现次数并做出记录,或请其他团体成员做观察记录。该评估法用以评估团体成员的外显行为、情绪、思维是否有改善。行为量化法对成员的非适应性行为具体量化,既有利于组织者开展心理教育研究,又有利于成员评估个人行为,巩固教育效果。

(二)问卷调查法

由领导者自编一套《团体成员自我评估问卷》,问卷为开放式或封闭式,主要内容包括成员对团体心理辅导过程、主题、目标、气氛、领导者工作方式的满意程度等方面,从成员的主观感受了解辅导效果。该评估方法有利于领导者总结工作,提升团体心理辅导技能,同时也是考评领导者工作的有效方法之一。

(三)心理测验法

由领导者选取信度、效度较高的标准化心理测试量表,对团体成员的前测、后测结果进行比较,判断辅导是否有成效。相对行为量化法,心理测验法提供了更权威的量化数据。心理测量是根据一定的法则用数字对人们的行为加以确定,即依据一定的心理学理论,使用一定的操作程序,给人的行为和心理属性确定出一种数量化的价值。心理属性和物理属性一样,也是可以测量的。根据心理学特质理论,人们对测量结果进行推论,从而可以间接了解人的心理。心理测量具有相对性,即心理测量只能看每个人处在这个序列的什么位置上。心理测量所得的一个人适应能力、合作程度、兴趣大小等的变化,大多数是以成员参加训练前后指标对比来评估的。心理测量不同于问卷调查,它一般经过大量测验和论证的标准化的量表,同时还要考虑文化背景。

(四)主观报告法

通过团体成员的日记、自我报告、领导者的工作日志、观察记录等方法评估团体的发展和效果。主观报告法既是成员参加团体的总结,也是领导者的总结;既能巩固教育效果,也能寻找不足,不断完善相关工作。自我陈述是团体成员诉说或写出在团体心理辅导中个人的体会感受。自我陈述包括与成员交流体会和写书面总结,与成员交流体会或者先由主持人引出谈论的话题和重点,或者由成员自由发言、自由提问。交流体会往往是每个具体活动的结束内容。因此,成员在每次团体心理辅导中可以进行交流,这样可以让领导者及时发现训练中的问题,使成员体会到自身的变化。书面总结是在团体心理辅导结束后让成员以文字的形式写出对活动的评估和内心的真实感受。上面两种陈述方式不同,但它们都能较为真实地了解团体心理辅导各方面的情况,尤其是可以掌握大多数成员在团体心理辅导后的改变。

(五)检查评估法

检查评估是一般大型活动的必要环节,主要是指由上级领导和机关组成工作组对团体心理辅导活动开展情况的详细检查和分析。检查的内容涉及计划的制订和落实情况、主持人采取的方法措施、成员的体会收获、从训练活动中取得的经验和遇到的困难、下一步的改进措施以及训练的记录情况等。检查评估的方式也是多种多样的,包括现场观察、查看记录和团体成员的日记、听取汇报、问卷调查、开座谈会、个别访谈等方式。检查评估的好处是让各团体领导者有压力,能够努力把活动开展好。不足之处是检查评估往往是在活动开展结束后进行,他们收集的大部分是第二手资料,可信度相对较低。

四、选择评估方法的原则

好的评估方法应该是可以获得真正的团体方案实施结果资料的方法。因此,选择方法时必须考虑:第一,评估方法适合团体方案目标;第二,是团体领导者熟悉了解并掌握的方法;第三,方法适用于评估对象等条件;第四,所选方法简易、实用、客观。

肯普(Kemp,1970)研究训练实验室(National Training Laboratory)中的领导者训练方案时发现,评估一个团体是否是“好团体”的效标有四个:(1)能表现出民主式的领导风格;(2)团体方案的实现得到领导者及成员的了解和支持,能达成共识;(3)能满足大多数成员的要求,能提高成员解决问题的社会性能力;(4)能协助成员个人实现成长的终极目标。

五、团体过程的记录方法

对团体的过程和成效用谨慎科学的方法加以记录和评估,是团体专业工作者基本且必要的工作方式。对团体过程留下完整而详细的记录,一方面可以帮助领导者组织及整合团体的经验,对自己带领团体的优缺点有较客观详尽的资料可以分析;另一方面,也可以通过观察员的设置和寻求专业督导的过程,更有效地协助领导者觉察个人盲点所在,发展个人的领导风格,以提升带领团体的专业能力。

团体过程的记录方法很多,最详尽的方法是采用实况录像的方式。在团体心理辅导室四个角落安装四台可转动角度的摄影机及高感度的麦克风，在有经验的摄影人员操作控制下，将领导者和每一个成员的动作和声音实况摄录下来，再加以誊写成文字稿及绘制成员互动历程图，在书面上呈现并进行分析。这种方法可以将领导者和成员的口语、非口语互动历程详实地记录下来，利于事后分析。与全程录音的方式相比较，此种方法可以清楚地呈现成员的非语言表现及成员互动的细节。录音方式虽然可录下说话的内容，但有时因团体成员人数较多，导致从录音带上很难分辨是谁在和谁说话，对于说话成员的相对位置、表情姿态及非语言互动的过程容易缺漏。但是录像所需设备、技术要求高，而且整理素材所耗费的时间精力太大。相较之下，设计良好的团体记录表就更为方便、经济、实用。

（一）活动进行概况

主要就是概述团体历程大致过程及时间分配状况。

（二）成员座位图

即将成员姓名或代号标示在圆圈上，以图示出成员在团体中的相对位置。

（三）成员参与情况

记载团体气氛变化及个别成员在团体中的表现情况。对于特别投入或未投入的成员应加以特别的关注和描述。

（四）重要事件的处理

对于团体中发生的重要偶发事件，例如成员间的冲突，个别成员的哭泣、退缩或攻击他人的行为，或某些成员重大的行为改变（如第一次开口说话或邀请他人加入游戏等），均应加以描述，并说明领导者的介入处理方式和效果。

（五）观察员见闻及评论意见

可在每次团体结束时由观察员填写，或由领导者向观察员请教后加以整理填写，再请观察员签名。观察员应就团体过程及领导者的反应方式加以描述及评论，以协助领导者觉察他人观点，并获得肯定或需改进的反馈。

（六）领导者自我评论

领导者依据团体目标、成员反应及自己的催化过程，参酌观察员的意见，整理自己的经验，以加深自我觉察及统整团体经验。

(七)督导意见

督导员可透过临场观察、事后观看录像带，或阅读前述团体单元记录的内容，找出需要进一步讨论的内容和议题，和领导者进行督导讨论。讨论的内容和结果，可由督导填写，亦可于进行完督导讨论后，由领导者整理填写，再交督导审阅签名。

六、评估应注意的事项

评估是复杂且重要的工作，有很多问题需要引起注意。克朗伯兹(Krumboltz，1974)注意到咨询效度问题的重要性。他提出六个指标：

(1)在规划咨询师的工作范围时，评估需得到有关单位的同意；

(2)所谓的“改变”“效果”或“成就”应该以可观察的行为作为评估依据；

(3)评估系统工程建构的主要目的在于增进专业效能与自我成长，不应作为考试的替代；

(4)为求真正有所裨益，即使是失败的结果，也同样具有参考价值；

(5)参与者应有权参与此评估系统的设计；

(6)评估系统需要持续接受评估和修正改进。

七、评估报告的撰写

评估报告是指团体心理辅导具体组织单位以书面文字的形式将活动情况向上级部门汇报，或者上级业务部门对活动组织单位进行检查的情况总结。评估报告既是对前段时间活动的正式总结，也是以后改进工作的依据。因此，写好评估报告是十分必要的。

(一)写作要求

团体心理辅导评估报告总的要求与个人思想情况反映在写作上有很多相同之处：整体上把握，在深入分析的基础上，做到重点突出、观点清晰、点面结合、文字简练。具体要求：

一是充分掌握团体成员的心理状况和行为变化。从评估者来源看，对团体效果的评估来自多方面，这样可以收集到各方面的情况。有经验的作者认为对情况掌握的多少、深浅，决定着这些资料的质量。如果作者只根据自己的观察或体验来写，是很难写出高质量的评估报告的。因此，在动笔撰写之前，作者一定要把主要功夫下在广泛收集各方面资料的基础之上，这样才能做到具体、准确、全面。

二是要对调查、测量结果进行深入的分析，对训练前后做对照。但这些未经概括的情况只是一些“毛坯”的堆砌，要加工成“精品”，必须将各方面的资料汇总到一起，进行深入分析，将这些杂乱的东西条理化、概括化，并总结出每次团体活动解决的重点问题，将其在评估中明确体现出来，让人看后一目了然。

三是恰当地选用事例。团体心理辅导是由多种方式组成的，其中具体活动是很重要的部分。活动后的成员们会有各种各样的体会和感受，有些成员在活动前后的对比非常明显，有些成员还会提出中肯的意见和建议，主持人对特殊成员的引导和转变等都是很典型的事例。在运用事例上有不同的方法，一般有：单引举例法、多引举例法、多角度举例法和对比举例法。恰当地运用典型事例，可以有效地说明作者的观点，增强评估的说服力。

（二）写作方法

团体心理辅导的写作一般分为三部分：情况概述、体会或感受、改进措施或建议。也可分为两部分，即将前两部分合二为一，前半部分是主要部分，包括团体辅导的开展情况、成员的总体表现、成员间的互动、成员的体会及主持人的表现等；后半部分是改进措施或建议。行文可以根据团体具体情况采取不同的结构。一般采用“总分”结构，即先点明主题，然后将具体表现倾向或问题列成条条，逐一陈述。有的开门见山，平铺直叙，将种种表现平等地列出，不做任何评论。有些内容单一、情况简单的评估报告，可以不列小标题，稍加概括，顺流而下，自然成文。尽管评估报告的结构不尽相同，但都要求真实、准确、简练。

扩展阅读

见习团体辅导效果的评价

一、学习目标

初步了解团体心理辅导效果评估的意义、内容和常用方法，并对自己在见习过程中的表现进行评价，提出努力的方向。

二、操作步骤

学习团体心理辅导效果评估的基本知识；初步掌握评估所用的工具及操作过程；协助心理辅导师做好评估的准备；协助心理辅导师统计分析团体心理辅导效果；通过自我分析、团体成员调查、心理辅导师的意见对自己见习表现进行总结，写出见习报告。

三、相关知识

1. 团体辅导评估的意义(识记、领会、应用)

团体辅导是否达到预期目标,是否有效,团体成员是否满意,今后组织团体辅导还需要做哪些改进,对这些问题的探讨和总结是团体辅导总结阶段的一项重要工作。

2. 团体辅导评估内容(识记、领会、应用)

3. 团体心理辅导效果评估一般方法(识记、领会、应用)

(1)行为计量法

(2)标准化的心理测验

(3)调查问卷

除了上述三种主要方法外,还可以通过团体成员日记、自我报告、领导者工作日志、观察记录、录像录音等方法来评估团体的发展和效果。

四、注意事项

1. 团体辅导效果评估采用哪种方法由心理辅导师决定。心理辅导员在见习过程中的主要任务是学习、了解所用方法的操作过程,以便协助辅导员收集评估资料。

2. 心理辅导员在见习团体辅导后,应该根据自己的观察和参与,写出自己对团体过程的观察,以及参与团体辅导的感受。

3. 心理辅导员应对自己在见习团体心理辅导过程中的个人表现做出总结。

复习巩固

1. 团体心理辅导中常用的评估方法有哪几种?

2. 选择评估方法的原则是什么?

3. 评估报告的写作要求是什么?

本章要点小结

团体心理辅导评估的基本内容

1. 团体心理辅导评估是指通过不同的方法,搜集有关团体目标达成的程度、成员在团体内的表现、团体特征、成员对团体活动的满意程度等,帮助团体领导者及团体成员了解团体辅导的成效。

2.评估的目的主要是：第一，成效评估；第二，指引实务工作，团体领导者与团体成员建立互信，从而提高团体治疗性元素。

3.评估类型主要有：预测性评估、过程性评估、总结性评估、追踪性评估。

4.团体效果的评估主要包括：反应层面、学习层面、行为层面、结果层面。

5.团体评估者主要有：团体督导、领导者自评、观察员评估、团体成员自评以及成员相关的重要他人（教师、家长等）评估。

团体心理辅导评估的理论模式

1.团体过程性评估主要是对团体过程中的成员互动状态的考察和评估，以陆弗运用乔韩窗口理论模式来探讨团体成员沟通状况为代表。团体结果性评估主要是以多元化的方式以及角度来评估团体效果，此派学者较多，其中以戴伊为代表。

2.卡尔卡的评估模式认为，从不同的层面收集资料，可以获得更多不同反应的资料并运用于不同目的。

3.斯塔夫莱比姆提出一种倡导的课程评估CIPP模式。

4.综合评估设计模式包括：固定式评估设计、涌现式评估设计、形成性评估、总结性评估、实验设计、准实验设计、严谨的询问法。

团体心理辅导的评估方法

1.有关团体过程与结果的评估，可依评估的层次区分为团体层次与成员个别层次两种；也可依评估的方式区分为对团体过程与结果客观的评定及主观自陈两种。

2.团体心理辅导常用的评估方法包括：行为量化法、问卷调查法、心理测验法、主观报告法、检查评估法。

3.选择评估方法的原则有：第一，评估方法适合团体方案目标；第二，是团体领导者熟悉了解并掌握的方法；第三，方法适用于评估对象等条件；第四，所选方法简易、实用、客观。

4.评估应注意的事项：在规划咨询师的工作范围时，评估需得到有关单位的同意；所谓的“改变”“效果”或“成就”应该以可观察的行为作为评估依据；评估系统工程的建构的主要目的在于增进专业效能与自我成长，不应作为考试的替代；为求真正有所裨益，即使是失败的结果，也同样具有参考价值；参与者应有权参与此评估系统的设计；评估系统需要持续接受评估和修正改进。

5.评估报告的写作要求有：一是充分掌握团体成员的心理状况和行为变化；二是要对调查、测量结果进行深入分析，对训练前后做对照；三是恰当地选用事例。

关键术语

评估　评鉴　预测性评估　过程性评估　总结评估　反应层面　学习层面

行为层面　结果层面　乔韩窗口理论　二二方向理论　公开区　盲目区　秘密区　未知区　CIPP模式　背景评价　输入评价　过程评价　结果评价　固定式评估设计　涌现式评估设计　形成性评估　总结性评估　实验设计　准实验设计　严谨的询问法　行为量化法　问卷调查法　心理测验法　主观报告法　检查评估法

复习思考题

一、判断题

1. 团体评估就是对团体辅导的结果进行评估。（　）

2. 和过程性评估相比，总结性评估一般比较正式，多以文字的形式出现，也多半与研究产生关系。（　）

3. 团体领导者的评估可以分为两类：对自我的评估与对团体的评估。（　）

4. 在陆弗的乔韩窗口理论中，III区是指盲目区。（　）

5. 斯塔夫莱比姆评估模式包括：背景阶段、输入评价、输出评价与结果评价。（　）

6. 团体评估必须考虑评估的客观性、验证性、科学性及实用性。（　）

二、选择题

1. 团体评估的类型有（　）

A. 预测性评估　　B. 过程性评估

C. 总结评估　　D. 全局评估

2. 团体效果的评估主要包括哪几个层面（　）

A. 反应层面　　B. 学习层面

C. 行为层面　　D. 结果层面

3. 在卡尔卡的评估模式中，人际层面包括哪几个方面（　）

A. 团体成员　　B. 团体领导者

C. 观察员　　D. 重要他人

4. 团体记录可分为（　）

A. 过程记录　　B. 重要事件

C. 摘要记录　　D. 结果记录

第九章 团体心理辅导的应用领域

物以类聚，人以群分。人类的社会生活是以群体形式进行的，人不可能离群索居。从初级群体到次级群体，从血缘群体、地缘群体到业缘群体，人们总是生活在不同规模与类型的群体之中，多样化的社会群体造就了丰富多彩的人类生活，并满足着人们的各种需求。群体可以帮助成员完成个人所无法完成的事情，满足成员的工具性需求；同时，群体还可以帮助成员实现情感的支持、欲望的满足和自我表达，满足成员的表意性需求。因此，群体生活是人类成长与生活经验的核心，在群体生活的互动中，人们获得自我概念，形成自我意识。本章将根据个体的成长，分别从儿童、学校、家庭和老年等四个领域来探讨团体心理辅导在不同群体中的运用，使读者了解个体不同成长阶段面临的最主要的心理问题，并习得如何通过团体心理辅导的介入，疏导不同群体的心理困惑。

第一节　儿童团体心理辅导

一、儿童团体心理辅导的概念

儿童团体心理辅导是儿童心理辅导的重要方法之一，由于这种方法能促进团体成员之间的相互影响，有控制其成员相互影响的明确规范，有一套角色，并且能够使团体成员感到一段时间内有整体意识和相互支持意愿并由此获得行为和态度的改变，因而，儿童团体心理辅导在实务领域中被广泛采用。谢克特曼(Shechtman，2004)指出："研究证明，专业人士都相信对儿童进行团体介入是有效的。"儿童团体心理辅导是根据儿童心理发展的特征和规律，运用心理学等专业知识与技能，通过设计和组织一定的团体活动，让成员参与活动并分享自己的主观体验，促使个体在交往中通过观察、学习、体验来认识自我、探讨自我、接纳自我，改善与他人的关系，调整态度与行为方式，以达到良好的适应和开发内部潜能的辅导过程。团体心理辅导的最终目标在于帮助儿童消除心理困惑，提高心理健康水平，并促使其实现人格成长。这个定义强调了以下特点：

第一，考虑到了儿童的年龄和身心特点，儿童团体心理辅导的整个过程需要团体领导者的更多协助和更多介入。

第二，儿童团体心理辅导的展开同时也需要充分激发团体成员的动力，以促使团体中的个人发生改变。

第三，儿童团体心理辅导是一种专业服务，需要充分运用心理学的理念、理论和方法。

二、儿童团体心理辅导的工作取向

(一)儿童成长面临的主要任务和问题

本书中定义的儿童年龄都在12岁以下。儿童期可以划分为儿童早期(3～6岁)和中晚期(7～12岁)，不同时期的儿童在成长中面临着不同的人生任务。

1. 儿童早期

儿童早期的生理、心理表现和人生任务主要体现在：身高和体重迅速增加，肌肉力量、协调性增加与神经系统发育逐渐完善，语句表达得更长也更复杂，发展出象征的能力和产生观察学习能力，能进行性别分类，发展出更多对同伴的兴趣等。此时的一项重要任务就是让儿童学会控制其攻击性，尤其是遭受挫折的时候，当儿童开始内化某些标准并且效仿环境中的重要成人时，其良知的发展就开始逐渐显现。

此外，这一时期的儿童会有分离焦虑并出现恐惧。比如，害怕环境中出现的陌生物体、新事物、新面孔等；还有诸如害怕黑暗、睡觉，有时会出现噩梦。

2.儿童中晚期

儿童中晚期生理、心理表现和人生任务主要体现在：身体快速发育；认知技巧快速增加，能够将复杂的事物进行系统分类；能投入问题解决的过程并且灵活多变；逐渐产生概念、记忆、推理、反映、演绎等能力。除了习得初步的社会规范和掌握基本的生活技能外，儿童整体的自我概念深受家庭的影响，与兄弟姐妹以及朋友的关系也对儿童的人格具有重要意义。此外，随着儿童的成长，对儿童服从规范的行为要求也随之增加，同时课堂上的成功与失败对儿童变得更为重要。在儿童中晚期成长面临的问题可能包括：恐惧症、抽搐、焦虑反应、强迫行为、一系列身心症状（胃痛、头痛、睡眠障碍）。

（二）儿童团体心理辅导的主题

考虑到儿童成长、发展及其面临的人生任务的特殊性，儿童团体心理辅导通常围绕着以下四个主题或目标展开：

1.人际关系改善

人际关系对儿童健全发展是关键性的因素。美国心理学家哈塔普（Hartup）认为：“接近同伴，得到同伴的接受并进行积极的相互影响对于儿童的发展是非常必要的。”在同伴关系与社会能力成长的研究中，他指出影响同伴关系重要性的因素：“男孩和女孩们缺乏社会能力与他们觉得不舒服、焦虑和不愿意融入该环境有关系；在同伴关系中，儿童能够控制他们的攻击性冲动；没有同伴互动就不能学习性别社会化；同伴关系与儿童角色替换的能力有关，也与他的社会能力有关。”

因为有效的社会行为对儿童后来的发展很重要，所以近年来开始强调通过团体心理辅导教导儿童社会技巧。如团体领导者可以制造机会给团体成员，让他们担任与同伴所派给他们的角色十分不同的角色。让其表现出以前他们同龄小朋友所没有见过的许多技巧。这种经验可以增强儿童的优势感和自我效能感。

2.解决问题技巧的习得

斯贝威克（Spivack）和舒尔（Shure）认为，问题解决技巧可以使儿童的适应能力及人际关系的效力达到最高峰。他们的研究指出，通过团体的方式可以教会儿童掌握解决问题技巧所需要的三种思考方法：第一种，替换性的思考，指有能力想出一种以上的方法，这种能力使儿童在遭遇人际问题时，能够想出好几种解决问题的方法；第二种，预期结果的思考，指有能力预期其所选择的每条路的状况以及结果，并据此做下一步决定；第三种，终极方法的思考，指计划采取一连串的行为来解决某项人际问题的能力。

3. 认知的改善

认知包括感觉、注意、记忆、思维等过程，有物的认知和人的认知两个方面。儿童认知的改善，对修正其焦虑来源和行为抑制以及增加社会行为都有重要作用。比如，“每个人都觉得我好怪”之类的自我陈述，不仅会产生焦虑，也会在一定程度上阻碍其参与社交活动。通过团体内的成员互动，可以改变这样的陈述，让它成为“是啊，我知道自己与别的儿童在许多方面都不一样，但是，有些我喜欢，有些我会做改变”的话，或许反映出较正确的评价，从而使儿童觉得比较有自尊，可以减轻焦虑，最后可以增加积极的社会行为。

4. 自我管理行为的掌握

自我管理是指儿童利用环境中的暗示，经由自我监视、自我指导、自我评价和自我增强的过程来控制自己的行为，从而控制他们所处的环境。通过团体领导者的协助，可以让儿童习得自我管理的行为。

三、儿童团体心理辅导的方法及注意事项

在成人团体中，虽可借用一些团体活动和游戏来进行，但最主要还是以“讲话”为主。在儿童团体中，由于年纪小，认知及表达能力不足，所以采用活动与讲话并重的方式较合适，而活动的方式又以游戏为主。在儿童语言的表达及独立思考能力尚未完全发展成熟以前，游戏是儿童最自然的自我表现方式。通过游戏，儿童可以将他们遇到的问题表现出来，将他们的内心世界展现在团体中。领导者也可以利用游戏引导儿童走向较具建设性的方向，或学习适当的新行为。

(一)游戏方法

游戏分为攻击性的游戏，如分组打仗、丢沙包等；建设性的游戏，如打篮球、排球、乒乓球和摆积木等。演木偶戏、过家家以及手工、画画等活动，则是让儿童表现自己的最佳方式。这些活动都可投射儿童过去的经验和内在的感情世界。

(二)讲故事方法

抓住小朋友喜欢听故事的心理，讲述一些精心挑选过的故事，可以解决儿童的一些心理问题。例如，古代战争故事可以升华成员的攻击心理；寓言故事有诱导建立是

非善恶观念的功效；伟人故事可以有示范作用，使儿童模仿伟人，培养远大的理想和目标；现代故事可以增加成员接受现实生活考验的能力；科学幻想故事可以帮助儿童增强想象力，激发其对未来的向往等。

(三)集体讨论方法

儿童讨论的事项越具体，越有利于讨论，而且应该尽量找团体成员共同的问题，讨论起来才能深刻。可以故事的内容为主，或以现实遭遇到的问题为主。例如，明明和兵兵打架。他们为什么会打架？对这件事你的反应如何？该怎样处理这件事？

(四)借助各种媒介

借助特别设计的团体互动方式及各项媒介的辅助，帮助儿童顺利且充分地表现自我。有些儿童口语表达能力较差，在公众面前说话尤其感到焦虑。领导者可以用较结构的方式协助其分享经验。通过录像、电视、投影仪、绘图、填表、语句完成，或先写成书面文字再进行意见分享等方式，可以让儿童有更充裕的时间及从更多角度表达个人意见。

(五)包容的态度和耐心

除了刻意营造的安全气氛与信任的关系之外，对儿童特殊的思维、情绪和行为方式，加以接纳、包容和鼓励很必要。领导者对于邀请儿童在团体中表达自己意见，应以亲切愉悦的态度回应，并有充分的耐心等待其发言。因为领导者过于严肃和急切的催促，会增加儿童的心理压力，并使不善于表达的儿童失去发言的机会和勇气。要允许儿童做他自己，甚至允许其在团体中表现出部分非伤害性的偏差行为。这种包容性是儿童得以在团体中逐渐敢于表现自我的重要条件。

除此之外，开展儿童团体心理辅导要注意，团体活动的安排要新颖有趣，符合儿童活泼好动的性格，但要注意安全。领导者要尽量多利用示范来讲述活动的安排和团体规则；要尽量避免空泛地讲道理，讲述过于复杂与抽象的问题。同时还要注意，团体领导者和工作人员的态度要亲切和蔼，应具有很强的亲和力且善于和儿童交往。无论是空间距离还是心理距离，团体领导者和工作人员都应该给儿童一种平起平坐的感觉。

另外，儿童团体心理辅导的实施方案总体要求是，方案名称要清楚明确，简单易懂，能够让儿童了解团体的性质、目标。团体的名称也要有儿童的气息，如“充电一族”“快乐一家人”“无尾熊俱乐部”“小松鼠快乐游戏小团体”“小猪丁丁找朋友”“小天使游戏成长营”“快乐小蜜蜂生活营”“马小跳快乐学习俱乐部”等。活动地点应标注清楚，团体辅导应有起止日期。还应注明团体是持续式（每周一次）还是集中式（一整天以上），具体时间从几点到几点；参加对象的条件界定；理论依据力求简要，浅显易懂，即理论能生活化、活动化、实用化，且紧扣团体主题。团体的总目标、阶段目标及活动目标，在方案中要详加陈述。如果能将团体中要进行的具体工作、家庭作业、时间分配、方案评估方法等清楚注明则更好。

四、儿童团体心理辅导中游戏的技巧

儿童团体心理辅导中游戏技巧有两种取向：一种是问题和治疗取向，另一种是辅导和发展取向。

（一）问题和治疗取向的游戏技巧

由于儿童年龄较小，许多疑惑或遭受的伤害难以用语言表述出来和表达清楚。所以，过于理性或复杂的治疗模式有时候并不能获得理想的辅导效果。针对儿童的身心特点和年龄特征，可以运用游戏的方式进行儿童团体心理治疗。游戏治疗模式也有多种理论取向。想象互动游戏治疗是儿童辅导的常见技巧之一。

1. 想象互动游戏治疗的基本理念

有两个理由可以说明让孩子通过想象游戏而非语言来表达他们的经验的重要性。第一，孩子尚未如同成人已发展口语及自我反省的能力，更何况即使是成人在用语言表达他们私人及情感上的经验时，也会有困难。第二，把孩子及其家庭问题公开讨论，可能带给孩子对父母亲不好的印象。一方面，孩子的问题常常与他们的父母有关；另一方面，孩子又极度依赖他们的父母。

所以，通过想象游戏的媒介，孩子有机会以转化的方式沟通，也能透露较隐秘的信息。当身处游戏世界时，孩子们沟通能较容易也较安全地表达焦虑、生气及其他负面情绪。游戏世界也使儿童有可能试验一些新的想法和其他不会伤害到任何人的解决问题的方法。团体领导者协助孩子发展他们自己的主题，并在游戏中完成这些主题，引导他们朝向更有建设性的方向。

2. 想象互动游戍治疗的技巧

在运用想象互动游戏治疗的技巧进行儿童团体心理辅导时，团体领导者可以用很多不同的方式介入游戏世界。首先，团体领导者的态度应该表现出有兴趣而且愿意融入；其次，团体领导者可以成为一个更积极的大玩伴；最后，团体领导者应该以口语参与为主。以下这些技巧的目的都是增强、深化以及影响孩子在想象互动游戏中的表达经验。

第一，用言辞表达。就是把孩子正在进行的一个动作用言辞表达，然后把孩子所做的事给予更明确的意义。这些表述有几个目的：(1)结构化，团体领导者将分散的游戏片段整合成前后一致的游戏，使几个游戏以一个整体出现；结构化也能帮助孩子更明确地表达他们的意思；(2)意义的强化，口头表达的目的在于帮助澄清孩子的意思及态度；(3)预测未来的事件，口头表达在一个故事里能引起持续的发展，清楚地说出游戏人物的感觉以及想法，由此，团体领导者使得孩子的感觉以及想法正当化；(4)说出治疗性信息或者对游戏的介入做出解释。

第二，刺激化。刺激化的意义在于鼓励孩子能更专注地玩。当一个孩子很难开始玩的时候，团体领导者可以建议一些适合其玩的游戏器材，或者鼓励儿童玩不同的玩具。更进一步，则建议儿童结合新的游戏器材、游戏空间和游戏内容。刺激化对一个孩子克服心理障碍也是必要的。凭借着与儿童一起玩，团体领导者让儿童清楚地知道他的行为没有被禁止，如此儿童才不会感受到压力。

第三，设定限制。当被辅导的孩子使用了太多游戏器材，以至于他或她失去了游戏的方向时，团体领导者首先必须用口头提示的方式尝试把所设定的限制整合到游戏里。如果这种劝说无效的话，团体领导者或许需要抽离游戏世界，然后清楚地告诉孩子，什么是被允许的，什么是不被允许的。此外，还有不能将玩具带回家，不能故意破坏玩具，不能伤害他人或自己，遵守时间表等，这些限制事先都要规定清楚。当然，针对个别被辅导的儿童，还需要设定一些与辅导目标直接有关的特殊限制。

第四，相对游戏。想象互动游戏的最后一个技巧是相对游戏。团体领导者扮演的角色就是要在游戏中玩出和被辅导儿童不同观点和想法的游戏内容，同时传达辅导治疗的信息。

(二)辅导和发展取向的游戏技巧

具有这种取向的活动类型包括：游戏、手工艺、绘画、心理剧。

1. 游戏

游戏是儿童的主导活动，影响他们的认知和社会性发展，为儿童提供学习的机会，促使某些行为有出现的机会并得到强化，如轮替、给予回馈、遵守规则、学习如何失败和如何取胜。这些游戏主要有以下几种类型：竞赛游戏、团体行动的游戏、纸笔游戏、牌类游戏、合作游戏等。

2. 手工艺和绘画

这类游戏是用来增加儿童的身体动作和互动性的。因为有些儿童在互动时会产生焦虑，所以使用手工艺等艺术形式，是逐渐增加儿童互动性的一个开始。这些游戏包括：手指画、抽象画、单独或合作制作手工艺作品等。团体活动中还可以把某些手工艺作品和展示宣传活动结合起来，以提高团体活动的有效性。

3. 心理剧

心理剧可以从初级的自然流露的小喜剧、看手势猜字游戏到高级的正式表演。对许多不同种类的行为而言，心理剧表演能够唤起多变化的刺激情境。对团体领导者而言，用他们所选择的剧本、剧情、手势指导等，可以使每个儿童演出那些儿童在真实生活中必须学习的角色。用这种技巧开展儿童团体心理辅导时，需要注意以下几个问题：第一，主题必须是儿童在他们的日常生活中很熟悉的；第二，每一小段台词都不能太长，不需要儿童记很长的词句；第三，在团体辅导过程中，角色扮演的品质并不是主要目标，关键在于团体成员从中有所收获。角色扮演只是心理剧表演的一种形式，短剧、随性演出、猜谜游戏和其他形式的哑剧有时在团体心理辅导中比角色扮演更经常使用。

生活中的心理学

留守儿童的团体心理辅导案例

农村留守儿童是指父母双方或者一方外出务工而留在农村，而且需要其他亲人和委托人照顾的处在义务教育阶段的儿童。研究显示，他们的心理卫生状况不容乐观，主要体现为人格发展偏差、孤独、抑郁等。

干预方法是进行八次团体心理辅导，每星期一次，每次两小时。

工具：儿童自我意识量表、流调中心抑郁量表儿童版、儿童行为问题教师问卷（神经症行为、违法乱纪行为）。

团体目标：提高留守儿童的自信心和自尊心，掌握人际沟通技巧，从团体吸取温暖和力量，促进人格构建。

团体方案：开始阶段，1～2单元，建立团体，制订团体协议与规则，学习认识情绪，表达情感；规则阶段，3～6单元，接纳自己，接纳别人，增强自信心，提高自我保护意识，处理与父母的情感联结；巩固终结阶段，7～8单元，学习的技能与方法，处理分离情绪。

具体办法：

(1)我是谁？建立团体，确立团体规则。活动内容：卡片、昵称、手操、照相、喜相逢。

(2)好朋友。体会互相友谊。活动内容：刮大风，大树和松鼠，哑巴传话，过家家，集体绘画。

(3)情绪扮演。认识情绪，学习表达情感。活动内容：镜中人、情绪词、认字游戏。

(4)你好，我也好。提高自信心。活动内容：自画像、鸡蛋变凤凰、照镜子。

(5)聆听与表达。培养人际关系技巧。活动内容：讲故事、角色扮演、苹果与毛毛虫、戴高帽。

(6)我爱我家，理解父母，从集体中吸取力量。活动内容：建高塔、打电话、信任之旅、温暖力量、心有千千结、推土机。

(7)未来不是梦。培养学习生活信心。活动内容:讲故事、绘画、讨论、填表。

(8)明天会更好。处理分离,畅想未来。活动内容:临别赠言、分享留言、互送礼物。

团体心理辅导以后,留守儿童比过去好管理,情绪比较开朗。对于抑郁个体来说,团体是一个具有支持功能的组织,丰富多彩的活动启迪儿童从同伴交往中吸取温暖,摆脱消极情绪。

复习巩固

1. 儿童团体心理辅导的主题是什么?
2. 儿童团体心理辅导的方法有哪些?
3. 儿童团体心理辅导中的游戏技巧包括哪两种取向?

第二节　老年团体心理辅导

一、老年团体心理辅导的概念

老年团体心理辅导是团体心理辅导在老年服务领域中的应用。我们可以将老年团体心理辅导概括为:老年团体心理辅导是针对社区内或机构内的老年人的心理、生理、社会适应等方面的问题,通过提供不同目标模式的团体方案进行辅导与治疗,增进老年团体成员的相互支持,改善其态度、人际关系和应对实际生存环境等的社会生活功能,以及满足老年人工具性和情感性需求的过程。

从这个定义中,我们可以得知老年团体心理辅导所强调的重点包括:(1)在本质上,老年团体心理辅导是一种直接的助人方法或手段,也是一种工作过程;(2)在对象上,老年团体心理辅导的主要对象是由各种问题的老年人及其家庭人员所组成的团体成员;(3)在过程上,在领导者的帮助下,是领导者与团体成员以及团体成员之间面对面的互动过程;(4)在功能上,满足老年人工具性和情感性需求,帮助老年人实现康复、能力建设、终身社会化、解决问题和自我价值实现等方面的功能;(5)在目的上,帮助老年人从团体中获得适当的生活知识和经验,改变不良生活现状,培养其良好的社会适应能力,促进其身心健康,使其能过上一种正常的老年生活。

在为老年人策划团体服务时，需要考虑老年人在生活历程方面的问题和不同的个性化需求。迈尔(Mayer)将老年人归为两种不同类型：一类是健康且具活动能力的老年人，另一类是比较容易受伤害及处于危机状态中的老年人。因此，根据不同类型老年人的生理、心理以及社会需求状况，老年团体心理辅导可以针对相对健康且具活动能力的、社区中的老年人开展以社会交往为主要内容的团体辅导活动。这类团体辅导活动强调的是关注老年人的社会、生理、心理功能，以增强他们融合于社区生活的能力。同样，以较容易受伤害及处于危机状态中的、养老机构中的老年人为对象也可以开展老年团体心理辅导。团体辅导活动的主要目的可以为缓解入住老年人的群体生活压力，或降低由于入住养老机构所带来的负面影响等，以提高在养老机构中老年人的生活质量。

在老年团体心理辅导中，确定领导者的任务非常重要。一般来讲，团体心理辅导中领导者的活动在于直接帮助成员采取各种行动，促使成员去注意并引发出成员的共同需求。为此，领导者的任务就是帮助老年成员超脱他们个人孤立的思想束缚，使他们相信通过团体及其成员的互动能够满足其需求，从而产生改变。同时，领导者通过提供各种帮助，鼓励成员努力影响他们所处的各种环境。

总之，老年团体心理辅导对于领导者而言，是一个富有挑战性的工作，特别是针对那些生理功能退化较严重的老年人，则更是如此。因此，需要领导者必须投入极大的耐心，掌握关于某些问题(衰老、死亡、空巢等)的专门知识，并以积极主动的方式为他们提供引导。

二、老年团体心理辅导的特殊性

与老年人一起进行团体辅导工作时，领导者要有一些特殊的考虑：

第一，领导者应该掌握团体的基本资料，包括团体目标、团体心理辅导者及其他成员基本资料等。在团体心理辅导开展之前，领导者最好发给每位老人一个字体大且工整的名牌，以便其他老人能够辨认；团体心理辅导开始时，团体领导者可以进行自我介绍。每次团体活动都应有特定的主题，以便互相沟通和讨论。讨论应简明、易于记忆，内容不宜过多。团体目标一般也以排除焦虑、解决即时性问题为主，强调心理健康而非人格的改变。

第二，老年人有其特有的问题，特别是在面对失落和死亡的时候。因此，团体领导者必须积极主动，通过运用同理心提供给成员信息，回答问题并分享经验，来支持、鼓励并处理成员的问题。老年人如果能够记忆或回馈，领导者应该采用正向的行为修正加强策略。对于居住在养老机构的老人，如发生心智或身体衰退的情况时，领导者可以在团体心理辅导中训练其感觉、记忆的能力，或促进其社会化及人际关系。总之，领导者一定要以尊重、友善、耐心、细致、周到的工作态度，尽可能考虑到每个老年人的特殊需要，多鼓励老年人参与活动。

第三，老年团体成员多有生理上的疾病，领导者需要不断评估成员的能力范围，不要预先假设有些老人爱参加团体活动或有些老人不爱参加团体活动。领导者在面对老年团体成员时，说话速度要慢，吐词要清晰，团体成员数量不宜过多，最多不超过20人，具体人数可根据团体活动的性质决定。成员的选择应该基于参与团体活动而受益的原则。对个别不愿意参加活动的老年人或心智受到伤害的老年人，则应尊重他们的选择，不必勉强他们参加团体活动。

第四，在团体的初期阶段，领导者需要以建立团体的界限为主要任务，可以允许团体成员的依赖，在依赖关系的基础上信任团体，分享经验。在团体的中期阶段，领导者需要协调成员的人格差异，解决冲突，进行有效的沟通。领导者应协助成员真实表述对团体活动的感受，从中发现问题，总结经验，使得下一阶段的活动更符合成员的兴趣爱好。团体的中期阶段也是团体稳定发展的阶段。在团体的终期阶段，领导者一方面需要评估团体的成效以及每个成员的发展情况，另一方面需要妥善运用社区资源，使团体成员不至于在结束时产生失落感。

第五，团体心理辅导者最好是年轻有活力的领导者或者心理辅导师，以填补老年成员的孤独与寂寞。尽可能地使团体与外界接触，以维持老年成员参加团体的意愿和兴趣。

三、老年团体心理辅导的工作内容

对老年团体进行辅导，必须了解老年人常关心的问题：

第一，过去。缅怀往事对于老年人来说，也是一个社会化的过程。通过重新审视过去，阐释过去所发生的事件，使得老年人达到自我认知和整合，重新感受到人生的意义。过去的经验可以成为老年人适应和应对老化的有效资源。

第二，现代社会知识。通过融合那些与他们对现实社会生活看法相一致的现代社会观点，他们可以探索出新的应对环境挑战的策略。通过这一类主题活动，可以使得老年人学习到现代社会中的社会生活技能，如乘坐地铁，使用电脑及其他电器设备。也可以通过搜集日常生活中针对老年人犯罪事件的信息，让老年人学习如何防范这类事件的发生，以及其他安全方面的知识。

第三，自我独立性。在老年人的生活中，独立和依赖的对立是一直存在的矛盾。一方面，在意识上老年人努力想要保持自己生活上的独立性；另一方面，随着生理、心理的老化，需要越来越多地依赖他人的帮助。在老年人群中，残障老人与长期病患者或卧床老人依赖他人的程度较大，虽然他们也极力挣扎保留自我独立的意识。因此，在自我独立性这个主题上，团体活动可以通过加强教育的方法来传递老年人如何加强自我照顾的技巧，如何解决与子女间关系的冲突，以及为了保持独立的生活如何获取社区资源的途径等方法。

第四，生理和心理变化。生理的变化和由此所带来的疾病、残障是老年人非常关心的主题。除此之外，老年期由于社会参与的减少、生理的退化所带来的心理变化，也同样是老年人关心的话题。因此，团体活动可以通过社会心理、健康知识和照顾等教育活动，来帮助老年人互相学习，克服身体和精神上的压力所带来的忧虑，加强自我照顾的技巧；也可以通过成员间的经验分享来缓解彼此间的内心抑郁，通过互相支持和鼓励加强彼此康复的动机与持久性。

第五，家庭的成员关系。老年人对家庭的需求表现为安全感的需求、爱和归属感的需求。围绕着家庭成员关系的主题，可以通过团体的活动，鼓励家庭内的老、中、青成员互相了解和合作，共同解决生活中所遇到的不和谐问题。

第六，社区资源的利用。在老年人的服务中，社区资源的有效利用是领导者应该重视的一个方面。领导者可以通过团体活动，引导老年人认识社区中可利用的资源、服务及运用的方法，帮助老年人克服服务使用时的顾虑和恐惧。

第七，适应环境。随着年龄的逐渐增高，身体和精神上的变化，老年人对自己的生活不安感会逐渐增强，害怕生活环境发生变故。同时，陌生的环境也会令老人们感到自己控制环境的能力下降而无助。因此，老年人的生活需要随时进行调整和适应，包括日常生活、婚姻生活、家庭生活和社会生活。领导者需要为这些老年人建立起社区支援网络，以减轻其不安感，并增加他们对生活环境的控制感。

第八，闲暇与文化活动。老年人如果能够与同伴人在一起参加社会性和康乐性的团体交流和活动，可以帮助其重新定位自己的社会角色，并带来极大的满足感和成就感，而且也能够重新找到适应社会生活的新方法。如，参加根据不同的兴趣、爱好、生活习惯等特征自发组建的老年团体，以丰富老年人晚年生活为目的的老年娱乐团体，以及以增加老年人晚年生活知识和生活情趣为目的的老年大学等。

第九，死亡。随着生命终点的到来，老年人不自觉地对死亡本身有一种恐惧的心理。而且，由于身体的衰弱、疾病的疼痛、对自己人生的遗憾和对亲属的留恋等，焦虑和不安也随之增加。关于这个主题的讨论一般多集中于如何看待死亡的问题方面。在团体活动中，可以通过开展死亡教育，让老年成员们认识和讨论死亡，思考如何面对死亡前后的问题；也可以让老年成员互相交流自己对死亡的看法，鼓励他们说出自己的忧虑和不安，以摆脱对死亡的恐惧心理。在这个过程中，领导者需要帮助老年成员们建立对死亡的正确观念与态度，即明白死亡是人类必然的经历。还可以帮助老年人总结自己一生的贡献，肯定自己存在的价值，积极地对待自己的余生，建立积极度过晚年的态度。还可以帮助老年成员们计划、处理还未完成的事情，并合理地做出自己的葬礼计划。

对于老年人这个特殊的群体，需要我们更加努力地奉献爱心，帮助他们克服各种各样的苦恼，让他们的晚年生活愉快、安详，这是心理辅导者应尽的职责。

四、老年团体心理辅导的发展阶段及工作技巧

在进行老年团体心理辅导时，领导者如果了解老年团体发展的阶段，就会更有意识，更有技巧，更加切题地采取行动。充分发展的团体，一般比较有能力去注意成员的共同需求。

（一）老年团体心理辅导的发展阶段

1. 第一阶段：初期的关系

在初始阶段，团体存在不确定性，缺乏团体认同感，由此加剧了老年成员的不安全感。老年成员早期生活的经验也影响着团体成员之间关系的建立，害怕失败、害怕受伤害等心理因素会增加他们与团体成员的距离。在这样的状况下，团体领导者必须先了解所有成员的利益，并跟成员解释团体不会因为他们的需求是独特的而受到排斥。领导者要了解成员们害怕失败、对肯定自己的迟疑以及他们想在一起发展什么目标等情况。

在这个阶段中，领导者的工作技巧包括团体可对每一位成员能够提供什么样服务的了解，并且，领导者还需要帮助每一位成员表达他们自己对形成团体的想法，以及澄清对隐含信息反映的技巧等。具体而言，领导者的工作技巧主要是运用同理、真诚和接纳的原则来了解老年团体成员的相似性，引导每位成员进行彼此间的相互交谈，消除个别成员所存在的顾虑，要求每一位成员聆听其他成员的观点，并向所有成员介绍自己所承担的角色以及成员自己的角色担当等。

2. 第二阶段：权利与控制

在这一阶段团体主要是以权利与控制的议题为主。不论团体在功能上的能力如何，团体成员们的自我意识和权利控制意识得到了增强，团体成员们开始关心与领导者有关联的权利问题，并进一步表现为团体的冲突。

虽然在这一阶段团体成员们开始寻求相互的支持，但权利与控制的议题可能会使得那些受到传统文化影响的老年成员们感到特别的不安，特别是那些想要从团体活动中受到帮助的老年成员更有可能会不习惯挑战权威。另外，老年人年龄的差别也会使得团体心理辅导产生困难，特别是那些缺乏社会资源的老年成员就会感到在这样的团体中可能会受到伤害。以上因素会使得一些老年团体成员产生矛盾情绪和犹豫不决，

有时他们以较为委婉、间接的语言来表达自己的感受和想法。

3. 第三阶段:亲密

经过权利与控制阶段,团体的权力结构会稳定地发展,团体成员之间会成为亲密的同伴关系。此时的团体成员有较大的自主性,彼此之间交流密切,依赖性强,还产生了利益的互惠。团体成员的人际关系表现为宽容和理解,团体成员所讨论的话题与内容也变得宽泛和深入,每一位成员都能够分享到他人对问题的感受和想法,并从中受到启发。此时的团体互动、治疗和援助的效果也较为明显。同时,每一位团体成员都会感到自我能力的增强,而这种能力又会同时转化为团体整体的力量。成员们也都会认为自己的力量来源于团体,团体有能力满足自己的需求,帮助自己达到目标。

这一阶段的领导者常常被要求支持这种团体成员的亲密关系,并要努力解决那种阻碍团体发展的障碍。为达到这一目标,领导者应当采取忠告、咨询、支持等方法来帮助团体取得更好的发展。

4. 第四阶段:分化

团体的发展在此时处于一个最成熟的阶段,而且也最为全神贯注地满足成员的需求。团体成员之间的关系也最为亲密,他们会感觉到彼此之间有一种强烈的依附感,彼此的性格差异也都能被接纳;成员们的自我概念也都得到了特别的增强,能够区分和理解自己与他人的不同。领导者在此时常常会被要求运用团体活动来帮助团体成员,以满足成员其他方面的需求。

5. 第五阶段:分离

在这个最后阶段中,如何处理团体发展是非常重要的一个方面。当团体活动到了结束阶段,以前的失落感会再次被唤起,现实的经验再一次被重新界定,并且也同时会向领导者及团体成员提出挑战。

此时,可以运用回避冲突模式来处理在团体成员中所产生的失落感。团体成员会被要求必须切合实际地评估他们所进行的团体运作、成员之间的彼此话别,帮助团体成员们不会因为产生失落感而认为团体活动没有收获。领导者一般需要帮助成员实际地评估自己所得到的收获,鼓励成员开诚布公地进行交流,沟通彼此的感受,积极参与对团体活动真实的评价。而且,领导者要让每一位成员明白即将要离开这个团体,进而使成员们整合在团体活动中所获得的经验和一个完整的自我概念与意识。

总之,为老年人提供良好的发展以及充满技术的团体服务计划,可以确保老年人能够与他人充分地融合与沟通。团体活动也成为一个减缓老年人的孤立与被疏远的基本方法。领导者可以通过团体的服务使老年人产生归属感,对老年人与其所处的各种环境之间产生融洽的亲密关系有非常有益的帮助,可以改善被强化的个人和被强化的集体与社会之间权利的不均衡。通过参与团体以及所产生的归属感，可以提供老年人一个维持正向自我概念、自我表达、自我接纳的机会，促进老年人的自我尊重。在老年人连续性的失落过程中，发展其关怀性的关系，可以维持老年人仍然存在的情感、关系以及促进其对所处环境的投入。

(二)促进老年团体发展的工作技巧及注意事项

在老年团体心理辅导中，积极发展老年团体，鼓励老年人积极参与团体活动，是领导者帮助老年人解决问题，提高其晚年生活质量的一个重要方法。鼓励老年人参与团体活动是提高其晚年生活质量一个不可忽略的重要工作方法。虽然有多种方法和技巧可以促成老年团体心理辅导的开展，但较为常用也较为适合老年人群体的方法为直接式团体方法。

直接式团体方法强调领导者通过充实的团体活动安排，预先调节团体气氛，当团体成员彼此较为熟悉后，再进一步探索他们对团体程序及日后活动的兴趣。因此，在老年团体成立初期，较好的技巧就是运用直接的团体心理辅导方法以调动老年团体成员的兴趣和积极性。

在开展老年团体心理辅导时，需要领导者注意以下几个方面：

第一，领导者要能够有效地处理老年人参加团体活动的心理障碍。这要求领导者在开展团体心理辅导之前能够与老年人进行单独接触。在了解老年人的身体及健康状况的前提下，向老年人介绍团体开展的活动及意义，并积极吸引老年人参加。

第二，团体成员的选择。在选择老年团体成员时，需要领导者注意老年人有无特殊的身体疾患；老年人的生活经历及家庭状况；老年人的运动机能；老年人的精神状况；老年人所禁忌的事项，以及老年人与他人的交往能力等方面。除此之外，在选择成员时还须注意老年人的受教育水平最好不要相差太大；成员的身体活动能力最好差不多；老年人对团体的期望和兴趣也最好较为均衡。

第三，团体活动要有充分的准备。领导者要注意在团体活动之前做好充分的准备工作，尤其是第一次团体活动。工作人员事先要有周密的考虑，包括语言的运用、游戏类型的选择、让大家互相熟悉的方式等，都应有充分的考虑。第一次活动要使成员感到轻松自然、愉快开心、活泼有趣。

第四，团体活动中的游戏要简单易学。老年团体所组织的活动或游戏一定要简单易学，使老人一听一看就懂，还要使游戏具有趣味性。要注意尽量不要选用抽象或较难的游戏或活动，否则，老年人会因做不到而感到自己无能。但同时也要注意不能进行太简单的活动或游戏，这又会令老年人感到羞耻和侮辱。在介绍活动或游戏规则时，领导者应用缓慢、清晰、大声的语言讲解规则，要确保每个老年成员都明白。

第五，在活动中领导者要及时鼓励、赞赏有能力的老年成员。领导者要不失时机地把握机会赞赏成员的能力，通过赞赏去增加老年人的自信心，从而使他们积极参与。那些赞赏应是真诚的鼓励，而不是夸大的奉承。同时，对于个别以自我为中心的成员，领导者要加以引导和规范，使他们不至于影响团体心理辅导的目标完成。

第六，在活动中领导者应多注意老年成员的感受。当发现一些成员对活动反应冷淡时，要适当调整活动程序，以避免冷场。领导者可以采用变化参加活动的成员人数，变化参加活动成员的职责，添加附加因素，变换素材与内容，变化活动程序。

第七，领导者要注意纠正个别成员的表现。当成员讨论的话题符合团体活动程序的目标时，领导者应鼓励成员继续讨论下去，并且帮助成员领略当中的意义。当话题偏离主题时，领导者应技巧地指出其所说的有哪些可以配合团体宗旨，然后通过快速地总结，将说话的机会交给尚未发表意见的成员。

第八，领导者要注意对团体活动的评价。实施的活动是否与老年团体成员的特性相符合？是否满足了参加活动的成员的需求？团体活动的效果如何？团体的目标是否达成？

第九，要注意有圆满的结案。领导者不要到最后一节才宣布活动的结束，否则老人们有被遗弃的感觉。最好能在活动结束前一段时间告诉大家，巧妙地讲出它结束的原因，使成员有足够的心理准备。

复习巩固

1. 迈尔将老年人分为哪两种类型？
2. 老年团体心理辅导的工作取向是什么？
3. 老年团体心理辅导的发展阶段有哪些？

第三节　学校团体心理辅导

一、学校团体心理辅导的概念

所谓学校团体心理辅导就是指学校心理健康教育教师在专业的心理学理论和方法的指导下，充分运用团体动力，协助学生成员在团体中汲取他人的经验，以解决自己的问题，改变自己的行为和提升自己的能力，并促进自我成长的专业活动。

由此可见，学校团体心理辅导是一种专业心理辅导活动，它需要心理学的价值和理论的指导，并需要运用心理学专业的方法开展活动。学校团体心理辅导的工作对象是青少年学生，本章节主要是指中学生和大学生。学校团体心理辅导的目的就是要协助青少年学生解决困难和促进其成长。

在学校开展团体心理辅导是非常合适的，这是因为：

第一，青少年有团体生活的经历，他们从团体或小组中获得支持与安全感。他们较容易向朋辈倾诉心事，也较容易受朋辈影响。通过互相倾诉，他们了解到朋辈都有类似的问题，从而减少孤单和不幸的感觉。

第二，在学校的环境里，团体或小组自然出现，在班级里已经有一些正式的团体，课余时间的活动则是另一种团体的组合，这些已经存在的团体可以成为开展专业团体心理辅导的基础。

第三，在目前学校心理健康教育教师人手短缺的情况下，团体心理辅导工作较个体心理辅导在时间和人力分配上更加经济。

二、学校团体心理辅导的工作取向

可以根据不同的标准来划分学校团体心理辅导的工作取向，一种划分是以问题和发展为核心开展活动；另一种是根据是否与课程内容有关来确定活动。

(一)以学生问题和学生发展为核心的团体

青少年时期是人生的“多事之秋”，他们将会碰到许多前所未有的问题，包括自我认同和混淆，性困扰，与朋友、家长、老师的关系，学校适应的问题，少女未婚怀孕，学业压力和危机(辍学)，等等。这些都可以成为团体心理辅导的工作内容。

青少年学生同样还面临着成长的任务、知识的增长、人际关系的改善、社会规范的习得、自我能力的提升等任务，这些青少年的成长任务无疑也是学校团体心理辅导的重要工作内容。

(二)以与课程内容是否有关的团体

与课程有关的团体心理辅导主题有很多，比如：学习方法、职业概况、升学指导、学校适应等。通常而言，团体心理辅导的内容涉及主要由团体领导者和团体成员共同承担。团体辅导的形式主要有讨论会、座谈会、参观以及影片观摩等。团体辅导的重点是强调态度和意见。

与课程无直接关系的学校团体心理辅导的主题可以涉及更多的内容，如人际关系的改善、挫折的处理、越轨行为的矫正、行为规范的习得等。通常，团体心理辅导的内容设计和题材主要是来源于团体成员，团体活动的形式主要有自由讨论、角色扮演等，团体辅导的重点是强调感觉和需要。

三、学校团体心理辅导的方法

（一）班级心理辅导课

班级心理辅导课是学校“心育”的重要载体。它是以教学班为辅导单位，针对青少年学生年龄特点和成长发展的实际需要而设计的团体心理辅导活动。

班级心理辅导课不同于学科课程。其一，内容不同。班级心理辅导课属于包括了“显在课程”(overt or manifest curriculum)与“潜在课程”(hidden or latent curriculum)在内的赋予学习者“学习经验的总体”的广义课程论范畴，体现了教育社会功能的多样性，而并非属于传统的那种“把力点置于学科的知识内容这一客观侧面”的狭义的“课程”范畴(钟启泉)。其二，教学方式不同。班级心理辅导课程是以学生的情意活动为主要内容的，通过“活动”为学生提供了各种社会生活的模拟场景，成为学生自我体验、自我发展、自我超越、自我实现的重要学习方式。因此，班级心理辅导活动课既无作业，也不需要考试，否则不但没有促进学生的心理健康，反而会使学生承受更多的身心负担。

它重在师生及同学间的互动、体验，是一种多向的交流。学生在相互交流及评判中碰撞出智慧的火花，触发更深的发现，备受学生的喜爱。在教学过程中，辅导者采取多种方法对学生进行心理辅导。如:讲授法、自述法、角色法、讨论法、情景法、综合法等。辅导教师根据班级、学生、心理问题、心理发展规律的不一致，有目标地针对学生心理品质的提高，合理选择和组合各种方法以提高辅导课的实效。

（二）开展心理训练活动

心理训练活动是学校团体心理辅导另一种重要的教学模式。虽然班级心理辅导课中也经常采用心理训练活动，但心理训练活动作为一种专门的心理辅导模式，还可以结合学校、少先队活动开展。心理训练活动的内容、形式很多，包括针对性的心理训练、拓展性的心理游园活动、心理夏令营、智力开发活动等。

（三）小组讨论

小组讨论是指团体心理辅导中对一个共同问题进行合作和深入的探讨。在讨论过程中大家各抒己见，同时聆听他人的观点，并根据讨论的情况进一步修订自己的想法和观点。

"嗡嗡法"是小组讨论常用的方法之一，经常被用作弥补团体心理辅导大组讨论的缺陷。在实施过程中，把学生分成4～6人的小组进行讨论，使每个人都有机会表达意见。各小组讨论的题目可以完全相同，也可以由每小组就每一个问题的各种不同的层面分别讨论。每个小组必须在限定的5～10分钟内讨论该问题，然后由发言人将结果向整个团体报告。这时，团体领导者应该鼓励每个人都要参与总结性的讨论，并在结束前对讨论做归纳性的小结。

集思广益法是另一种鼓励团体成员有创意地从各个角度去探讨问题的方法。它使团体成员就某个问题进行发散性的思考，提出任何与问题有关系的项目并及时记录下来，然后才决定是否具有值得详细讨论的价值。

小组讨论旨在增进小组的开放性，以此培养团体成员的自主性与创造性。因此，在进行小组讨论时必须要注意：

(1)使团体成员体验到自由沟通意见的机会；

(2)使团体成员学习解决问题的思维方式和思考能力；

(3)使团体成员学习组织尊重他人意见的团队合作方法。

总之，小组讨论的目的并不在于讨论的结果，而着重于讨论过程的质量。

(四)角色扮演

这是指团体心理辅导中由团体成员扮演日常生活问题情景中的角色，使团体成员可以把压抑的情绪和要求得以释放，并从中学习人际关系技巧，获得处理问题的灵感以及加以模拟练习的一种团体活动方法。角色扮演的题目应该是学生共同关心的事情，如家庭、学习、休闲、交友等。角色扮演在团体心理辅导中有如下功能：

(1)在宽容、安全的气氛下，学生通过投入演出来了解自己内心的感受，以及对他人的行为做出反应；

(2)深入地了解真实的情况和他人的感受，在假设及不用负责的情况下尝试应对问题；

(3)让学生在具体的生活情境中学习以及练习应付问题的技巧。

一般来说，角色扮演有如下几个步骤：

(1)事先沟通。如果决定运用角色扮演，团体领导者就需要向团体成员解释其价值和意义。

(2)说明情景。把要扮演的情景以及特征加以说明，让团体成员有质疑和提出建议的机会。

(3)自愿分配角色。鼓励团体成员自愿扮演各个角色，当某些角色无人问津时，团体领导者可以暗示某些人扮演那些角色。

(4)即兴演出。扮演者所要表现的是按他自己的体会判断，台词的选择也由他决定。扮演角色时，团体领导者只有在扮演者遇到困难需要援助的时候才给予协助，否则不得介入扮演活动。

(5)终止扮演。所有的扮演者如果觉得自己无法继续演出，或者团体领导者认为目的已经达到，则可随时停止扮演。此时，可以让首先提出终止扮演的团体成员表明自己的感情，然后团体领导者和其他扮演者发表意见，最后让“观众”提出自己的判断。

(6)重演。为了使团体成员对于某种扮演的讨论具有更好的效果，可以由同一个人或者由其他人再次扮演这一角色。扮演者可以运用讨论之后所得的心得体会，尝试用不同的方法处理问题。

(7)交换角色。在讨论时，如果某一位团体成员对他人或者他人的观点表示强烈的否定时，可以说服他扮演这一角色。因为这样做可以从不同的角度去看当时的情况，又可以促进了解对方的心情和立场，而增进自我反省的机会。这种经验将使他能够了解一切从而增加自身的安全感。

(8)讨论整个活动的心得。每次角色扮演活动结束之后，团体领导者需带领团体成员展开深入的讨论，从而带出相应的主题并引导团体成员共同思考。

复习巩固

1. 学校团体心理辅导的工作取向是什么？
2. 学校团体辅导的方法有哪些？
3. 角色扮演的步骤有哪些？

第四节　家庭团体心理辅导

一、家庭团体心理辅导的概念

相比较现在非常流行的家庭系统排列而言，国内外关于家庭团体心理辅导的论述明显要少很多，但为了便于叙述和分析，我们尝试为家庭团体心理辅导下一个定义。所谓家庭团体心理辅导，是指心理学工作者在专业的价值、理论和方法的指导下，以多个不同的家庭及其成员为工作对象，充分利用不同的家庭所组成的团体成员的互动以及动力，帮助团体成员汲取经验，克服困难，解决问题和恢复功能，最终实现团体成员及其家庭成长的专业辅导方式。

这个定义尝试着把家庭团体心理辅导和属于个案心理辅导的家庭治疗做了一个区分：

(1)家庭团体心理辅导的工作对象是来自于不同家庭的成员，他们可能面临着相同或者相近的家庭问题；而家庭治疗的对象则基本上都是同一个家庭的成员。

(2)家庭团体心理辅导需要充分利用团体的动力和团体成员的互动来达到改变；而家庭治疗则更多地强调治疗者通过专家或权威的身份来达到个体的改变。

二、家庭团体心理辅导的工作取向

关于家庭团体心理辅导的工作内容可以有不同的划分，但是归纳起来无非有以下两大类：(1)家庭问题取向的团体辅导，主要包括：夫妻关系、亲子关系、单亲家庭、未婚妈妈或未婚怀孕、婚姻暴力、老人照顾、其他有关内容；(2)家庭成长取向的团体辅导，内容主要有：家庭生命周期中不同阶段上的家庭成员的角色转换，家庭成员升学或择业辅导，和家庭福利有关的服务，其他相关内容。

具体来说，家庭团体心理辅导主要有如下常见主题：

(一)亲子教育团体

亲子教育团体心理辅导就是指心理学专业人员运用心理学技巧、孩子行为改变技巧、家长训练、家庭改变技巧等向家长提供诸如沟通、孩子教育、家庭环境改善等方面的专业辅导活动。亲子教育团体辅导大多以训练的方式为主，其训练的内容有沟通技巧、环境设计等，并始终把重点放在孩子方面。不少家长训练内容均以处理或改变孩子的行为问题为主，如孩子的学习问题、不服从或叛逆行为、情绪控制问题、难以与家长有效沟通等。

(二)家庭暴力团体

有关于夫妇间婚姻暴力的研究，打破了人们惯常的想象，以为家庭暴力只会发生在收入水平、文化水平、社会地位等各种条件都偏低人士的家庭里。事实上，一些接受过良好教育，经济收入、职业声誉以及社会地位都很理想的社会人士同样会有家庭暴力行为。因此，社会各界需要对家庭暴力予以高度关注，更需要对家庭暴力的受害者和施暴者予以专业的服务和帮助。

婚姻暴力又称家庭暴力、配偶虐待等，是指发生在已婚或同居者之间的虐待或暴力行为，使对方在身体上或精神上受到较大的伤害。具体的暴力形式包含殴打、辱骂、强迫性行为等，或者使用武力的威胁去控制另外一个人，甚至可能造成对方严重受伤或死亡。

由于婚姻暴力几乎等同夫妻之间的家庭暴力，尤其是丈夫面向妻子的虐待，因此，国外把这种家庭虐待划分为五种形态：身体殴打、性暴力或性虐待、破坏东西或宠物虐待、精神虐待和情绪虐待。

扩展阅读

团体心理训练

心理训练课可追溯到古代中国的气功和印度的瑜伽。传统心理科学，特别是实验心理学原理和方法、精神病学、心理咨询和治疗则为心理训练的发展提供了永不枯竭的源泉。

心理训练是指通过教育、知道、辩论、演讲、情景模拟、社会调查等形式，运用放松、暗示、表象、心理剧、角色扮演等心理学技术和方法，组合其他的辅助手段和设施，设计特定的情境以使参加者在其中积极活动，改善心理品质，形成预期的行为、习惯和技能，提高心理素质和培养健康完善人格的活动。

心理训练的特征包括：针对性、短期和高效性、科学性、系统性。

心理训练可分为四个层次：生理水平的训练、心理技能的训练、人格训练、社会群体心理训练。

心理训练按照不同的划分方法可以分为不同的种类。按对象可分为儿童、青少年、中年人以及老年人心理训练。按参加训练的人数可分为个体心理训练和团体心理训练。按训练的内容可分为自信训练、自我认识训练、表达训练、生涯训练、职业训练、社交技能训练、耐挫能力训练等。按系统性可分为单项心理训练和综合心理训练。

复习巩固

1. 家庭团体心理辅导的工作取向是什么？
2. 家庭团体心理辅导的主要主题有哪些？

本章要点小结

儿童团体心理辅导

1. 儿童团体心理辅导是根据儿童心理发展的特征和规律，运用心理学等专业知识与技能，通过设计和组织一定的团体活动，让成员参与活动并分享自己的主观体验，促使个体在交往中通过观察、学习、体验来认识自我、探讨自我、接纳自我，改善与他人的关系，调整态度与行为方式，以达到良好的适应和开发内部潜能的辅导过程。

2.我们可以把儿童期划分为早、中、晚三个时期，不同时期的儿童在成长中面临着不同的人生任务。

3.儿童团体心理辅导通常围绕着以下四个主题或目标展开：人际关系改善，解决问题技巧的习得，认知的改善，自我管理行为的掌握。

老年团体心理辅导

1.老年团体心理辅导是针对社区内或机构内的老年人的心理、生理、社会适应等方面的问题，通过提供不同目标模式的团体方案进行辅导与治疗，满足老年人工具性和情感性需求的过程。

2.在开展老年团体心理辅导时，需要领导者注意以下几个方面：第一，领导者要能够有效地处理老年人参加团体活动的心理障碍；第二，团体成员的选择；第三，团体活动要有充分的准备；第四，团体活动中的游戏要简单易学；第五，在活动中领导者要及时鼓励、赞赏有能力的老年成员；第六，在活动中领导者应多注意老年成员的感受；第七，领导者要注意纠正个别成员的表现；第八，领导者要注意对团体活动的评价；第九，要注意有圆满的结案。

学校团体心理辅导

1.所谓学校团体心理辅导就是指学校心理健康教育教师在专业心理学的价值、理论和方法的指导下，充分运用团体动力，协助学生成员在团体中汲取他人的经验，以解决自己的问题；改变自己的行为和提升自己的能力，并促进自我成长的专业活动。

2.学校团体辅导的方法有：班级心理辅导课、心理训练活动、小组讨论和角色扮演。

家庭团体心理辅导

关于家庭团体心理辅导工作内容可以有不同的划分，有以下两大类：家庭问题取向的团体辅导、家庭成长取向的团体辅导。

关键术语

儿童团体心理辅导　老年团体心理辅导　学校团体心理辅导　家庭团体心理辅导
恐惧症　焦虑反应　强迫行为　身心症状　抽搐　刺激化　相对游戏　显在课程
潜在课程　分化　分离　直接式团体方法

复习思考题

一、判断题

1.不同时期的儿童在成长中面临着相同的人生任务。　（　）

2.人际关系对儿童健全发展是关键性的因素。　（　）

3.在本质上，老年团体心理辅导的主要对象是由各种问题的老年人及其家庭人员

所组成的团体成员。（　　）

4. 心理训练活动是学校团体心理辅导另一种重要的教学模式。（　　）

5.“嗡嗡法”是以4～6人为一个小组进行讨论的方法。（　　）

二、选择题

1. 儿童期可划分为（　　）

A. 早期　　B. 中期

C. 中晚期　　D. 晚期

2. 教会儿童掌握解决问题技巧所需要的三种思考方法为（　　）

A. 替换性思考　　B. 预期结果思考

C. 意向模式思考　　D. 中级方法的思考

3. 下列是角色扮演法功能的有（　　）

A. 气氛宽容、安全　　B. 了解情况深入

C. 不用负责　　D. 生活情境具体

4. 最适合儿童团体心理辅导的方法是（　　）

A. 对话法　　B. 讨论法

C. 游戏法　　D. 故事法

附录1 团体咨询师职业道德指南

(ASGW) 1989年修订本

团体工作专业者协会

序言

任何职业群体都具备这样一个特征，即具有系统的知识、技能体系和成员自愿遵守的职业道德准则。这些道德准则已经获得该职业群体成员的正式公认，并作为职业行为以及解决道德冲突的指南。通过此文献，团体工作专业者协会(ASGW)制订了适合指导其群体成员职业行为的道德准则。

ASGW认可其上级组织——美国咨询与发展协会(AACD)要求其成员履行的基本义务。这个文献无意取代AACD中的规定，而是通过阐明团体咨询师道德责任的性质，增加人们对咨询师领导团体能力的关注，以补充AACD在团体领域中的不足。

人们希望团体咨询师具备良好的专业知识并认真遵守职业道德。ASGW把遵守职业道德视为团体工作的一部分，并把团体咨询师视为这种职业道德的代言人。由于团体咨询师具有要对团体成员负责并要对团体活动做出反应的职业特点，因而有必要相信他们在职业道德中有存在不足的可能。团体咨询师必须对自己行为的意图和背景给以足够的关注，因为团体咨询师在通过团体工作来影响人类行为时总是带有道德的意味。

下面这些道德指南已经用于规范团体咨询师的职业道德行为。该指南为团体咨询专业的学生和从业者制订，用于激励他们自我反思、自我检查，鼓励他们讨论遇到的问题和自己的实践活动。该指南强调在团体工作中咨询师有为团体成员提供有关小组工作的信息及相应咨询服务的责任。文献最后部分论述的是，咨询师进行专业道德实践的安全性原则及上报非道德行为的程序，并要求团体咨询师应将这些原则告知团体成员。

职业道德指南

1. 方向与提供信息

咨询师要尽可能多地把目前团体和拟建团体的情况介绍给成员，以使成员做充分的准备。

至少应提供有关以下几个方面的信息：

(1)入组程序、团体活动的时间安排、付费方法(如何会更合适)及终止程序等。这些问题应由团体咨询师根据成员的成熟程度及团体的性质与目的解释清楚。

(2)咨询师从职业角度向成员们讲明以下问题是有益的：他的执业资格，尤其是针对某些具有特殊性质和目的的团体。

(3)咨询师应告知成员医患双方各自的权利、义务和角色分配。

(4)咨询师要尽可能简明地讲明团体的目标，包括这个目标是哪方面的(咨询师、单位、父母、法律、社会等)以及团体成员在影响和确定团体目标中的作用。

(5)咨询师应和成员们探讨团体活动的经历可能会给成员的生活带来某种潜在的变化及风险，并帮助他们面对这些可能性而做好准备。

(6)咨询师应告知成员可能在团体活动中要做一些不寻常的或试验性的事情。

(7)咨询师应尽可能实际地向成员讲明在某个特定小组中，哪些服务能提供，哪些则不能。

(8)在团体中，咨询师要强调必须促进成员们全身心参与。咨询师要弄清将成为团体成员者是否在使用会影响小组活动的药物。活动期间，不允许成员使用含酒精或法律禁用的药物，还要劝阻其在活动之前也不要饮酒和使用药物(合法的或非法的)，因为使用这些物质可能会影响自己或其他成员。

(9)咨询师要弄清即将成为小组成员者是否接受过心理咨询或治疗。如果他正与其他专业人员保持着咨询关系，咨询师应建议此人将他参与团体活动之事告知其原治疗者。

(10)咨询师应清楚地告知成员，关于两次小组活动之间咨询师愿意与成员们进行探讨的原则。

(11)在确定团体咨询服务的费用时，咨询师应考虑成员的经济状况和居住地。咨询师未出席团体活动，不能向成员收费。还应讲明团体成员应对其错过的活动付费的原则。咨询师应与成员们就在指定时间内小组活动的费用问题签合约，在现有的合约期满之前，咨询师不能擅自提高收费。如果已定的收费结构不合理，咨询师应帮助成员找到一个可以接受的，费用与服务相当的价格。

2.成员的挑选

咨询师要对欲参加团体者进行挑选(当该成员适合于他们的理论倾向时)。咨询师应尽可能地选择这样的成员：他们的目标与团体的一致；他们的加入不会影响团体的进程；他们个人的健康也不会因团体经历受到危害。在挑选过程中也应包括团体治疗方向的确定。

挑选可以通过下一种或多种方式完成：

(1)个别会谈；

(2)欲参加成员的小组会谈；

(3)作为团体成员会谈的一部分内容;

(4)让欲参加者完成一份书面问卷。

3.保密性

咨询师通过明确解释保密的含义、保密为何很重要以及保密在操作中的有关困难,对团体成员进行保护。

(1)咨询师通过解释保密的含义和保密性的限度来保护成员。保密性的限度,是指当团体成员的状况明显地表示出要对自己、他人或财产形成威胁时,咨询师可采取适当的个人行动或通知有关负责部门。

(2)咨询师要强调保密的重要性,并制订一套针对所有成员隐私的保密规则。保密的重要性应在团体建立之前和活动期间反复强调,当然对保密的局限性也应讲明。

(3)应该让成员们知道在团体中,确保和执行保密规则的困难。咨询师应举些例子,让成员们知道某些隐私是如何被并无恶意地泄露出去的,以减少类似情况再次发生。咨询师还应告知成员恶意破坏保密规则的潜在后果。

(4)咨询师只保证自己不泄露所知的秘密,而对其他成员不做承诺。

(5)咨询师要给团体活动录音、录像之前应征得成员们的同意,并让他们知道这些磁带做何用途。

(6)采用单向玻璃观察时,咨询师应讲明此时保密的局限性。

(7)应该让托管团体的成员们知道咨询师应按要求上报治疗情况的程序。

(8)咨询师在保存和处置成员的记录(书面、音像)时仍需保密。

(9)无论何时,承担团体咨询课程的讲员在谈论具体案例时,都要隐去成员的真实姓名。

4.自愿或非自愿的参与

咨询师应告知成员,团体活动是自愿参加的还是非自愿参加的。

(1)无论是自愿还是非自愿团体,咨询师都应让成员们知道须遵守同样的规则。

(2)使用单向玻璃时,咨询师应遵循他所在单位制订的有关规则。

(3)对于非自愿的团体,咨询师应努力征得一部分成员的合作并在自愿的基础上坚持参加团体活动。

(4)对仅仅参加团体会谈,而没有达到小组既定目标的成员,咨询师不能认为他们已接受了团体工作。咨询师应告知成员未能参加团体活动的后果。

5.离开团体

咨询师应提供建议帮助成员以有效的方式终止治疗。

(1)如某成员过早地选择退出小组,那么咨询师和全体成员(包括刚加入的,加入前挑选阶段的,或初次参加小组活动的)讨论该成员应遵从的程序。

(2)对于受法律委托的团体咨询,咨询师应告知成员过早自动中止治疗可能会引起的后果。

(3)理想的情况是咨询师与某成员合作共同确定在何种程度上团体治疗能对该成员提供帮助。

(4)在指定时间内如成员对预期的治疗效果不满意,他最终有权决定中止治疗关系。

(5)成员有权退出团体,但要让他们知道在其决定离开之前,预先通知咨询师和其他团体成员是很重要的。咨询师要和欲离开的成员讨论过早退出可能存在的不良后果。

(6)离开团体之前(如已适于离开时),咨询师应鼓励成员在团体中谈谈他打算终止的理由。如其他成员以不当的压力迫使该成员继续留在团体中,咨询师应出面干预。

6.强迫与压力

咨询师在其职责范围内尽可能地保护成员们的权利,使成员们不受人身威胁、恐吓、强迫及不当的压力。

(1)有必要区分"治疗性压力"和"不当压力",前者是团体工作的一部分,而后者是非治疗性的。

(2)团体的目的是帮助成员们找到他们自己的答案,而不是迫使他们去做团体认为适合的事情。

(3)咨询师提供的帮助并非迫使成员向他们自己已明确表示不愿选择的方向改变。

(4)当团体其他成员使用不当压力或试图劝说另一些成员反对某人的意愿时,咨询师有义务给予干涉。

(5)当任何成员企图对他人或自己实施人身攻击或伤害行为时,咨询师应予以干涉。

(6)当某成员辱骂他人或与他人发生不当的对抗时,咨询师应予以干涉。

7.表明咨询师的价值观

咨询师应该了解自己的价值观和需要以及这些对治疗的潜在影响。

(1)尽管咨询师要避免将他们的价值观强加给团体成员,但当隐瞒这些会使成员出问题时,咨询师表明自己的信仰、决定、需要和价值观是恰当的。

(2)任何团体中都有一定的价值取向,这些价值取向要在成员加入之前就讲清楚。如,表露自己的情感,坦率、诚实地与他人分享个人资料,学会去信任,改善人际交往和自己做决定等。

(3)不能为满足团体咨询师个人或职业的需要而损害成员的利益。

(4)咨询师要避免利用团体作为自己的治疗。

(5)咨询师应了解自己的价值观和取向,并知道在多重文化的环境中如何运用它们。

(6)咨询师应提高自己的认识，即他对成员们的个人反应会影响团体的进展，并监控自己可能发生的反移情。咨询师通过提高对自己的固执和歧视态度之影响的认识（即对年龄、残疾、种族、性别、宗教和性偏好的偏见）来保护个人的权利和所有成员的尊严。

8. 公平的治疗

咨询师应努力为每个成员提供个体化和平等的治疗。

(1)咨询师应承认并尊重成员之间的差异，如文化、种族、宗教、生活方武、年龄、残疾、性别等。

(2)咨询师要清楚自己对团体成员的所作所为，并警惕因自己对某些成员的喜欢和偏袒而排斥或伤害其他成员可能导致的有害结果。咨询师可能喜欢某些成员，但所有成员都应得到公平的对待。

(3)咨询师可能通过如下手段，如要求沉默少语者参加到团体讨论中来，对其非语言交流的尝试予以鼓励等方式来确保每个成员公平使用团体的时间。同时要劝阻那些散漫的独占时间的成员。

(4)如计划建立一个较大的团体，咨询师应考虑寻找一个专业同伴共同负责领导这个团体。

9. 双重关系

团体咨询师应避免与其成员发生双重关系，因为这会损害他们客观的和职业的判断，也会危害成员全身心参与团体活动的能力。

(1)治疗期间，咨询师作为团体领导者不应滥用赋予其职业角色的权力去扩展与成员之间的个人或社会关系。

(2)在治疗期间和治疗终止之后，咨询师均不能利用与成员之间的职业关系谋求个人利益。

(3)咨询师与成员之间发生性关系是不道德的。

(4)咨询师不能以其提供的专业服务换取成员们的其他服务。

(5)咨询师不能让自己的家庭成员、亲属、雇员或私人朋友成为团体成员。

(6)咨询师要与成员们讨论在小组之外成员们之间建立亲密关系的潜在危害。

(7)学生们以参加团体活动作为学习团体咨询课程所要求的一部分，但是不能以学生参与团体活动的程度为依据去评价其学分等级。导师应把评定学分等级与学生参加团体活动分开，同时允许学生自己决定探讨什么问题和何时停止，这样的方式可以减少参加团体活动对学生们的负面影响。

(8)从某个班级（或组织机构）中选择成员进行私人咨询或做团体治疗是不恰当的。

10. 技术的应用

除非接受过针对某种技术的训练或有熟知该技术的咨询师督导，否则咨询师不能试图使用这种技术。

(1)咨询师应能清楚地说出指导其实践的理论倾向，并能提供他对团体施以专业干涉的理由。

(2)依据其对团体干预的类型，咨询师应做与其技术相应的训练。

(3)咨询师要清楚修正其技术的必要性，以能适用于不同文化、种族、群体的特殊需要。

(4)咨询师要帮助成员把他们在团体内学到的东西运用到日常生活中去。

11.发展目标

咨询师要努力帮助成员发展自己个人的目标。

(1)咨询师应用他们的技术帮助成员弄清自己的特定目标，以使组内其他成员理解目标的性质。

(2)在整个团体活动中，咨询师要帮助成员评估他们已在多大程度上实现了个人目标，并适时地帮助他们修正目标。

(3)咨询师要帮助成员弄清在特定团体的环境下其目标能在多大程度上得以实现。

12.咨询

团体咨询时应向成员们说明关于治疗间隙咨询的原则。

(1)如果某些问题最好在正式团体活动中处理的话，咨询师应使成员们清楚不把这些问题留待治疗间隙的咨询中解决。

(2)对于一些在团体活动间隙咨询中讨论的属于小组的重大问题，咨询师应促使成员们把它带到团体正式活动中去讨论。

(3)如遇到事关道德的重大问题，或足以影响其作为团体领导职能的有效发挥时，咨询师应寻求咨询或督导。

(4)对于个人问题或冲突，咨询师应寻找适当的专业帮助，因为这些问题和冲突不解决，可能会损害他们职业的判断和工作表现。

(5)咨询只有在专业咨询和出于教学目的的讨论中才可谈及具体案例。

(6)咨询师应告知成员有关咨询的内容是否要保密的原则。

13.结束团体活动

根据团体参与者的目的，咨询师应以最短的时间促进成员的成熟并结束治疗。

(1)咨询师要始终了解每一个成员的进步情况，并定期请团体成员探讨和重新评价他们在小组中的经验。及时地促进成员的独立是团体咨询师的职责。

14.评估与随访

咨询师对其所辖团体要努力做进一步的评价和随访。

(1)咨询师要认识到对终止治疗的团体继续给以评估的重要性,并帮助成员对自己的进步进行评估。

(2)在团体最后一次会谈(或倒数第二次)中,咨询师对团体总体经验要进行评估和再评估。

(3)咨询师应对自己的行为进行监控并认识到自己在小组中有哪些模范作用。

(4)随访可采用个人见面方式、电话方式或书面方式。

(5)随访会谈可采用个体、集体或兼用二者的方式,并测定以下几个方面的内容:成员实现自己目标的程度;团体对成员的影响是积极的还是消极的;成员是否从某些转诊中获益;作为反馈信息,是否有增进未来团体工作改善的可能。假如没有随访会谈,可针对需要或要求有随访的成员做一些个体随访的准备。

15.转诊

如某成员的需要未能在所提供的团体得到满足,咨询师应建议他们转诊。

(1)咨询师应熟悉协助团体成员进行专业转诊的地方社区服务资源。

(2)有需要时,咨询师应帮助成员寻求进一步的专业指导。

16.专业的提高

咨询师应认识到,不断提高和发展自己的专业知识是一个贯穿其整个职业生涯的过程。

(1)咨询师通过教学活动、临床工作和参加专业提高班等形式保持和更新自己的知识与技能。

(2)咨询师要能跟上学科研究的新发展、新成果,并把这些应用到团体工作中去。

附录2 “我的心情我做主”

——中学生情绪管理团体心理辅导方案

一、团体名称

我的心情我做主——中学生情绪管理

二、团体性质

发展性、结构式团体

三、团体目标

1. 帮助成员正确理解良好的情绪状态对个体社会生活和身心健康所具有的意义。
2. 帮助成员检省自己的情绪，了解自己的主导情绪特点。
3. 帮助成员掌握调节情绪的方法和技巧，学会管理情绪，构建愉悦心情，把团体辅导所学知识运用到日常生活中去。

四、参加对象

在校初中一年级学生

五、团体规模

普通一个班级的中学生(30～40人)

六、团体活动次数和时间

共五次，每次45分钟。每次间隔一个礼拜。

七、活动地点

学校心理辅导室

八、理论依据

(一)情绪管理理论

情绪的管理不是要去除或压制情绪，而是在觉察情绪后调整情绪的表达方式，通过一定的策略和机制，使情绪在生理活动、主观体验、表情行为等方面发生一定的变化，从而使人学会以适当的方式在适当的情境表达适当的情绪。

(二)情绪 ABC 理论

这一理论认为，正是由于一些不合理的信念才使得人们产生情绪困扰。如果这些不合理的信念一直存在于人的脑海中，还会引起情绪障碍。情绪 ABC 理论中：A 表示诱发性事件；B 表示个体针对此诱发性事件产生的一些信念，即对这件事的一些看法、解释；C 表示自己产生的情绪和行为的结果。因此，帮助个体形成良好的情绪体验，应该从改变认知，形成对事件的合理认识入手。

九、评估方式

领导者自我总结、团体成员反馈

十、各单元具体流程

第一单元：晒晒自己的心情

活动目标：

1. 活跃团体气氛，构建轻松愉悦的团体环境，建立良好的团体心理辅导关系。

2. 帮助成员检省自己的情绪，了解自己的主导情绪特点，并正确理解积极情绪对个体社会生活和身心健康所具有的意义。

活动准备：《幸福拍手歌》伴奏、卡片纸、轻松的音乐、印刷文档《三则与情绪有关的小故事》。

活动时间：45 分钟

活动步骤：

(一)热身游戏【5 分钟】

1. 全班同学打乱(不按照座位次序)围站成一圈，伴随伴奏音乐，在领导者的带领下共同演唱《幸福拍手歌》。要求大声歌唱，并且要配合歌词，做出相应的肢体动作，比如拍手和跺脚。如此反复两遍。

2. 要求成员带着快乐、幸福的心情与相邻的成员微笑并挥手致意。

(二)晒晒我的心情【10 分钟】

1. 伴随舒缓的音乐，选择舒适的姿势，成员放松肌肉，回想近一时期生活中发生的事件，并注意自己情绪上的变化。

2. 纸笔练习。

发给成员每人一张卡片，要求成员完成下列句子。

(1)最近让我感觉高兴的事情是____________。当时我的心情是____________。
现在想起这些事，我的心情是____________。

(2)最近让我感觉不高兴的事情是____________。当时我的心情是____________。现在想起这些事，我的心情是____________。

(3)每当心情好的时候，我会觉得____________。

(4)每当心情糟的时候，我会觉得____________。

(5)我的心情总是____________。

(三)交流、分享【10 分钟】

引导成员间进行交流、讨论，帮助成员了解自己的主导情绪，感受到不同情绪体验对生活、行为、健康的影响，使其认识到积极情绪的重要。

(四)领导者呈现出与情绪有关的小故事，启发成员思考。【15 分钟】

看完故事，成员自由发言，说说得到的感悟。领导者引导成员认识到自己才是情绪的主人，应该主动构建快乐心情。

(五)结束【5 分钟】

引导成员分享本次团体活动的收获和体会。领导者小结，结束团体活动。

第二单元：向消极情绪挑战

活动目标：

1. 认识消极情绪和消极情绪的不利影响，提倡积极情绪的培养。

2. 了解哪些为不合理情绪，了解自己存在的错误理念，帮助今后有针对性地进行改正。

活动准备：准备微型剧表演，准备两个情景表演。

活动时间：45 分钟

活动步骤：

(一)微型剧表演，认识消极情绪【10 分钟】

1. 微型剧

讲述的是德国著名的化学家奥斯特瓦尔德的情绪变化对一篇科学论文的影响。

旁白：有一天，德国著名的化学家奥斯特瓦尔德由于牙病，疼痛难忍，情绪很坏。他拿起一位不知名的青年寄来的稿件粗粗看了一下，觉得满纸都是奇谈怪论，顺手就把这篇论文丢进了纸篓。几天以后，他的牙痛好了，情绪也好多了，那篇论文中的一些奇谈怪论又在他脑海中闪现。于是，他急忙从纸篓里把它拣出来重读一遍，结果发现这篇论文很有科学价值。他马上写信给一科学杂志，加以推荐。这篇论文发表后轰动了学术界，该论文的作者后来获得了诺贝尔奖。可以想象，如果奥斯特瓦尔德的情绪没有很快好转，那篇闪光的科学论文的命运就将在纸篓里结束了。

2. 老师讲解

首先，我们已经知道，情绪有积极和消极之分，消极的情绪对人有不良的影响，为了避免这种影响，就需要进行调节；其次，积极的情绪也只有在适度的情况下才对人的身心健康有益。附带例子，毛泽东积极情绪和林黛玉消极情绪的作用。

毛泽东同志就是一位充满乐观态度和积极情绪的伟大领袖。请看他写下的诗句："岁岁重阳，今又重阳，战地黄花分外香。一年一度秋风劲，不似春光，胜似春光""不管风吹浪打，胜似闲庭信步"。正是这种积极的态度和情绪使他对待艰难困苦从不悲观失望，越是艰险越向前。

曹雪芹笔下的林黛玉多愁善感，郁郁寡欢，深陷孤独的泥潭而不能自拔。面对落花她伤心落泪，认为这就是她自己命运的写照，于是便去葬花。由于她长期处于哀愁忧伤的情绪之中，最终她的生命也被消极的情绪埋葬。

（二）什么是不合理情绪【15 分钟】

1.领导者向学生介绍关于消极情绪和理性情绪疗法的知识点，考虑到团体成员为初中生，领导者应该用通俗易懂的语言讲述，便于理解。

2.生活中常会有忧愁、悲伤、愤怒、紧张、焦虑、痛苦、恐惧、憎恨等消极情绪产生，这些情绪多数来源于自身存在的不合理信念。看看你的非合理信念有多少？以下便是题目及计分方式，请团员自测。

(1)一个人应该被周围的每一个人所爱与称赞。

(2)一个人必须非常能干、完美与成功，如此他才有价值。

(3)有一些人是不好的、邪恶的、卑鄙的，他们应该被责备，被处罚。

(4)期待的不能得到，或计划不能实现，是一件可怕的灾祸。

(5)任何问题都有正确、完善的解答，我们必须找到它。不然，结果是相当可怕的。

(6)历史是现实的主宰，过去的经验与事件影响现在，过去的影响是无法消除的。

(7)人应该信赖他人，尤其是信赖强者。

(8)人应该为别人的问题与困扰而感到难过。

(9)逃避困难及责任，比面对它们容易。

(10)不幸或不快乐是由外界引起的，我们无法控制。

(11)人应该时刻警惕是否有危险、可怕的事情将发生。

以上十一项，答"是"得一分，"不是"不得分。你的得分越高，说明你的非理性观念越多。在现实生活中，持有这种想法的人就越容易发生消极，总是觉得心情不舒畅。得分越低，就越不容易受这种非理性想法的困扰，情绪问题也相对较少。所以，成员们可以对照这个测试，有目的地在日常生活中修正自己的不合理理念。

3.请同学自由发言，结合自身谈谈自己先前存在的不合理的信念，由此发生过哪些原本可以避免的事件，与同学分享。也可以畅谈通过老师讲解，自己对不合理信念的认识。

（三）角色扮演【17 分钟】

教师结合该班学生目前存在的一些消极情绪，准备好两个情景表演，请同学认真扮演。请团员在观看完表演后，需解决下面问题：

(1)角色扮演体现的是什么消极情绪?

(2)团员讨论如何调节和控制这两种消极情绪。

(3)教师参加学生的讨论,体会学生的心理感受。

(4)学生倾诉这两种情绪给自身带来的苦恼以及自我调节的做法。

(5)教师提供这两种情绪自控的参考意见。

情景一:随着中考时间的临近,A 同学常常出现着急、烦躁和不安的感觉。她为她的功课达不到她的目标而着急,她有时因为忘记了该记住的知识而心烦意乱,她有时对自己的中考结果忧心忡忡。

附:考试焦虑自消术

消除一些消极的自我意识。“自贬”:总认为自己笨、弱、不行;“求全”:认为自己应该十全十美;“他贬”:总担心自己被别人瞧不起;“以偏概全”:一次考不好,就认为自己再也考不好了;“主观臆想”:自己预言自己要失败。

自我设定的考试目标要有一定的弹性。

正确认识因考试带来的紧张。轻度的紧张有助于学习效率的提高,过度的紧张则需有意识地自我调节。

用自我质辩法来分析考试失败可能带来的后果,消除自惊自吓的错误心态。

学会松弛精神:深呼吸(胸腹式呼吸法)、冥想法、体育运动、听轻音乐等。

情景二:我总是学不好数学,上数学课我怕老师提问我,我觉得我的脑子里好像就没有数学细胞一样,我准备放弃数学。

附:自卑情绪的自我解脱法

正视自卑:自卑感人皆有之,只是程度不同而已,有了自卑感千万不可自暴自弃。

善于补偿:自卑感不一定都是坏事,只要善于自我补偿,可能成为激发斗志的动力。

扬长补短:任何人都不是十全十美的,他们有长处也有短处,要善于扬长补短。

树立信心:要正确地认识自我,客观地评价自我,尤其要坚信自己有巨大的潜能可以发掘。

(四)结束【3 分钟】

引导成员分享本次团体活动的收获和体会。领导者小结,结束团体活动。

第三单元:怒也可遏

活动目标:

1. 帮助成员了解愤怒对人行为、身心的影响。

2. 帮助成员学会宣泄、表达愤怒的方法,掌握控制愤怒的有效策略。

活动准备:准备好情景剧表演,选好演员,排练到位。

活动时间:45 分钟

活动步骤:

(一)情景表演【15 分钟】

1. 请两位同学表演情景剧,内容如下:两位同学进教学楼时不小心相撞,但互不相让,话不投机,发生争吵,导致双方情绪越来越激动,越来越愤怒,发生了肢体冲突。

2. 将团员五人一组分组。分组讨论,如果你遇到这样的事情,你会做出什么反应?为什么会出现不可控制的局面?剧中哪些话语是应该避免的?

3. 要求每组派两名同学情景重现,呈现小组讨论结果,怎么才是最合适的处理问题的方式。

4. 领导者总结:生活中懂得如何压制自己不良情绪可以避免很多不必要的矛盾出现,可以赢得大家的尊重。懂得尊重他人,别人才会礼让你!

(二)回忆我的愤怒【15 分钟】

1. 请团员写出自己曾经历过的愤怒事件,以及当时自己的心情、生理反应、行为、后果、事后自己的感受。

2. 分享讨论。成员间交流自己所写内容,并且思考两个问题。

(1)是否应该表达愤怒?

(2)应该怎样表达愤怒?

(三)制怒法宝【10 分钟】

1. 小组成员代表发言,提出控制愤怒等不良情绪的策略,其他成员认真倾听。

2. 领导者带领成员对各种方法的可行性进行鉴别,归纳、整理控制情绪的有效策略。提出以下可供参考的简单小策略:

(1)数数。数数字,慢慢数,一直数到不发火。有人说数数字数到 60 的时候,一般有火也就发不起来了。试一试,数到 60。

(2)上厕所。预感到要发怒了,不管有没有大小便的便意,去厕所,蹲 20 分钟,过后,心态平和。虽然不雅,不妨一试。

(3)喝水。一旦感觉自己情绪不佳,就喝口水缓解下,也是转移注意力。

(4)再就是理性控制,锻炼自己的自控能力。

(四)结束【5 分钟】

领导者总结本次活动,巩固本次团体辅导的效果,并且引导成员分享本次团体活动的收获和体会。领导者引导成员在课外多探讨控制和管理愤怒的策略、方法。

第四单元:构造自己的快乐

活动目标:

1.帮助成员掌握调节情绪的方法和技巧,学会管理情绪,构建愉悦心情。

2.帮助成员懂得自己才是情绪的主人。只要转换视角,善于发现,一定会发现生活中的快乐元素。

活动准备:小镜子、歌曲伴奏《快乐你懂得》。

活动时间:45 分钟

活动步骤:

(一)镜中人【15 分钟】

1.成员两人一组,一人扮演照镜子的人,要做出各种快乐的表情。一人扮演镜中成像,要模仿对方的样子。一轮表演完成后,双方互换角色。

2.分享讨论

(1)扮演镜中人,模仿别人的表情时,自己是否也有情绪变化?

(2)通过这个练习,你感悟到了什么?

(二)我有多快乐【15 分钟】

1.每个成员都要说出几件使自己感觉快乐的事情,越多越好。

2.成员合作,共同探讨生活中还有哪些时候或事情可以使我们快乐。

(三)快乐密码【10 分钟】

1.成员分别向大家介绍自己保持快乐心情的方法。

2.成员讨论、鉴别各种方法的可行性。

3.领导者总结成员的讨论结果,向大家推荐保持快乐的策略和技巧。

下面是可供参考的保持快乐情绪的小诀窍:

(1)每天对着镜子努力地笑一下。如果发现自己的表情很难看,那一定会情不自禁地笑出来,心情马上就会好一点。

(2)每星期选择一天,穿一身色彩亮丽、明快的衣服。

(3)和志同道合的朋友聊天,聊八卦。

(4)认认真真交一个笔友。

(5)和朋友、家人偶尔散步。

(6)喜欢涂鸦,不管画得如何。

(7)热爱一项运动,经常去锻炼。

(8)偶尔发呆,一个人安静地待着。

(9)在洗澡时试着唱歌。

(10)培养喜欢看书的习惯。

(11)经常参加团体活动。

(12)保持好胃口,有充足睡眠。

(四)结束【5 分钟】

引导成员分享本次团体活动的收获和体会;对成员表达祝愿,希望其每天都有好心情。本次团体辅导课在《快乐你懂得》歌曲中结束。

第五单元:笑迎未来

活动目标:

1. 总结这段时期的收获，分享其他成员的经验,从中受益。

2. 了解成员在团体辅导后的进步与改善,讨论成果,彼此反馈,结束团体。

活动准备:卡片、音乐。

活动时间:45 分钟

活动步骤:

(一)我们大家都来说【15 分钟】

团员围坐成一个圈,依次轮流发言。领导者要求成员用几句话来表达对参加团体辅导的感受,对团体辅导的满意程度和意见。

(二)笑迎未来【15 分钟】

大家仍旧围坐一圈,成员自觉当主角,大家讨论他现在与刚参加团体辅导前的区别,参加团体后有哪些方面的改变。然后请他自己说说感受。尽量多些成员参与到担当主角中来。

(三)畅想未来【15 分钟】

在轻柔的音乐声中,领导者给每个成员发一张卡片,在卡片顶端写上“对××(自己姓名)的祝福”,然后每个人都将自己的卡片传给坐在自己右手边的成员,请他们写下对自己的祝福和意见,每个人依次往下传。每个成员都写下对其他成员的祝福,每个成员都能收到来自其他成员的祝福。满怀着感恩与期待结束本次团体辅导。

附录3　认识你自己

——大学生自我探索团体

一、团体名称

认识你自己——大学生自我探索团体

二、团体目标

1.协助成员认识自己，了解自己各方面的特质、能力等。
2.协助成员接纳与欣赏自己，实现自我成长。
3.协助成员学习如何与集体成员增进相互了解，接受自己和他人的独特性。

三、团体性质

成长性、同质性、高结构式团体

四、领导者要求

初步掌握社会心理学、发展心理学、心理辅导主要理论，熟练掌握团体辅导技能，有一定团体辅导工作经验的年级心理辅导员、心理专职教师。

五、团体对象

大一至大三学生24人

六、招募方式

公开招募。

七、时间频率与次数

每周一次，共计六次团体，每次60分钟。

八、地点

团体辅导功能室

九、主要理论及应用

自我概念是关于自己的特长、能力、外表和社会接受性方面的态度、情感和知识的自我知觉。它是一个多维度、多层次的复杂的结构系统，其形成是一个长期复杂的过程，受到扮演的社会角色，在长期生活经验中形成的社会同一性，与别人的比较，获得的成功与失败经验，其他人的评价以及周围的文化等因素的影响。人们的自我概念组织他们如何感知、回忆和评价他人和自己，并回忆过去，评估现在，计划未来，以此为依据做出适应性的行为。

而事实上，人们对自我的认识一般存在一定的缺陷或盲点。大学生处于身心发展关键期，对自我认识存在一定的偏差和固着，并以此为基础来选择学习模式和生活方向。在积极的团体情境中，让学生体验接纳与欣赏自己，了解个体的差异性与独特性，并认识到个人的特质与发展潜能，这有助于大学生调整自我认识，以积极的态度重新评估自己，勇敢面对发展中的困难，从而为成长注入新的发展动力，实现个人成长成才。

十、单元设计大纲

次数	单元名称	单元目标	活动流程及内容
一	认识你真好	1. 领导者与成员、成员之间相互熟悉 2. 成员了解团体目标与进行方式 3. 领导者与成员共同制订团体规范	1. 暖身：大树与松鼠 2. 分组 3. 滚雪球 4. 我的团体我做主 5. 小结
二	挖掘我的特质	1. 增进成员间的凝聚力 2. 让成员认识自己所拥有的特质 3. 协助成员了解特质对自己的影响 4. 协助成员了解自己在他人眼中的特质	1. 诺亚方舟 2. 我就是我 3. 他人眼中的我 4. 小结
三	认识我的能力	1. 协助成员了解自己的能力 2. 协助成员肯定自己的能力	1. 我最得意的事 2. 我很棒 3. 小结
四	寻找失落的一角	1. 成员能了解自己本身所拥有的资源 2. 成员能明白自己想追求什么东西来成就自己 3. 成员能接纳自己的缺陷	1. 暖身：Seven Up 2. 寻找自己 3. 小结
五	我的生命旅程	1. 协助成员回顾过去 2. 协助成员呈现自己的生命故事 3. 协助成员分享自己对未来的期待	1. 暖身：记忆大考验 2. 我的生命旅程 3. 小结
六	心花朵朵开	1. 协助成员回忆团体的经验 2. 协助成员彼此回馈 3. 协助成员对团体做具体的评价	1. 暖身：赞美花絮 2. 我的心花 3. 总结

十一、分次单元设计及单元中使用的书面材料

认识你自己——大学生自我探索 团体辅导活动方案 第 一 次

单元名称:认识你真好	活动地点:团体辅导功能室	所需时间:60分钟	
单元目标:1.领导者与成员、成员之间相互熟悉 2.成员了解团体目标与进行方式 3.领导者与成员共同制订团体规范			
活动名称	活动流程	注意事项	所需时间
一、暖身:大树与松鼠	1.事先分组,三人一组。二人扮大树,面对对方,伸出双手搭成一个圆圈;一人扮松鼠,并站在圆圈中间;领导者和余下学员担任临时人员 2.领导者喊"松鼠",大树不动,扮演"松鼠"的人就必须离开原来的大树,重新选择其他的大树。领导者或其他人员就临时扮演松鼠并插到大树当中。落单的人说明原因 3.领导者喊"大树",松鼠不动,扮演"大树"的人就必须离开原先的同伴重新组合成一对大树,并圈住松鼠。领导者或临时人员扮演大树。落单的人说明原因 4.领导者喊"地震",扮演大树和松鼠的人全部打散并重新组合,扮演大树的人也可扮演松鼠,扮演松鼠的也可扮演大树。领导者或其他没成对的人亦插入队伍当中。落单的人说明原因		10~15分钟
二、分组	1.领导者问以下问题:早上穿鞋时,先穿左边的鞋还是先穿右边的鞋 2.先穿左脚的站左边,先穿右脚的站右边,记不清的站中间 3.以此种办法将团员分成三组 4.分组后,领导者简要介绍团体的性质和目标		15分钟
三、滚雪球	每个人介绍自己的姓名、学院和爱好。如,张三介绍自己:"我是来自文学院,爱好看书的张三。"下一位成员介绍时必须说:"我是来自文学院,爱好看书的张三旁边的来自汽机学院,爱好打篮球的李四。"以此类推,最后,领导者请各组推荐一名代表介绍本组成员,包括姓名、学院、爱好		20分钟

续表

活动名称	活动流程	注意事项	所需时间
四、我的团体我做主	1. 领导者说明制订团体规范的目的和意义 2. 每位成员轮流说出想到的团体规范，领导者询问其他成员是否同意，同意则用手在头上比“○”，不同意比“×”。成员都同意的规范就写在海报之上 3. 小组成员内部讨论：如果我违反规范，该如何处理 4. 对以上规范都同意的成员签上自己的名字		5～10分钟
五、小结	1. 领导者回顾今天的团体，并再次强调团体规范的重要性 2. 领导者邀请成员伸出小拇指，然后让所有人的小指勾在一起，表示愿意遵守今天所制订的团体规范 3. 布置作业：当场完成参加本次团体的感受		5分钟

认识你自己——大学生自我探索 团体辅导活动方案 第 二 次

单元名称：挖掘我的特质	活动地点：团体辅导功能室	所需时间：65分钟
单元目标：1. 增进成员间的凝聚力 2. 让成员认识自己所拥有的特质 3. 协助成员了解特质对自己的影响 4. 协助成员了解自己在他人眼中的特质		

活动名称	活动流程	注意事项	所需时间
一、诺亚方舟	1. 领导者关心成员上一周的生活情况 2. 领导者询问成员是否听过诺亚方舟的故事，然后简述诺亚方舟的故事 3. 领导者说明诺亚方舟的游戏规则：先请团体所有人选出一只代表自己的动物，然后由领导者先当诺亚，抽出领导者的椅子。当诺亚的人要一边绕着圈子，一边说：“我是诺亚，我要带××（动物的名称）。”被叫的代表动物的人要跟在诺亚的背后一起绕圈子，等到当诺亚的人不想再带动物的时候，就喊：“船沉了！”然后所有的人就要开始抢位子，没有抢到位子的人就当下一回合的诺亚		15分钟

续表

活动名称	活动流程	注意事项	所需时间
二、我就是我	1.领导者以每人所选择的代表自己的动物引入主题:“你为什么选它呢?想想看,你跟它有什么相似的地方?” 2.发下心形纸片(每人 8 张),让成员以附件 2-1 为参考,在心形纸片上写出自己所拥有的特质 3.让成员把写好的心形纸片用双面胶贴在身上 4.请成员分享贴在身上的 3 个最能代表自己的特质,说明这三个特质对自己生活的影响 附件 2-1:心形特质图		25 分钟
三、他人眼中的我	1.领导者请成员谈谈:他人眼中的我具有什么样的特质 2.领导者请团员思考:他们眼中的我与我是否有差异?为什么会存在这些差异		20 分钟
四、小结	1.领导者总结今天的团体,说明特质并无好坏之分,但需了解这些特质对自己的影响。多探索自己所拥有的特质,对自己也就能有更多的了解 2.所有人伸出大拇指,并相互将大拇指靠在一起,结束这次团体 3.布置作业:当场完成参加本次团体的感受		5 分钟

认识你自己——大学生自我探索 团体辅导活动方案 第 三 次

单元名称：认识我的能力	活动地点：团体辅导功能室		所需时间：60分钟
单元目标：1.协助成员了解自己的能力 2.协助成员肯定自己的能力			
活动名称	**活动流程**	**注意事项**	**所需时间**
一、我最得意的事	1.领导者回顾上次团体，关注成员第三次进入团体的心情 2.邀请成员说出一件从小到大最得意的事		15分钟
二、我很棒	1.领导者引入主题：从大家分享的最得意的事情中，可以发现每个人都有很棒的能力。这些能力或许不是最拔尖、最突出的，却让我们更喜欢自己，也让我们的生活更愉快。今天就让我们多发现、挖掘自己现有或隐藏的能力 2.领导者发放附件资料，并说明如何填写 3.让成员思考自己所拥有的能力后，填写活动单 4.请成员分享：活动单有哪些项是得了4分以上的分数？为什么会给这几项能力很高的分数？哪些能力是你目前没有拥有，但是想要拥有的？你会做哪些努力去拥有这些能力	附件： 自我能力评量表	40分钟
三、小结	1.领导者总结，指出会读书、考试并不代表能力就一定很好，能力是包含很多不同的方面的。多多了解自己所具备或潜藏的能力，你会更喜欢自己。未来甚至可以发挥自己的能力，开创属于自己的天空 2.布置作业：当场完成参加本次团体的感受		5分钟

认识你自己——大学生自我探索 团体辅导活动方案 第 四 次

单元名称：寻找失落的一角	活动地点：团体辅导功能室	所需时间：60分钟
单元目标：1.成员能了解自己本身所拥有的资源 2.成员能明白自己想追求什么东西来成就自己 3.成员能接纳自己的缺陷		

活动名称	活动流程	注意事项	所需时间
一、暖身：Seven Up	1.领导者回顾前一次团体，并说明今天活动的进行 2.将学员按上个单元的分组进行竞赛 3.使用横排轮流的方式，每一位同学轮到时坐着说出自己轮到的数字，但在轮到数字有7或是数字为7的倍数时，该位同学必须站起拍手，且不可说出此数字 4.进行比赛，直至时间停止，并奖励优胜组别		10分钟
二、寻找自己	1.领导者发下缺一角的圆形图片，每个成员一个，颜色各不相同 2.领导者示范与说明此圆形图片的用途。请成员在圆形纸片上写下自己目前所拥有的资源 3.领导者发下缺一角的圆形图片，并且说明在这种纸片上写下他最想拥有的东西 4.请成员分享自己的成品：本身所拥有的资源是什么？想追求什么让自己的生活更趋于完满？你做了什么努力追求自己想要的东西？得不到的时候，你该如何面对 5.领导者整理成员所分享的内容		35分钟
三、小结	1.领导者与成员分享“失落的一角”的故事，放“失落的一角”动画视频 2.领导者鼓励成员勇敢追求自己想要的东西，并成为自己想要成为的人，但也不要忘记看看自己所拥有的资源，并且尝试接纳自己的缺陷 3.预告下次的团体 4.布置作业：当场完成参加本次团体的感受		15分钟

认识你自己——大学生自我探索 团体辅导活动方案 第 五 次

单元名称:我的生命旅程	活动地点:团体辅导功能室		所需时间:60分钟
单元目标:1.协助成员回顾过去 2.协助成员呈现自己的生命故事 3.协助成员分享自己对未来的期待			
活动名称	活动流程	注意事项	所需时间
一、暖身:记忆大考验	1.领导者回顾前一次团体,并说明今天活动的进行 2.领导者说明本活动的进行方式,一是要透过机智问答的方式,考考成员对前几次团体内容是否还记得;二是答对最多的成员将获得奖品 3.先帮助成员回想前几次的团体,才开始活动		10分钟
二、我的生命旅程	1.领导者给每位成员发下一张白纸 2.领导者说明绘画生命线的要求:以一根线代表自己的整个人生,从出生到死亡,标出自己目前所在的阶段;在此之前经历了哪些对自己来说重要或印象深刻的事情,对自己有什么影响,希望在以后的未来(30岁时、40岁时、60岁时)自己成为什么样子,这些均可以用任何符号、图画来表达 3.请团员分享自己的作品 4.领导者整理成员所分享的内容		35分钟
三、小结	1.请成员手牵手靠近,围成一个紧密的圆 2.每位成员用一句话分享今天团体的心情 3.领导者鼓励成员接纳自己的已走过的生命旅程,无论好坏。了解生命是多变的,鼓励成员用弹性的空间面对自己的未来 4.布置作业:当场完成参加本次团体的感受。制作个人名片,简洁明了即可		15分钟

认识你自己——大学生自我探索 团体辅导活动方案　　第 六 次

单元名称:心花朵朵开	活动地点:团体辅导功能室		所需时间:60 分钟
单元目标:1.协助成员回忆团体的经验 2.协助成员给彼此回馈 3.协助成员对团体做具体的评价			
活动名称	活动流程	注意事项	所需时间
一、暖身:赞美花絮	1.领导者告之此为最后一次团体 2.领导者帮助成员回顾上一次的团体内容		10 分钟
二、我的心花	1.领导者说明本活动的进行方式:每个人手中都会拿到 6～8 片花瓣和两个圆形纸张 2.请成员在花瓣上写下对每个团员的回馈 3.请成员交换彼此的花瓣 4.将所有的花瓣与圆形纸组合成一朵花的形状 5.请成员分享彼此所拥有的花朵		25 分钟
三、总结	1.领导者请成员用一句话来描述今天团体进行的心情 2.布置作业:当场完成参加本次团体的感受 3.发放团体回馈单请成员填写 4.互赠名片 5.结束团体		25 分钟

附录4 “明明很爱你 明明想靠近”

——夫妻关系问题协调团体心理辅导方案

一、团体性质与团体名称

团体性质：结构性、治疗性团体

团体名称：明明很爱你 明明想靠近

二、团体目标

（一）总目标

无论婚前的情侣是怎样地相爱，无论婚后的夫妻出现过怎样的争论与不快，既然他们能够走在一起，组成一个家庭，都是抱着能相互扶持走一辈子的愿望的。本方案针对那些在婚姻关系中出现问题的夫妻，让他们通过对自己、对配偶、对夫妻关系的正确认识，来解决在其婚姻中出现的状况，学会如何缓解矛盾，如何走向幸福的婚姻。

（二）具体目标

1.促进成员能够进入到团体讨论中，从讨论中增加彼此的了解。

2.通过活动使团体成员能够实现对自己在婚姻关系中角色的认知，同时能够正确地认识婚姻。

3.通过心理剧等活动使团体成员掌握一些处理婚姻关系的技巧。

4.在能够正确认识自己、认识配偶、认识婚姻的基础之上，使团体成员能够领悟婚姻问题的缓解方式。

三、团体对象与招募方式

团体对象：十对在婚姻中出现问题的夫妻。

招募方式：在海报和网站公布信息。

四、团体规模

十对夫妻，共20人。

五、团体活动时间

本次团体活动共分为五次进行，除第四次活动60分钟外，其他活动均为45分钟。

六、团体活动的地点

室内教室一间，教室外要有一个宽敞、安全的空地。

七、理论基础

（一）社会学习理论

班杜拉认为，人的行为，特别是人的复杂行为主要是后天习得的。行为的习得既受遗传因素和生理因素的制约，又受后天经验环境的影响。生理因素的影响和后天经验的影响在决定行为上微妙地交织在一起，很难将两者分开。班杜拉认为行为习得有两种不同的过程：一种是通过直接经验获得行为反应模式的过程，班杜拉把这种行为习得过程称为“通过反应的结果所进行的学习”，即我们所说的直接经验的学习；另一种是通过观察示范者的行为而习得行为的过程，班杜拉将它称之为“通过示范所进行的学习”，即我们所说的间接经验的学习。

班杜拉的社会学习理论所强调的是这种观察学习或模仿学习。在观察学习的过程中，人们获得了示范活动的象征性表象，并引导适当的操作。观察学习的全过程由四个阶段（或四个子过程）构成。注意过程是观察学习的起始环节，在注意过程中，示范者行动本身的特征、观察者本人的认知特征以及观察者和示范者之间的关系等诸多因素影响着学习的效果。在观察学习的保持阶段，示范者虽然不再出现，但他的行为仍给观察者以影响。要使示范行为在记忆中保持，需要把示范行为以符号的形式表象化。通过符号这一媒介，短暂的榜样示范就能够被保持在长时记忆中。观察学习的第三个阶段是把记忆中的符号和表象转换成适当的行为，即再现以前所观察到的示范行为。这一过程涉及运动再生的认知组织和根据信息反馈对行为的调整等一系列认知的和行为的操作。能够再现示范行为之后，观察学习者（或模仿者）是否能够经常表现出示范行为要受到行为结果因素的影响。行为结果包括外部强化、自我强化和替代性强化。班杜拉把这三种强化作用看成是学习者再现示范行为的动机力量。

（二）交互分析理论

交互作用分析（transactional analysis），交互作用（语言、动作或非语言信号的交换）可以是互补式的或非互补式的。在公开交互作用中，如果发出者和接受者的心态在回答中仅是方向相反，则交互作用是互补式的。

每个人往往会展现四种生活定位。在童年时代的早期，每个人都会形成一种与人交往的主要方式。这种人生观往往与人共伴一生，除非经历了重大的变故才会改变。因此，它叫生活定位（life position）。虽然一种生活定位往往会支配着一个人的交互作用方式，但是在特定的交互作用中，其他立场也会不时地展现出来。也就是说，一种生活定位居统治地位，但并非是所采取的唯一的生活定位。生活定位产生于两种观点的结合。首先，人是如何看待自己的？其次，总的来说，他们是如何看待其他人的？对每一问题的肯定回答（好）或否定回答（不好）间的组合，导致了四种可能的生活定位。

理想的定位，同时也是在成人对成人的交互作用中最可能有的定位是“我好—你好”。它表现了有益的自我接受和对他人的尊重，最可能导致建设性的沟通、有益的冲突和彼此满意的正视结果。其他三种生活定位在心理上不够成熟，也不太有效。很重要的一点是，无论现在的生活定位是什么，“我好—你好”的定位是可以学会的，希望社会能由此改进人际交互作用。

八、活动步骤

本次团体活动共分为三个阶段：开始阶段、中间阶段和结束阶段，遵循的步骤是：放松——信任——认识自我与配偶——解决实际问题——告别。

团体活动开始阶段，本阶段共一次活动单元，用时 45 分钟。

进入到一个新的团体，每组夫妻面对的都是陌生人，团体之间的成员在初次见面后能否形成凝聚力，直接关系到团体凝聚力的形成。因此，在团体的第一次活动中，主要是为了缓解成员间的紧张感，使得成员能够形成初步的认识，有助于在以后的活动中成员间能够相互配合、支持与协作。

指导语：大家好，我是本次团体活动的领导者，旁边的是我们这次活动的成员，他们分别是……我们这次活动的主要目的是希望在这里的每一对夫妻，都能够对自己、对另一半以及对自己的婚姻关系形成一个正确的认识，同时能够将在我们这次团体辅导过程中领悟到的一些东西运用到自己的婚姻中，也使得我们大家都能够获得婚姻中的幸福。在我们的活动开始之前，我想向大家说一下我们的要求，那就是保密原则。作为组织者呢，我们一定不会将大家在这次辅导中的信息向他人透露。同时，作为参与者的你们，我想你们也应该保守他人的秘密，不要向他人透露。那么，现在我们就开始这次的团体辅导吧。

序列	活动名称	活动目标	活动内容	活动时间
活动一	爱的抱抱	让成员通过简单的游戏，能够放松自己，激活活动的氛围	团体成员跟着音乐按顺时针方向开始行走，在行走过程中，由组织者说出数字，说出的数字是几，就要有几对夫妻迅速地抱在一起，多余的那对夫妻就为失败，由其表演节目。活动先由领导者做示范	10 分钟

续表

序列	活动名称	活动目标	活动内容	活动时间
活动二	最佳拍档	让成员形成团体内的初步认识,并能够对某些夫妻形成印象深刻的认识	准备:十张颜色不同的彩纸,每张彩纸都被剪成两半,裁剪方式随意,可是长方形,也可是不规则图形 规则:对裁好的彩色纸由团体成员(以夫妻为单位)自由抽取。然后,成员必须找到自己同色与形状相匹配的另一半。找到后,将色纸贴在硬纸板上,并在彩色纸上写上两对夫妻的名字,两队夫妻自由交谈五分钟,互相认识。然后,全体成员围圈坐下,每一对轮流向大家介绍对方,使团体中每个人都能认识	15 分钟
活动三	滚雪球	让成员通过此项活动能够增加对团体成员的认识,同时培养夫妻间的凝聚力	十对夫妻围坐成一个圆,从第一对夫妻开始介绍自己(包括夫妻双方的姓名、夫妻双方第一次见面的地方),顺时针方向开始展开活动。第二对夫妻要重复前一对夫妻的信息,第三对要重复前两对夫妻的信息	15 分钟
活动四	相约再见	为本次活动结束做总结,为下次活动给予期待	团体成员手牵手围成一圈,互说再见,约定下次见面	5 分钟

团体活动的中间阶段,本阶段共三个单元,前两个单元用时 45 分钟,最后一个单元用时 60 分钟。

单元一:信任之旅

人与人之间需要理解,需要沟通,建立相互信任的关系,这样才能彼此接纳。“分享的喜悦是加倍的,分担的痛苦是减半的”,普通的人际关系是如此,良好的夫妻关系更是建立在一种相互信任的基础之上的。需要进入团体内的成员在初步相识后,进一步地相互接触,相互了解,以逐渐建立信任的关系;相互接纳,减少防卫心理。通过活动可以增加夫妻间的相互了解,重新建立起夫妻间的信任感。

序列	活动名称	活动目标	活动内容	活动时间
活动一	手牵手	通过夫妻间的相互协助，能够建立夫妻间的信任感	每对夫妻一组，一位做盲人，一位做引路人。“盲人”蒙上眼睛，原地转3圈，暂时失去方向感，然后在引路人的搀扶下，沿着领导者选定的路线，绕室内外活动。其间不能讲话，只能用手势、动作帮助“盲人”体验各种感觉，然后互换角色再次进行一遍	30分钟
活动二	信的沟通	在相互交流活动经验的基础上，领悟夫妻间信任的力量。夫妻对其间的信任度有初步的认识，能够在活动后提升对彼此的信任	1.在活动结束后，每对夫妻都相互交流自己做“盲人”和引路人的感想 2.团体成员围坐一圈，相互交流活动后的感想	15分钟

单元二：认识之旅

要建立良好的夫妻关系，前提是必须先了解自己，接纳另一半，进而形成正确的婚姻观。

序列	活动名称	活动目标	活动内容	活动时间
活动一	我是谁	认识并接纳自我，认识并接纳独特的另一半	1.每个人选择一些能反映个人风格的语句。然后开始边思考边在纸上写出“我是谁”这个问题，至少写出10个 2.写完后每对夫妻间相互读出自己的内容	15分钟
活动二	戴高帽	在认识另一半的过程中，也从另一方面看到自己的闪光点	1.每对夫妻均要面对面，手牵手互相看着对方真诚地说出，在自己眼中对方的10个优点 2.每对夫妻活动结束后，相互表达自己的感想	15分钟

续表

序列	活动名称	活动目标	活动内容	活动时间
活动三	这是我们的未来	使夫妻间能够从彼此的关于未来的图画中，认识自己现有的婚姻状态	1. 每个人都在白纸上画出自己所想象中的完美婚姻生活 2. 画完后，按照顺时针方向，每个人都对自己的画进行描述，并说出这样画的原因	15 分钟

单元三：面对问题、解决问题

序列	活动名称	活动目标	活动内容	活动时间
活动一	我们的烦恼	使每个成员对自己婚姻中存在的问题进行思考。同时，在帮助别人解决问题的过程中换位思考，领悟解决婚姻矛盾的方法	1. 每个人都在纸上写出自己婚姻中存在的问题，然后将这些问题装进信封里，并在信封上做出自己认得的记号 2. 组织者将所有信封收起来，再发放到其他每个组员的手中。拿到他人问题的人，要切身实处地写出解决这种问题的方法 3. 组织者将这些信封收齐，再随意发放到其他人手中，并由其将问题与解决方案读出来（每个人读的不应是自己写的） 4. 活动最后结束后，可以将这些信封归还给写问题者	20 分钟
活动二	我们都是主演	通过心理剧的方法针对组织者提供的四个现实存在于夫妻间的问题，让每对夫妻对自己解决矛盾的方式有一定的认识，同时掌握正确处理婚姻矛盾的方法	1. 在自然的原则下，由四对夫妻出演心理剧 2. 四对夫妻抽签选择四种夫妻问题，并针对此主题进行自我创新表演 3. 每组表演结束后，十对夫妻都针对这种问题以及心理剧中的处理方法发表自己的意见	30 分钟

续表

序列	活动名称	活动目标	活动内容	活动时间
活动三	回顾烦恼	在总结解决问题方式的基础上，使成员能够意识到自己婚姻中存在矛盾的原因，体会到夫妻双方的努力，以及解决矛盾的方式	1. 让每个成员再次回顾在本单元活动中所写的烦恼，思考这些烦恼存在的真正原因 2. 组织者对本单元活动的技巧进行总结	10 分钟

团体活动的结束阶段，本阶段共一个活动单元，用时 45 分钟。

序列	活动名称	活动目标	活动内容	活动时间
活动一	我们的回忆	让团体成员能够回顾在整个团体活动中所得到的东西，并能够得以运用	每个成员都在心形卡片上写出对自己的认识，对另一半的认识及赞美，对未来婚姻的期望。在互相赞美的过程中手牵手，彼此看着对方的眼睛	20 分钟
活动二	走向幸福	使团体成员能够在一个轻松的氛围中意识到本次团体辅导的结束，并能领悟到一系列辅导单元中的收获，互相告别	1. 团体成员手牵手围成一个圈，跟着音乐按照顺时针的方向说出自己在这次活动中的感想，并将心形卡片送给另一半 2. 由组织者对整个活动进行总结，送出对大家的祝福	25 分钟

附录5　参考答案

第一章

第一节

1. 相对于个体心理辅导，团体心理辅导的基本特征是影响广、效率高、效果持久。

2. 教育功能、发展功能、预防功能、矫正和治疗功能。

3. 教育团体、讨论团体、任务团体、成长和体验团体、咨询与治疗团体、支持团体、自助团体。

第三节

1. 不同于一般的团体活动；团体心理辅导可以更快导致积极改变的发生。

2. 团体辅导的目标可分为一般目标、特定目标以及过程目标。

3. 保密原则、民主原则、专业原则、共同原则、启发引导原则、发展原则、综合原则。

判断题：1. ×　2. √　3. √　4. ×

选择题：1. B　2. D　3. C　4. ABCD　5. ABD　6. ABCD

第二章

第一节

1. 要把团体作为一种心理学的有机整体，并在这种整体水平上探求团体行为或人的社会行为的潜在动力。

2. 强调理论意义上的经验研究，注重研究对象的动力关系和相互依存关系、多学科的交叉研究，把研究成果应用于社会实践的潜能。

3. 团体内聚力、团体压力与团体标准、个人动机和团体目标、领导与团体性能、团体的结构性。

第二节

1. 就是通过分析人们相互之间刺激与反应的表现去观察并了解人们，以发现不同的人格状态。

2. 人格的三我说、生活态度说、交往分析说、生活原稿说等。

3. 互补的交互作用、交叉的交互作用和隐含的交互作用。

第三节

1. 四个子过程，分别是：注意过程、保持过程、动作再现过程、动机过程。

2. 指人依靠信息反馈进行自我评价和调节并以自己确定的奖励来加强和维持自己行为的过程。

3. 没有注意有关活动，记忆中无动作观念，没有能力去操作或没有足够的动力。

第四节

1. 符号系统是人际沟通的工具。可以把符号系统划分为语言符号系统和非语言符号系统。

2. 要有发出信息的人，即信息源；要有信息；要有信息渠道；要有接收者、反馈、障碍、环境。

3. 地位障碍、组织结构障碍、文化障碍、个性障碍、社会心理障碍。

判断题：1. √　2. √　3. ×　4. ×

判断题：1. ABC　2. ABCD　3. C　4. ABCD　5. B

第三章

第一节

1. 团体领导者则是指在团体发展过程中负责带领和引导团体走向一定目标的人，是对于团体成员和团体具有影响力的人。

2. 领导行为分为关系导向和任务导向两类。任务导向的领导行为是指引发任务完成，制定规范，督导沟通及减除目标模糊的行为。关系导向行为是指能够在团体中维持正向的人际关系的行为。比如，建立友谊，相互信任，开放性和解释动机的意愿等。

3. 常用的领导行为有介入指导型、契约管理型、支持同理型、澄清引导型、认知教育型。

第二节

1. 相符合的人格特质；扎实的理论知识；充分了解团体辅导的技巧和方法；丰富的经验；遵守专业伦理道德。

2. (1)有良好的意愿，真诚对待他人，尊重他人，信任他人；(2)有能力并且能够与人分忧，与人共乐，以开放的态度对待团体成员；(3)认识自己，接纳自己，帮助成员发现个人的能力，学会自立；(4)通过学习不同学派的理论知识，建立属于自己的领导风格；(5)具有冒险精神，乐于将自己的感受与体会分享给他人；(6)自尊自爱，悦纳自我，运用自己的长处和他人建立良好的关系；(7)为成员做典范作用；(8)勇于承认并承担自己犯下的错误以及后果；(9)有不断成长的意愿；(10)幽默风趣；(11)能够忍受人生模糊性；(12)能不占有地去同理他人的经验；(13)真诚关怀他人的利益；(14)能够在工作当中获得人生的意义；(15)以现在为导向；(16)持续深入地觉察自己和别人；(17)具有一颗真诚的心。

3. 与人交往的经验；个别心理咨询经验；和团体一起工作的经验。

第三节

1. 引导者角色：优点是可以使领导者在团体过程中肯定自己，也使成员免于在不明确、模糊的情境中挣扎。其缺点是太依赖领导者，使团体缺乏弹性，减少了成员在团体中肯定自己的机会。

2. 共情、真诚、无条件积极关注。

3. 注意调动团体成员的参与积极性；适度参与并引导；提供恰当的解释；创造融洽的气氛。

第四节

1. 专业伦理是领导者的行事准则，是在专业价值基础之上的一套行为标准。

2. (1)团体心理辅导是一种助人的专业工作，团体成员能否得到帮助，是否会受到伤害，与团体领导者的能力水平有直接的关系，所以为了保证专业服务的质量，对团体领导者要有一定的规范；(2)团体辅导过程中涉及多人之间的互动，不单单是辅导者和单个成员的关系，还有成员之间互动的复杂关系，要想成员通过互动关系而从中受益，必须共同遵守一些行为准则。

3. (1)有足够的专业能力与资格的团体领导者能够有效地带领团体，使成员获得协助。在团体活动的过程当中，有了团体伦理规范的保证实施，团体活动能够顺利进行的可能大大提高。(2)团体伦理规范有助于理清团体活动中，领导与各成员之间和各个成员之间的权利与义务，能负起各自应尽的责任，并且享有各自的权利。(3)团体伦理规范有助于协助领导者与成员在团体活动过程中面对问题做出决定，特别是用来解决可能面临的道德两难情境。(4)团体伦理规范可以督促领导者随时随地审视自己的伦理水准和自身能力，从而保证团体领导者的专业性，让他们能够更谨慎地运用辅导技术。

判断题：1. × 2. × 3. √ 4. √

选择题：1. B 2. ABCDE 3. ABD 4. B 5. ABCD 6. ABD 7. C 8. ABC

第四章

第一节

1. 第一，可以协助初入团体的成员了解团体发展中的各种现象，以便及早调适，以发挥个人潜力；第二，可以协助团体领导者在熟悉团体发展的各个阶段尽快掌握团体，扩大团体内的助力，并减少阻力，以达成团体的最佳绩效。

2. 自由活动，抗拒着个人的表达和探索；叙述以往的经验，表现消极的情感；表达和探索与个人有关的资料，表达与其他成员相处的即时感受；团体发展出治疗的能力，达到个人的自我接纳，打破伪装，提供与接受反馈，面质；将帮助延伸到团体之外，发展出基本的真实关系，在团体内外做出行为改变。

3. 团体的创始阶段、过渡阶段、规范阶段、工作阶段和结束阶段。

4. 三种。分别是：罗杰斯的团体发展阶段说；加伦、琼斯及哥朗尼的团体发展模式；雅各布斯的发展阶段说。

5. 当成员间的态度和领导者的能力导致团体内出现紧张状态的时候，"风暴阶段"就出现了。易发生团体：团体成员和领导者就那些在结构、方向、控制、宣泄以及人际关系等方面的相关问题进行抗争；领导者不作为，不实施积极的领导或领导工作能力不足时，团体会经历"风暴阶段"。

当开始阶段已经结束，但成员们尚未准备好就高度私人化的问题与他人交流时，就为"过渡阶段"。易发生团体：许多医疗、支持和成长团体可能会经历过渡阶段。

6. 团体动力学和团体过程两个术语是指团体成员和领导者的态度和相互作用。尽管有学者认为这两个术语不同，但大部分人都认为它们是同一个含义。有学者提出："因为两者之间是协调一致、很难区分、不断发展变化的关系，这两个术语可以互用，指代相同的东西。"

第二节

1. 成员和领导者之间产生相互作用和能量交换，包括团体成员自身如何反应、成员间如何交谈、成员怎样与领导者交谈，以及团体领导者怎样对成员们做出反应，这一过程被称为"团体过程"。

2. 某些成员联合起来对付其他成员；某些人提出问题，而其他成员试图救助他；成员们不理会其他人的建议；成员彼此相互争吵。

3. 教育团体、讨论团体、任务团体、成长与经验团体、支持团体、咨询和治疗团体、自助团体。

第三节

1. 前置因素，包括四项：团体前的准备、团体成员、团体领导者及团体处理；中介因素，包括两项：团体过程及团体发展阶段因素；后效因素，指团体效果，包括成员行为改变效果评估等。

2. 语言和意义、非语言的线索、媒介的有效性、信息的过度负荷。

3. 内在因素、人际因素、团体结构因素。

4. 几乎存在于任何团体情境中的力量主要有：感到被团体所接受；了解什么是被期望的；感到他们属于这个团体；感到安全。

5. 领导者和团体成员对于团体目的的澄清程度；团体目的和团体成员之间的相关性；团体的大小；每次会面的时间长度；会面的频率；会面场地的适宜程度；会面的时间

段；领导者的态度；团体是封闭的还是开放的；参加成员是自愿还是被迫；成员的合作意愿水平；成员的承诺水平；成员间的信任程度；成员对于领导者的信任程度；领导者对于成员的态度；领导者对团体心理辅导的准备，以及应对团体的经验。

6. 常被采用的最佳座椅安排方式是把所有的椅子围成一个圈。这样可以让所有的成员都能看到其他的成员。如果有某个成员的脸被其他成员遮挡的话，领导者可以进行干预，请挡住他人脸部的成员向后退一下，避免被挡的成员觉得自己被排除在外了。而且，围在一起的安排方式会制造一种亲密的感觉，更有利于成员之间的交流。

第四节

1. 团体凝聚力是指团体对其成员的吸引水平以及成员之间的吸引水平。团体凝聚力包括：团体对参与者的吸引程度、团体成员的归属感、包容和团结。

2. 团体领导者的影响与权威、团体的外部压力、团体活动的定向、团体成员的集体意识、其他因素。比如，团体的规模、团体规范、团体的气氛、团体的形象和团体的社会地位，以及团体成员的个性特征、知识水平、对团体活动价值的认识和认同等。

3. 发展、维持和增强团体凝聚力需要做到：(1)在团体初期阶段必须培养信任；(2)鼓励团体成员将自己的生活与团体分享；(3)明确团体的目标，强化团体规范；(4)领导功能交由所有成员分享会增加凝聚力；(5)公开处理团体内冲突可增强凝聚力；(6)增加团体的吸引力可强化凝聚力；(7)多组织团体活动；(8)利用外部影响。

第五节

1. 一般而言，成员在团体中共有的角色包括受助者、协助者、榜样和客观评价者。

2. 成员的性格、成员的认知、成员对团体的期望、团体发展状况。

3. “急救”是指团体中的某位成员因试图安慰另一位成员而引起被安慰成员消极情感体验的行为，对别人施予安慰者称之为“急救人员”。处理方法：领导者应让整个团体认识到同情是无济于事的，只有这样，才能使得团体成员观察到团体中有治疗作用的模式。

4. 在教育、讨论、任务团体中，支配者也会出现。对于这种团体的支配者，领导者应经常进行私下会谈，就他们在团体中的所作所为做出讨论。有时候可以给他一个角色让他担当一定的责任，体会自身在团体中的价值感，也可以采取让他做某项事情助理的形式。

判断题：1. √　2. ×　3. √　4. ×

选择题：1. B　2. ABD　3. ABC　4. ABD　5. C

第五章

第一节

1. 分组式讨论、圆桌式讨论、陪席式讨论、论坛式讨论、辩论式讨论、配对式讨论。

2. 测评功能、培训功能。角色扮演法适用领导行为培训、会议成效培训、沟通、冲突、合作等。此外，还应用于培训某些可操作的能力素质，如推销员业务培训、谈判技巧培训等。

3. 第一阶段：自我观察；第二阶段：开始一个新的内部自我对话；第三阶段：学习新技巧。

判断题：1. × 2. × 3. √ 4. √ 5. √

选择题：1. A 2. ABC 3. AB 4. BC 5. D

第六章

第一节

1. 结构式团体是指为了帮助成员在团体中学习与成长，辅导者事先做了充分的计划和准备，根据团体所要实现的目标来设计相应活动程序和引导成员积极参与，从而使其在团体中学习、成长。

2. 提供人际接触机会；收集所需资料；进行行为预测；发挥导入作用。

3. 充分考虑团体特点；了解团体练习的预期效果；运用自己熟悉的团体练习；避免以练习代替咨询。

第二节

1. 纸笔练习、身体运动、接触练习、美术与工艺、阅读练习、媒体应用、心理剧、布偶剧与生活演练、人际沟通、娱乐性练习、团体外作业。

2. 确立团体目标和团体规模，安排好练习时间，在不同发展阶段采用不同的练习目标；准备好所需材料、物理环境、参考资料，评价练习的有效度。

3. (1)列出团体的整个计划；(2)制订欲达成的各项目标；(3)详细列出可以利用的各种设备和资源，以及最合适的时间；(4)根据成员因素列出相关的备用练习；(5)分列各种计划；(6)选定最适合的且能达到团体既定目标的练习计划。

判断题：1. √ 2. × 3. √ 4. √ 5. ×

选择题：1. A 2. B 3. ACD 4. D

第七章

第一节

1. 评估作用、定位作用、保障作用。

2. 系统化、差异性、可行性。

3. 环节设计与选择;场地选择与道具储备;确定领导者;制订团体计划书。

第二节

1. 了解服务对象潜在需要;确定团体的性质、主题与目标;搜集相关文献资料与方案;完成团体方案设计表;规划团体整体框架及流程;设计招募广告;对团体方案进行讨论或修订。

2. 关系建立阶段、主题实施阶段、巩固结束期。

3. 热身活动、主要活动、结束活动。

第三节

1. 团体的性质和目标。

2. 导向性:团体目标引领着活动过程的方向,是领导者与成员经过共同努力要实现的状态。聚焦性:团体目标可以协助成员将自己的注意力集中在团体主题上。激励性:团体目标有助于调动成员积极性,努力克服暂时困难,而最终达成目标。评估性:团体目标为领导者评价团体的效果,以及适时调整团体活动主题提供了一个参照标准。

3. 自愿报名参加;愿意与他人交流;能够坚持参加团体活动。

4. 避免为活动而活动;避免照葫芦画瓢;避免不适当的活动;避免活动衔接不当;接受督导与同行探讨。

判断题:1. √　2. √　3. √　4. ×

选择题:1. ABCD　2. ABCD　3. C

第八章

第一节

1. 团体心理辅导评估是指通过不同的方法,搜集有关团体目标达成的程度、成员在团体内的表现、团体特征、成员对团体活动的满意程度等,帮助团体领导者及团体成员了解团体辅导的成效。

2. 评估的目的主要是：第一，成效评估；第二，指引实务工作，团体领导者与团体成员建立互信，从而提高团体治疗性元素。

3. 团体评估者主要为：团体督导、领导者自评、观察员评估、团体成员自评以及成员相关的重要他人（教师、家长等）评估。

第二节

1. 乔韩窗口理论是指人对自己的认识是一个不断探索的过程。因为每个人的自我都有四部分：公开的自我，盲目的自我，秘密的自我，未知的自我。通过与他人分享秘密的自我，通过他人的反馈减少盲目的自我，人对自己的了解就会更多更客观。

2. 这种模式包括四个阶段：背景评价、输入评价、过程评价、结果评价。构成了CIPP 评价模式，CIPP 模式的基本观点是：评价最重要的目的不在证明，而在改进。它主张评价是一项系统工具，为评价听取人提供有用信息，使得方案更具成效。

3. 综合评估设计模式包括：固定式评估设计、涌现式评估设计、形成性评估、总结性评估、实验设计、准实验设计以及严谨的询问法。

第三节

1. 团体心理辅导常用的评估方法包括：行为量化法、问卷调查法、心理测验法、主观报告法、检查评估法。

2. 选择评估方法的原则有：第一，评估方法适合团体方案目标；第二，是团体领导者熟悉了解并掌握的方法；第三，方法适用于评估对象等条件；第四，所选方法简易、实用、客观。

3. 评估报告的写作要求有：一是充分掌握团体成员的心理状况和行为变化；二是要对调查、测量结果进行深入分析，对训练前后做对照；三是恰当地选用事例。

判断题：1. × 2. √ 3. √ 4. × 5. × 6. √

选择题：1. ABC 2. ABCD 3. ABD 4. ABC

第九章

第一节

1. 人际关系改善；解决问题技巧的习得；认知的改善；自我管理行为的掌握。

2. 游戏法、讲故事法、集体讨论法、借助各种媒介、包容的态度和耐心

3. 问题和治疗取向、辅导和发展取向。

第二节

1. 健康且具活动能力的老年人；比较容易受伤害及处于危机状态中的老年人。

2. 缅怀过去；现代社会知识；自我独立性；生理和心理变化；家庭人员的关系；社区资源的利用；适应环境；闲暇与文化活动；死亡。

3. 初期的关系、权利与控制、亲密、分化、分离。

第三节

1. 以学生问题和学生发展为核心的团体；以课程内容是否有关的团体。

2. 班级心理辅导课；开展心理训练活动；小组讨论；角色扮演。

3. 事先沟通、说明情景、自愿分配角色、即兴演出、终止扮演、重演、交换角色、讨论活动的新意。

第四节

1. 家庭问题取向的团体辅导、家庭成长取向的团体辅导。

2. 亲子教育团体、家庭暴力团体、单亲家庭团体、夫妻关系团体。

判断题：1. × 2. √ 3. × 4. √ 5. √

选择题：1. ABD 2. ABD 3. ABD 4. C

附录6　参考文献

中文文献：

[1]樊富珉.团体咨询的理论与实践[M].北京：清华大学出版社，1996.

[2]樊富珉.团体心理咨询[M].北京：高等教育出版社，2005.

[3]林孟平.小组辅导与心理治疗[M].上海：上海教育出版社，2005.

[4]刘勇.团体心理辅导与训练[M].广州：中山大学出版社，2007.

[5][美]柯瑞.团体咨询的理论与实践[M].刘铎等译.上海：上海社会科学院出版社，2006.

[6]刘勇.教师团体心理辅导[M].北京：科学出版社，2008.

[7]陈钟林.团体社会工作[M]. 北京：中国时代经济出版社，2002.

[8]林孟平.辅导与心理治疗[M].北京：商务印书馆，1986.

[9][美]柯瑞.心理咨询与治疗的理论及实践(第8版)[M].谭晨译.北京：中国轻工业出版社，2010.

[10]唐柏林.心理咨询学[M].成都：四川教育出版社，1999.

[11]刘华山.学校心理辅导[M].安徽：安徽人民出版社，1998.

[12]林孟平.小组辅导与心理治疗 [M].上海：上海教育出版社 ，2005.

[13]洪炜等.团体咨询的策略与方法[M].北京：中国轻工业出版社，2000.

[14]吴武典.团体辅导[M].台北：空中大学印行，2002.

[15]陈丽云，樊富珉，官锐园.身心灵互动健康模式：小组辅导理论与应用[M].北京：民族出版社，2003 .

[16]徐西森.团体动力与团体辅导[M].北京：世界图书出版公司，2011

[17]吴秀碧.团体辅导的理论与实务[M].台北：品高图书出版社，2000

[18]李郁文.团体动力学：群体动力的理论、实务与研究[M].台北：桂冠图书股份有限公司，2001.

[19]潘正德.团体动力学[M].台北：心理出版社，1999.

[20]王慧君等.团体领导者训练实务[M].台北：张老师文化出版社，1996.

[21]刘安屯.成长营活动手册[M].台北：心理出版社，1995.

[22][美]亚罗姆.团体心理治疗的理论与实务[M].方紫薇等译.台北：台湾桂冠图书，2001.

[23][美]柯瑞.团体咨商的理论与实务[M].张景然等译.台北：扬智文化事业股

份有限公司,1995.

[24][美]柯瑞.团体技巧[M].曾华源等译.台北:扬智文化事业股份有限公司,1998.

[25][美]罗斯.青少年团体治疗:认知行为互动取向[M].瞿宗悌译.台北:学富文化事业有限公司,2001.

[26][美]英拉格利特.青少年团体咨询:生活技巧方案[M].张子正等译.南京:江苏教育出版社.2010.

[27]杨宏飞.心理咨询原理[M].杭州:浙江大学出版社,2006.

[28]钟志农.心理辅导活动课操作实务[M].宁波:宁波出版社,2007.

[29]白羽.改变心力——团体心理训练与潜能激发[M].杭州:浙江文艺出版社,2006.

[30][美]雅各布斯,马森,哈维尔.团体咨询:策略与技巧(第五版)[M].赵芳等译.北京:高等教育出版社,2009.

[31]中国社会心理学会.团体心理咨询高阶(领导者)工作坊培训资料[R],2007.

[32]樊富珉.大学生心理健康教育研究[M].北京:清华大学出版社,2002.

[33]龚惠香.团体心理咨询的实践与研究[M].杭州:浙江大学出版社,2010.

[34]樊富珉,费俊峰.老年心理健康十五讲[M].北京:北京大学出版社,2006.

[35]龚惠香,蒋笑莉,李梅.团体心理咨询在研究生减压训练中的应用与研究[J].研究生教育,2009.

[36]龚惠香等.团体心理咨询在高校学生自强训练方面的应用研究[J].保健医学研究与实践,2007.

[37][英]福特.咨询和治疗中的沟通分析技术[M].黄峥译.北京:中国轻工业出版社,2005.

[38][美]柯西尼,魏丁.当代心理治疗的理论与实务[M].朱玲亿等译.台北:心理出版社,2000.

[39]陈俊波.浅谈认知疗法[J].新乡教育学院学报,2009.

[40]钟友斌.中国国内心理治疗与咨询工作概况[J].中国心理卫生杂志,1991.

[41]邹艳荣.论认知疗法理论及其在心理咨询中的应用[J].吉林省教育学院学报(中旬),2012.

[42]朱海娟.弗洛伊德与罗杰斯的心理致病机制比较[J].医学与哲学,2008.

[43]郑日昌,江光荣,伍新春.当代心理咨询与治疗体系[M].北京:高等教育出版社,2006.

[44][美]柯瑞.心理咨询与治疗经典案例(第7版)[M].谭晨译.北京:中国轻工业出版社,2010.

[45][美]维尔福.心理咨询与治疗伦理(第3版)[M].侯志瑾等译.北京:世界图

书出版公司,2010.

[46]谢博,林举达,焦桂花.当代认知疗法述评[J].公共卫生与预防医学,2009.

[47]中国大百科全书主编及编委会.中国大百科全书——心理学[M].北京:中国大百科全书出版社,1991.

[48]郑日昌,傅纳.心理咨询与治疗[M].北京:开明出版社,2012.

[49]张亚林.中国道家认知疗法——ABCDE技术简介[J].中国心理卫生杂志,1998.

[50]汤宜郎,许又新.心理咨询概论[M].贵阳:贵州教育出版社,1999.

[51]申荷永.心理分析:体验与理解[M].北京:三联书店,2004.

[52]孙少平.人际沟通分析法的理论与应用[J].教育评论,1995.

[53]石向实.心理咨询的原理与方法[M].浙江:浙江大学出版社,2010.

[54][美]罗杰斯.罗杰斯著作精粹[B].刘毅,钟华译.北京:中国人民大学出版社,2006.

[55][美]科米尔,纽瑞尔斯,奥斯本.心理咨询师的问诊策略[M].张建新等译.北京:中国轻工业出版社,2004.

[56]钱铭怡.心理咨询与心理治疗[M].北京:北京大学出版社,2009.

[57]欧嘉瑞,安妮卡.人际沟通分析——TA治疗的理论与实务[M].黄珮英译.成都:四川大学出版社,2006.

[58]牛雪莹,张慧光.音乐疗法的功能与应用[J].辽宁医学院学报,2011.

[59]马莹,顾瑜琦.心理咨询技术与方法[M].北京:人民卫生出版社,2009.

[60]孟沛欣.艺术疗法——超越言语的交流[M].北京:化学工业出版社,2009.

[61]林盛,林琳.认知疗法的初始咨询技术新探[J].中小学心理健康教育,2012.

[62]李彩娜,赵然.家庭治疗[M].北京:中国轻工业出版社,2009.

[63]加利·兰德雷斯.游戏治疗[R].雷秀雅,葛高飞译.重庆:重庆大学出版社,2011.

[64]江光荣.心理咨询的理论与实务[M].北京:高等教育出版社,2005.

[65]哈克尼,科米尔,武敏,米卫文.专业心理咨询师:助人过程指南(第5版)[M].北京:高等教育出版社,2009.

[66]高天.音乐治疗导论[R].北京:军事医学科学出版社,2006.

[67]方竞红.浅析心理咨询交流中沉默与多话及处理[J].中外医疗,2007.

[68]刘文令,刘衍玲,胡世艳.班级团体辅导领导者的角色、特征及任务[J].中小学心理健康教育,2012.

[69]郝红英.班级团体心理辅导:学校微观教育的有效选择[J].教育与管理,2013.

[70]卢琰.团体心理辅导活动时效性研究[J].学校党建与思想教育,2011.

[71]马国亮. 高校团体心理辅导活动及其评价问题[J]. 中国成人教育,2012.

[72]张强. 成长的天空:大学生团体心理辅导教程[M]. 成都:四川大学出版社,2012.

[73]王利群. 如何进行中小学团体心理辅导[M]. 广州:广东世界图书出版公司,2011.

[74]顾敏敏. 团体心理辅导对中学生人际交往的干预研究[J]. 曲阜师范大学学报,2012.

[75]张潮,孟丽,姜海. 团体心理辅导中领导的角色分析[J]. 教育探索,2011.

[76]李晓芸,班永飞. 团体心理辅导效果及治疗因素研究[J]. 中国健康心理学杂志,2013.

[77]邓彩艳. 团体心理咨询改善民办高校大学生人际关系的实验研究[J]. 赤峰学院硕士学位论文学报(自然科学版),2011.

[78]张新奎. 团体辅导对大学生适应能力的影响研究[D]. 大连理工大学,2010.

[79]施丽君,应小芳. 生涯团体辅导对大学新生自我概念、人际适应与生涯决策的影响研究[J]. 齐齐哈尔医学院学报,2007.

英文文献:

[80]Aladag, Mine. Counseling Skills Pre—Practicum Training at Guidance and Counseling Undergraduate Programs: A Qualitative Investigation. *Kuram ve Uygulamada Egitim Bilimleri*. 2013.

[81]Cihangir—Cankaya, Zeynep. Reconsideration of the Listening Skill Scale: Comparison of the Listening Skills of the Students of Psychological Counseling and Guidance in accordance with Various Variables. *Kuram ve Uygulamada Egitim Bilimleri*. 2012.

[82]Hill CE, Lent RW. A narrative and meta—analytic review of helping skills training: Time to revive a dormant area of inquiry. Psychotherapy (Chic). 2006.

[83]Hill CE, Stahl J, Roffman M. Training novice psychotherapists: Helping skills and beyond. Psychotherapy (Chic). 2007.

[84]Ridley R Charles, Shannon M. Kelly, Debra Mollen. Microskills Training: Evolution, Reexamination, and Call for Reform . The Counseling Psychologist. 2011.

[85]Schamess G. Group Counseling and psychotherapy with children and adolescents. International Journal of Group Psychotherapy. 2008.

[86] Shechtman Zipora, Halevi Hani. Does ethnicity explain functioning in group counseling? The case of Arab and Jewish counselingtrainees in Israel. Group

Dynamics: Theory, Research, and Practice. 2006.

[87]Shechtman Zipora, Toren Zvika. The Effect of Leader Behavior on Processes and Outcomes in Group Counseling. Group Dynamics: Theory, Research, and Practice. 2009.

[88]Danino Maly, Shechtman Zippi. Superiority of group counseling to individual coaching for parents of children with learning disabilities. Psychotherapy Research. 2012.

[89]Nuijens KL, Teglasi H, Simcox AG. The development and validation of the Group Leader Intervention System. Group Dynamics: Theory, Research, and Practice. 2006.

[90]Shechtman Zipora. Flow does group process research informs leaders of counseling and psychotherapy groups? Group Dynamics: Theory, Research, and Practice. 2007.

[91]Shechtman Z, Yanov H. Interpretives (confrontation, interpretation, and feedback) in preadolescent counseling groups. Group Dynamics: Theory, Research, and Practice. 2001.